本书为广西哲学社会科学规划研究课题（批准号：17CZZ001）结题成果

国家治理现代化视域下中央与民族自治地方关系研究

梁 罡 著

新 华 出 版 社

图书在版编目（CIP）数据

国家治理现代化视域下中央与民族自治地方关系研究 /
梁罡著 . -- 北京 : 新华出版社 , 2020.6
ISBN 978-7-5166-5165-0

Ⅰ . ①国… Ⅱ . ①梁… Ⅲ . ①国家 - 行政管理 - 现代
化管理 - 研究 - 中国②民族区域自治 - 现代化管理 - 研究
- 中国 Ⅳ . ① D630.1 ② D633.2

中国版本图书馆 CIP 数据核字 (2020) 第 093058 号

国家治理现代化视域下中央与民族自治地方关系研究

责任编辑：唐波勇　　**封面设计：**优盛文化

出版发行：新华出版社
地　　址：北京石景山区京原路 8 号　　**邮　　编：**100040
网　　址：http://www.xinhuapub.com
经　　销：新华书店、新华出版社天猫旗舰店、京东旗舰店及各大网店
购书热线：010-63077122　　**中国新闻书店购书热线：**010-63072012

照　　排：优盛文化
印　　刷：定州启航印刷有限公司
成品尺寸：170mm×240mm
印　　张：16　　**字　　数：**223 千字
版　　次：2020 年 6 月第一版　　**印　　次：**2020 年 6 月第一次印刷
书　　号：ISBN 978-7-5166-5165-0
定　　价：65.00 元

Preface
前 言

推进国家治理体系和治理能力现代化是十八大以来党和国家在探索中国特色社会主义建设道路和社会治理过程中所取得的最新成果，也是全面深化改革背景下党和国家关于国家和社会治理战略的重要组成部分。我国是一个统一的多民族国家，中国共产党把民族区域自治制度作为处理国内民族问题的基本政策，进而使其成为国家的一项基本政治制度。目前，中国已经形成了一个由自治区、自治州（盟）、自治县（旗）共同构成的、完整的民族区域自治地方的政治体系。我国的民族自治地方既是国家统一领导下的地方行政区域，又是国家统一领导下享有自治权的自治地方。构建体系完备、科学有效的社会主义新型中央与民族自治地方关系体系是统一多民族国家实现国家治理体系现代化的内在要求，是推进民族自治地方国家治理体系现代化的核心任务，也是在探索中国特色社会主义建设道路中实现国家治理体系和治理能力现代化有机结合的重要保障。

中央与民族自治地方关系问题是具有中国特色的民族理论和实践问题。从历史与现实来看，由于我国的民族自治地方在国家结构体系中的特殊性，实践中的中央与民族自治地方关系又有别于一般意义上的中央与地方关系。在全面深化改革的历史进程中，处理好中央与民族自治地方之间的关系是完善当前我国国家治理体系的一个重大课题。进一步而言，在国家治理体系现代化视域下构建体系完备和科学有效的中央与民族自治地方关系体系是一项规模宏大的系统工程。必须按照当前全面深化改革和全面依法治国的战略部署，在国家治理体系现代化视域下，高度重视中央与民族自治地方在国家治理中的地位和作用，尊重两者关系间的发展规律，认真谋划两者关系的整体建构，使民族自治地方的各项社会事务治理走上科学化、制度化、规范化道路。本书在准确定位国家治理体系现代化目标、内涵和要求的基础上，系统探讨中央与民族自治地方关系的定位和属性，梳理我国中央与民族自治地方关系建设发展历程，系统归纳两者关系的发展现状、运行机制、现实挑战和影响因素，并从国际视野下对世界主要多民族国家中央与民族自治地方关系的不同模式进行分析。最后，分析总结建构我国中央与民族自治地方关系的价值意义，立足国家治理体系现代化的目标和定位，提出我国中央与民族自治地方关系的建构目标，提出在国家治理体系现代化视角下坚持和完善当前我国中央与民族自治地方关系的具体方案。

Contents
目 录

绪 论

一、研究意义

第一，中央与民族自治地方关系问题是具有中国特色的民族理论和实践问题。民族区域自治制度作为我国一项重要的基本政治制度，是马克思主义国家理论和民族发展理论在我国的一项重要的创新成果。中国共产党处理中央与民族自治地方关系的探索与实践是把马克思主义民族理论与中国民族问题的具体实践相结合的探索成果，实践已经充分证明中央与民族自治地方的关系问题是统一多民族国家实现发展进步的重大命题。需要指出的是，近年来境内外民族分裂势力加大力度来无端指责和阴谋攻击我国的民族区域自治制度，其中经常使用的一个手段就是针对我国中央与部分民族地方的关系现状“大做文章”。例如，近年来“藏独”分子在提出“西藏独立”的非法要求受挫后又精心伪造出了“大藏区”的虚假概念和“中间道路”的政治主张，提出“既不要求独立，也不接受中央政府的管辖，而是要在大藏区实行‘真正的自治’”。这些行为其实就是在通过各种虚假借口和理由来无端攻击和否定我国中央和民族自治地方关系的合法性，进而通过提出民族自治地方所谓“真正自治”和“高度自治”的阴谋论调来实现将西藏从祖国分裂出去的目的。这些问题必须引起我们的高度重视。在当前形势下，实事求是地界定中央与民族自治地方关系的内涵和属性、全面梳理中华人民共和国成立以来我国中央与民族自治地方关系发展的历史进程以及系统归纳党和政府处理中央与民族自治地方关系的基本经验等是本书研究的现实需要。

第二，处理好中央与民族自治地方关系是解决当前民族工作和国家治理工作中诸多问题的迫切要求。与普通地方相比，中央与民族自治地方的关系相对不同，如何构建中央与民族自治地方关系对民族自治地方的发展和国家的安全稳定等都非常重要。中央与民族自治地方的关系问题不仅是一个学术问题，也是一个重要的政策和政治问题。因此，近年来关于如何处理好中央与民族自治地方的关系问题也受到民族学、政治学等学科的青睐，成为当前国内学术界研究的一个热点问题。但是，不容忽视的是，近年来社会上和学术界出现了一些对党和国家的民族理论和政策的质疑声音，一些学者置中国的具体国情于不顾，机械地套用美国等西方国家的民族政策来对我国的民族区域自治政策等提出质疑，主张在行政区划改革中废除民族区域自治制度和通过“国族一体化”政策来解决民族问题。出现这些问题的原因就是完全忽视了我国民族区域自治制度所包含的“两个结合”的有机统一关系，不但将我国民族问题和民族区域自治制度所包含的“民族因素与区域因素”混为一谈，而且将中央与民族自治地方之间的“统一与自治”关系彼此对立。本书的价值意义在于把中央与民族自治地方关系问题作为一个专门的领域来进行全面系统的研究，在整体社会变迁的大背景下研究两者关系的发展历程、运行机制、呈现特点和建构方案等内容。在国家治理现代化视域下构建中央与民族自治地方关系的内容是统一多民族国家实现国家治理体系现代化的内在要求，是推进民族自治地方国家治理体系现代化的核心任务，也是在探索中国特色主义建设道路中实现国家治理现代化建设目标的必要保障。

二、文献综述

（一）关于中央与地方关系的研究动态

我国的民族自治地方首先是作为一般地方行政区域而存在的，因此对其关系的考察和研究要以中央与地方关系为基础。所谓中央，是指国家政权在全国范围内的领导机构；地方则是中央以下各级行政区域的统称。在我国，地方的概念外延相对宽泛，一般主要指省、直辖市、自治区和特别行政区等，目前学界探讨的地方一般指省一级的政府层面。在现实的政治生活中，两者的关系往往以中央政府和地方政府的关系形式表现出来。在本书中，“中央”和“地方”分别代指广义上的“中央政权机关”和“省一级的地方政权机关”；“中央政府”和“地方政府”分别代指狭义上的“中央行政机关”和“省一级的地方行政机关”。需要指出的是，正确处理中央和地方的关系是每一个国家都必须面对的重要政治话题，而对于中国这样一个处于现代化进程中的特殊大国来说，正确处理好两者的关系是一个更为重大的课题，对国家统一、政治稳定和社会发展都具有至关重要的意义。

1. 马克思主义经典作家的观点

马克思和恩格斯在对国家形态进行的研究中就包括了对中央与地方关系的论述。恩格斯在《集权与自由》一文中指出：“集权是国家的本质、国家的生命基础……只要存在着国家，每个国家就会有自己的中央。”尽管马克思、恩格斯在原则上赞成单一制，但并没有完全否认联邦制，只是将其视为历史发展的一个阶段。列宁对马克思和恩格斯关于中央与地方关系的理论进行了完善和发展。在坚持无产阶级专政、保障对国家有效的管理基础之上，列宁主张要充分重视和发挥地方的积极性以及要合理划分中央与地方的权限。列宁在《国家与革命》一文中就曾经指出要防止中央过分“侵犯”地方，甚至是破坏地方合法权力的行为。毛泽东作为党和国家的第一代领导人，对国家结构形式问题进行了系统的思考和研究，在此基础上极大丰富了马克思、恩格斯、列宁等关于中央与地方关系的思想和理论。毛泽东在著名的《论十大关系》一文中专门用一个章节来详细讨论中华人民共和国成立以后我国的中央与地方的关系问题。其核心观点主要包括应当在巩固中央统一领导的前提下扩大一点地方的权力，以及在此基础上提出了通过确立“发挥两个积极性”和“商量办事”的原则来处理中央与地方关系问题。

2.国内学者的研究

从中华人民共和国成立至今，国家结构形式问题就一直是学者们关注和研究的重点，特别是改革开放以来学者们对中央与地方关系的探讨取得了较大的研究成果。总体而言，主要表现在以下方面。

（1）从国家结构形式视角进行研究。其主要是从国家结构形式入手，通过研究单一制国家与联邦制国家的联系与区别等来探讨国家权力从中央到地方的纵向配置问题。1997年，童之伟的《国家结构形式论》对国家结构形式下所涉及的划分国家组成区域、处理全国性政府与区域性政府关系等一系列重大问题进行了基础理论研究。2001年，艾晓金提出了确立国家结构形式的重要性，即其“是一个国家中央与地方权力划分的基础，是调整两者关系最基本的制度安排”[1]。2004年，杨小云提出“国家结构形式的理论和实践问题以及民族区域自治为补充形式的单一制是中国历史发展的必然选择等”[2]。2009年，王俊拴通过分析提出了“在改革开放进程中坚持单一制是我国在经济全球化时代的唯一选择”[3]等重要结论。

（2）从国家治理视角进行研究。党的十八届三中全会首次将“治理”提升到国家改革的战略层面，同时近年来国家治理现代化问题很快成为学界探

[1] 艾晓金．中央与地方关系的再思考——从国家权力看我国国家结构形式[J]．浙江社会科学，2001(1)：77-82.

[2] 杨小云．新中国国家结构形式研究[M]．北京：中国社会科学出版社，2004.

[3] 王俊拴．当代中国的国家结构形式及其未来走向[J]．政治学研究，2009(3):29-35.

讨的热点问题之一，其中就涉及了中央与地方关系问题，即两者之间的权力和职责分配问题。2013 年，杨志军专门指出了“分析当代中国国家治理模式或经验必须紧紧抓住中央与地方、国家与社会两条主线”❶。2016 年，孙波在其文章中指出“中央与地方关系实质上是一种利益关系，要针对中央与地方利益分配中存在的问题采取具体措施”❷。2017 年，刘华撰文提出了“以推动国家治理现代化为研究背景，从中央与地方关系改革的主要目标、财政事权与支出责任划分、法治化、地方政府创新等方面对未来我国中央与地方关系的改革进行理性思考”❸。

（3）从府际关系理论的视角进行研究。这方面的研究主要是通过从中央政府到地方政府间存在的各种关系来探讨国家权力的纵向配置模式问题。早在 1998 年，林尚立就提出了“推进政府体系优化的重大研究课题，在分析我国政府间传统关系模式和改革实践的基础上展示了未来中央与地方政府间的发展思路等”❹。2000 年，张志红对我国政府间纵向关系的改革进行了较为系统的理论和实证研究，特别是“关于中央政府与地方政府的‘职责同构’理论”❺的提出在学界产生了较大的影响。

（4）从法治、宪政的视角进行研究。法学界的一些学者提出从法治的角度入手建构中央与地方政府关系的制度框架，强调中央与地方政府关系法治化、制度化的重要性，多个学者还提出以《中华人民共和国宪法》（以下简称《宪法》）为依据制定《中央与地方关系法》等主张。例如，熊文钊在其 2005 年的专著中就提出了“实现中央与地方关系法治化的基本原则，以及建立两者之间的良性互动关系、监督控制机制和纠纷解决机制等”❻。值得一提的是，

❶ 杨志军．中央与地方、国家与社会：推进国家治理现代化的双重维度 [J]. 甘肃行政学院学报，2013(6): 12-20.

❷ 孙波．以利益为视角探索中央与地方关系法治化 [J]. 社会科学战线，2016(9): 239-245.

❸ 刘华．国家治理现代化视域下的中央与地方关系 [J]. 江苏社会科学，2017(2): 120-125.

❹ 林尚立．国内政府间关系 [M]. 杭州：浙江人民出版社，1998.

❺ 张志红．当代中国政府间纵向关系研究 [M]. 天津：天津人民出版社，2005.

❻ 熊文钊．大国地方——中央与地方关系法治化研究 [M]. 北京：中国政法大学出版社，2012.

2009年中国法学会宪法学研究会和中央民族大学法治政府与地方制度研究中心联合主办了“中央与地方关系法治化”学术研讨会，与会专家、学者围绕扩展地方政治空间、地方立法权的范围和中央与地方财政关系等展开讨论。

（5）从财政关系角度进行研究。随着中国分税制改革的深入实施，国内经济学界和政治学界出现了大量从中央与地方财政分权的角度研究两者关系的文章与著作，如寇铁军的《中央与地方财政关系研究》、马力宏的《分税制与中央和地方关系调整》及胡书东的《经济发展中的中央与地方关系：中国财政制度变迁研究》等为当代中国中央与地方的关系发展提供了新的研究思路和视角。

3. 国外学者的研究

中央与地方关系的调整和完善涉及如何适当配置权力与资源、如何实现中央权威与地方自主的最佳平衡等复杂问题。国外学者对此也从多角度进行了研究。比较有代表性的成果主要是以下几点：英国学者史密斯在《地方自治与中央集权》一书中提出了中央集权与地方自治必须均衡的“史密斯主义”；英国学者罗斯在《从中心政府到民族范围的政府》中指出中央与地方都具有相互独立性，应该鼓励和支持地方普遍具有自我管理的自律能力；法国学者拉焦尔在《行政部门的机构》中提出了中央与地方分权关系理论，认为政治性分权、行政性分权和行政权转让是中央与地方关系的三种主要模式；英国学者艾伦在《布莱克维尔政治学百科全书》中通过对世界不同国家中央与地方关系的历史和现状进行比较分析，认为中央与地方关系的类型主要是合伙型与代理型。可以说国外学者更加热衷于讨论中央与地方的关系模式问题。值得一提的是，自从进入21世纪，中国有关高校和科研机构围绕中央与地方关系的研究先后举办过两次较大规模的国际学术研讨会，分别是2007年北京大学与美国耶鲁大学联合举办的中央与地方关系法治化国际学术研讨会和2014年中国政法大学与法国孟德斯鸠—波尔多第四大学举办的题为“中央与地方关系的法治化”国际学术研讨会，来自国内外高校和研究机构的专家、学者围绕国际视野下中央与地方关系的宪法理论、中央与地方关系的类型化和法治保障以及两者关系中的公民权利保障等议题进行了深入探讨。

必须指出的是，绝大多数国外学者对中央与地方关系的研究都是立足本国的实际情况并为本国政治发展服务的，因而在理论的应用上或存在一定的局限性。我们很难把在不同的政治制度、经济体制和意识形态下的分析模式直接运用到中国的具体实践中，但以上这些研究成果可为本书研究提供重要的方法论借鉴。

从马克思主义经典作家关于国家与地方关系的一般观点到近年来学界对中央与地方关系研究成果以及对国外学者对中央与地方关系的研究理论，均集中反映了中央与地方关系的本质与内涵，特别是中国学者的长期研究成果较好地展现了在中国特色社会主义制度下中央政府和地方政府间关系变化的基本趋向，具有非常高的学术价值，也对我们认识我国中央与地方关系体系中的具体关系结构、关系性质等提供许多方法论启示。进一步而言，这些研究成果也为具有中国特色的“中央与民族自治地方关系”的研究奠定了坚实的基础。总之，目前学术界对中央与地方关系的研究已经变得更加多元化和精细化，这其中关于中央与民族自治地方关系的研究也已经成为学界的一个热点问题。

（二）关于中央与民族自治地方关系的学术史梳理和研究动态

中央与民族自治地方关系特指国家与省（自治区）一级的民族自治地方之间所包含的各种关系内容，需要指出的是，这种特殊的关系体系在现实中往往是以中央政权机关和民族地方政权机关的关系形式表现出来，具体来讲就是中央政府与5个自治区的自治机关（包括人民代表大会和人民政府两个层面）之间所产生的各种关系的集合体和具体的实践活动。特别需要指出的是，其他省级以下的民族自治地方政府（如自治州、自治县等）一般不与中央政府发生直接的关系，所以在本书中不一并讨论。

我国是一个统一的多民族国家，中央与民族自治地方关系源于新民主主义革命时期中国共产党对国内民族问题的探索，成形于中华人民共和国成立初期，并在改革开放后得到了全面的发展和巩固。与普通地方相比，两者关系本身就具有普遍性与特殊性的双重特质。一方面，中央与民族自治地方关系从属于我国宏观层面的中央与地方关系的构建内容，在很大程度上反映了中央与一般地方关系的共有性质。另一方面，由于我国民族自治地方在国家结构体系中特别的存在，实践中的中央与民族自治地方关系又有别于一般意义上的中央与地方关系，这就决定了这个关系体系本身所具有的特殊性和独特性。因此，构建体系完备、科学有效的中央与民族自治地方关系对民族地方的发展和国家的安全稳定等都非常重要。在这样的认识背景下，如何处理好中央与民族自治地方的关系问题也受到民族学和政治学等学科的关注，成为近年来国内外学术界研究的一个重点问题和热点领域。

早在 1957 年，中山大学的刘渠在其文章中就指出了“中央与民族自治地方的问题应该是在中央领导下的自治问题”❶。同年，云南大学的熊锡元也撰文“从我国的国家政权性质、民族地方特点等方面论证了两者之间统一与自治关系”❷，这两篇文章开启了学术界关于中央与民族自治地方关系研究的序幕。从 20 世纪 90 年代开始，学术界开始围绕中央与民族自治地方的关系定位问题、两者关系类型问题以及两者关系的未来发展和走向问题等进行了较多方面的研究，在此基础上出现了较多的理论研究成果。特别是进入 21 世纪以来，此方面的研究逐渐增多，其中系统对中央与民族自治地方关系进行研究的是 2014 年中南民族大学戴小明的专著《统一 · 自治 · 发展——单一制国家结构与民族区域自治研究》，该成果立足对单一制国家结构与民族区域自治间的关联的探讨，在中央与民族自治地方的关系定位和发展等众多方面做了开创性的探索。同时，具有代表性的研究成果是 2013 年中华人民共和国国家民族事务委员会，以下简称“国家民委”原政策法规司司长毛公宁撰

❶ 刘渠 . 论民族区域自治与民族自决权 [J]. 中山大学学报，1957(1): 64-89.

❷ 熊锡元 . 建立单一制国家和实行民族区域自治的问题 [J]. 教学与研究，1957(10):9-14.

文提出“两者之间不是简单分权的关系，而是统一与自治辩证结合的关系”，并进一步提出了“统一与自治是民族区域自治的核心，是中国政治体制的特点和优势”[1]等重要观点。

1. 目前国内学术界对两者关系的研究动态

（1）关于中央与民族自治地方的关系定位问题。具体到中国而言，这两者之间应该是一种什么样的关系类型？这种特殊的关系类型在发展中又应该如何去定位和界定？对于这些问题，学界一直就有关注。早在 1985 年，敖日其楞就指出“处理两者关系时要正确贯彻民主集中制原则，因为它们之间是辩证统一的关系”[2]。1990 年，梨岩提出“上级国家机关对其民族自治地方的领导和帮助，这是我国的宪法所确立的一个基本原则”[3]。1999 年，黄铸指出“自治的目的就是发展，自治是维护民族平等团结的基本制度”[4]。1999 年，李曼林提出“两者之间既有领导与被领导关系，又有协商与协调的关系”[5]。2009 年，黄栓成第一次提出中央与民族自治地方和谐关系的概念，“通过对两者之间的权力和谐关系等多种关系类型的研究来阐释中央与民族自治地方和谐关系内容”[6]。2013 年，杨锦明围绕如何理顺民族自治地方与中央国家机关的关系提出“要克服两种倾向：一是将中央的集中统一（中央权威）绝对

[1] 毛公宁 . 制度自信是坚持和完善民族区域自治制度的重要保证——学习党的十八大报告的几点体会 [J]. 中南民族大学学报（人文社会科学版），2013, 33(3): 6-11.

[2] 敖日其楞 . 试论国家统一领导和民族自治权利的辩证关系 [J]. 内蒙古社会科学，1985(4): 56-59.

[3] 梨岩 . 试论上级国家机关对民族自治地方的领导和帮助的法律制度 [J]. 黑龙江民族丛刊，1990(4): 23-28.

[4] 黄铸 . 不能把民族自治和发展对立起来 [J]. 民族团结，1999(8): 40.

[5] 李曼林 . 完善中央与民族区域自治地方关系的探析 [J]. 云南行政学院学报，1999(5): 76-79.

[6] 黄栓成 . 中央与民族自治地方和谐关系构成研究 [J]. 内蒙古农业大学学报，2009(5): 17-19.

化；二是将自治地方的自治权绝对化”❶。2015 年，张殿军也指出“两者之间不是简单的分权关系，而是统一与自治结合的辩证关系”。

（2）关于中央与民族自治地方的关系类型和涉及内容问题。在这个关系体系中有哪些具体的类型？它们分别在这个关系体系中起到什么样的作用？近年来，学界对此研究比较丰富，归结起来大概有以下几个方面。

①从政治关系角度看中央与民族自治地方关系。目前已经形成的基本观点主要是政治关系的本质是权力关系，同时权力关系决定着政治关系、经济关系、法律关系等，因此要想实现两者政治关系的和谐就要求正确划分双方各自的权力范围。1999 年，李曼林阐述了民族区域自治地方在中国政府体制中的特殊地位，重点论述了构建以民主集中制法则来处理两者统一与自治关系的原则。❷2004 年，潘弘祥在其文章中提出了“两者的政治关系既反映中央与一般地方的权力分配关系，又反映各民族之间关系”❸，在此基础上得出了“两者政治关系的本质是民族平等权”等相关结论。

②从经济关系角度看中央与民族自治地方关系。目前已经形成的基本观点主要是认为经济关系层面是处理民族关系的核心和基石，在此基础上得出的重要结论是，处理好经济关系问题对妥善解决两者关系中存在的其他各种问题具有十分重要的意义。早在 1999 年，戴小明就在其专著中从财政自治的基本内涵切入，界定了民族自治地方财政的自治权限及范围，并指出了加强对民族自治地方财政自治研究的重要意义。❹2005 年，田孟清就两者之间的资源共享、财权划分、财政援助和民族自治地方的经济自治四个方面的内容进行了明确的归纳，并提出了两者经济关系的内涵与外延。❺此外，也有

❶ 杨锦明．完善民族自治区立法自治权的几个问题[J]．广东省社会主义学院学报，2013(4):55-58.

❷ 李曼林．完善中央与民族区域自治地方关系的探析[J]．云南行政学院学报，1999(5):76-79.

❸ 潘弘祥，戴小明．中央与民族自治地方政治关系初探[J]．贵州民族研究，2004(3): 1-10.

❹ 戴小明．中央与地方关系——民族自治地方财政自治研究[M]．北京：中国民主法制出版社，1999.

❺ 田孟清．试论中央与民族自治地方的经济关系[J]．黑龙江民族丛刊，2005(4): 46-52.

诸多业内专家、学者围绕近年来的中央对民族自治地方财政转移支付问题展开了专门研究并提出了很多好的政策建议。

③从法制和法治角度看中央与民族自治地方关系。2009年，胡永平指出“只有通过法治化的手段才能使两者的权力运行走上法制化的轨道”[1]。2009年，王允武提出了“修改相关法律规范的具体内容，健全民族区域自治法律解释体制，完善中央与民族自治地方权限争议解决机制”[2]。2011年，张文山从“制定《民族自治地方自治权保障法》、建立违宪审查机制、明确国家责任和制定完善自治条例”等多个方面对中央与民族自治地方关系进行法律构架设计。值得一提的是，目前有越来越多的学者开始关注民族自治地方的立法问题。2011年，郝时远指出“制定自治区一级的自治条例是双方依据国家宪法、基本法对维护国家统一、保障自治地方行使自治权做出的规范，因此两者之间的关系是共同依法维护国家统一意志的制度建设”。

④从中央政府与民族自治地方政府关系角度来研究两者关系。高永久等认为“在特定民族聚居的地区建立自治地区，授权实行地域自治的民族自主管理本民族内部事务和自治区域内事务，这种存在于民族自治地方的政府就是民族自治地方政府”[3]。2007年，任维德指出“当前在两者关系中既有体制、政策方面的问题，也有实际执行过程中的问题。解决这些问题在于构建‘集分平衡’的新型中央与民族自治地方政府关系”[4]。2009年，高韫芳以地方政府为研究主体分别讨论中央与民族自治地方政府间所产生的各种具体关系，并通过对府际关系的专项研究和价值反思提出正确处理两者政府间的关系的重要作用。[5]

---

[1] 胡永平．论中央与民族自治地方政府关系的法治化[J]．河南科技大学学报，2009，27(3)：105-108.

[2] 王允武．中央与民族自治地方立法分权的法律实证研究[J]．贵州民族学院学报，2009(2)：54-58.

[3] 高永久．民族政治学概论[M]．天津：南开大学出版社，2008.

[4] 任维德．当代中国府际关系中的中央与民族自治地方关系及其重构[J]．内蒙古大学学报（人文社会科学版），2007(4)：58-65.

[5] 高韫芳．当代中国中央与民族自治地方政府关系研究[M]．北京：人民出版社，2009.

（3）关于中央与民族自治地方的关系发展走向问题。具体到中国而言，未来两者关系发展应该往何处去？如何才能实现这对关系体系的和谐稳定发展？近年来，学界对此也已经有了一些研究。2013 年，朱智毅提出了“研究中央与民族自治地方关系的逻辑起点是民族区域自治权的性质。要进一步理顺两者的关系不仅要合理安排自治权力，还要不断优化法治环境，健全监督保障机制，充分尊重并保障民族自治地方内各民族人民的自治权利”❶。同年，毛公宁在其文章中专门提出了民族理论界和法学界应围绕这方面的若干重大问题进行一些前瞻性和深层次的研究，并提出了“对统一与自治的关系如何把握，对两者的事权如何划分，管理权限如何确定；对利益关系是否需要确定以及如何确定”❷等多方面的研究思路。2014 年，戴小明立足分析国家结构形式本质上是不同社会发展阶段国家权力纵向配置“度”的问题，并提出了“通过科学合理配置和规范行使中央与民族自治地方权力的问题”❸。2016 年，陆平辉提出“建立利益协商机制有助于化解两者在经济与社会管理领域已存在的一些矛盾以及提高相关政策措施的民主化和科学化水平”❹。以上这些专家的研究成果都为进一步研究中央与民族自治地方关系提供了好的研究思路。

2. 国外研究动态

除了以上国内学术界关于中央与民族自治地方关系的研究动态外，国外学者近年来对在中国民族区域自治制度下形成的国家与民族地方关系问题也给予了一定的关注。但是，也有一部分国外学者以西方的人权观和民族自决

❶ 朱智毅. 中央与民族自治地方关系研究的二元视角——从民族区域自治权的性质谈起[J]. 研究生法学，2013(3): 82-90.

❷ 毛公宁. 制度自信是坚持和完善民族区域自治制度的重要保证——学习党的十八大报告的几点体会[J]. 中南民族大学学报（人文社会科学版），2013, 33(3): 6-11.

❸ 戴小明，冉艳辉. 论国家结构形式与民族区域自治[J]. 中南民族大学学报（人文社会科学版），2014(5): 6-12.

❹ 陆平辉. 中央与民族自治地方关系——问题解构与协调对策[J]. 宁夏社会科学，2016(6):67-74.

理论来看待中国的民族区域自治制度，甚至有部分人士认为中国的少数民族和民族地方应当拥有脱离主权国家的民族自决权。值得一提的是，近年来中国政府和相关高校和科研机构通过“请进来”和“走出去”的方式邀请了美国、日本等国的一些学者来中国进行学术交流，并邀请他们赴我国的民族自治地方进行实地考察，使外国学者能够真实了解中国的民族情况和民族地区的情况。例如，挪威的马丽雅教授等就长期关注中国的民族区域自治制度并与周勇合作出版了《民族、自治与发展：中国民族区域自治制度研究》，该书在大量的典型个案研究和国际比较的基础上促进和扩展了中国民族区域自治研究与国际学术研究的对接和沟通。

值得一提的是，进入21世纪以来先后有过两次较大规模的国际学术研讨会，分别是2001年由国家民委、香港科技大学和美国哥伦比亚大学在中国联合举办的“民族区域自治学术研讨会”和2004年在瑞典由多国学术组织共同召开的“民族区域自治国际学术研讨会”。通过回顾这两次会议可以看出，相关参加人员不仅有来自中国、印度、尼日利亚、埃塞俄比亚等发展中国家的众多学者，还有来自美国、英国、意大利等近20个发达国家的专家和学者。这两次国际会议的众多与会代表分别围绕着自治制度的国际比较、国家与民族地方的关系发展以及民族区域自治的未来等多个专题展开了深层次和多角度的讨论。国外学者们还对我国民族区域自治法律法规体系的完善和国家与民族地方关系发展现状等相关问题给予高度的关注。特别是2001年在北京举办的“民族区域自治学术研讨会”还将会议成果公开出版，此成果为学界展现了西班牙、尼日利亚、丹麦、芬兰、英国、孟加拉国、印度、印度尼西亚和新加坡等多个国家在处理民族地方自治问题上的相关政策问题以及不同体制模式和政策环境下的国家与民族地方的关系问题，为中国学者的进一步研究打开了思路并拓宽了视角。

通过以上国内外学术界关于中央与民族自治地方关系的研究动态，本书认为在学界关于中央与民族自治地方关系的研究方面有如下几种代表性的学术观点。

第一种，“利益关系论”。目前已经形成的基本观点认为中央与民族自治地方关系是一种利益关系，即中央政府集中代表着整个国家和社会的政治利益和公共利益，其目标是追求国家利益和社会公共利益的最大化。由于与中央政府所集中代表的整体利益相比，地方政府所代表的利益更具有现实性、具体性和直接性等特征。因此，如何从利益层面来构建两者关系体系对整个国家结构形式的稳定等有着重要作用，同时对民族自治地方的发展和国家的安全稳定有着重要意义。

第二种，“权利义务关系论”。该观点认为中央与民族自治地方关系是一种权利义务关系。我国的民族自治地方不仅拥有法律所赋予的各项权利，其自治权利还肩负着贯彻执行国家的法律、政策的义务和维护国家统一、民族团结稳定的重大责任。只有真正把握了两者关系体系中所包含的权利和义务关系整体，才能切实维护国家统一，并在此基础上充分保障民族地方的自治权。

第三种，“权力分配关系论”。目前已经形成的基本观点主要认为中央与民族自治地方是一种纵向的权力分配关系，即以权力分配、权力行使为主要内容的政治关系是两者之间关系体系中的首要形式和内容。进一步来讲，两者关系的本质是以围绕权力分配、权力行使所展开的关于民族自治地方的自治权和在本地方的少数民族的民族平等权等内容。

近年来，学界对中央与民族自治地方的关系问题进行了大量的理论研究，并且已经取得了丰富的成果。纵观上述研究成果，特别是国内的学者们已经分别从不同的领域和角度对两者的关系问题进行了较为深入的探讨，这些研究和相关研究成果为各民族自治地方完善权利保障体制以及在此基础上充分维护民族自治地方的权利等提供了丰富的理论支撑，为有效推动民族边疆地区稳定发展和保障国家统一安全提供了坚实的实践指导，也为学界继续结合新的时代特点来对具有中国特色的中央与民族自治地方关系问题进行深入研究奠定了必要的学术基础，提供了理论资源和具体研究思路。

但不容忽视的是，目前对中央与民族自治地方关系的研究还没有完全深入和具体化，主要表现在以下几个方面。首先，对两者关系的研究大部分还集中于民族法学领域，所取得的研究成果主要集中关注了两者之间的法治关系问题，除此之外的政治关系问题、财政关系问题以及这个关系体系中所包含的其他相关附属关系问题等都值得我们研究。其次，虽然近年来在两者的政治、经济以及政府间的关系的研究上也有学术成果出现，但目前成果数量不多，特别是没有从整体上形成对中央与民族自治地方关系问题研究的合力，尤其是缺少从历史和现实等不同视角展开的系统完整的研究，因此这方面的研究还值得深入。最后，亟待结合当前国际国内形势展开新的视角研究，这也是本书写作的出发点之一。特别是在深入贯彻落实 2014 年中央民族工作会议精神的框架下，应该如何在坚持“国家治理体系和治理能力现代化”的视域下继续深入研究两者关系的整体建构等问题都值得我们深思。总之，在“国家治理现代化”视域下对这个特殊关系体系的理论研究与实践需要之间仍然存在较大差距，这些差距决定了当前对这个特殊关系体系的研究还需要进一步深入和扩展。

三、研究内容和研究方法

（一）研究内容

本书在借鉴相关研究成果的基础上，立足全球化的国际环境和中国基本国情的伟大实践，同时在撰写过程中注意充分借鉴和使用哲学、社会学和政治学等多学科理论与研究方法，对“什么是中央与民族自治地方关系？两者关系的形成过程和发展现状如何？以及在新时期维护和发展这个关系体系的政策建议”等一系列现实问题进行系统研究。

本书的主体部分共包括五章。

第一章主要就两者关系体系的理论逻辑进行了探讨。本章重点从民族区域自治理论、多民族国家治理理论和命运共同体理论三个方面深入探讨了中央与民族自治地方关系的理论基础，同时重点从国家结构形式理论、国家政治体制理论和集权与分权理论三个方面探讨了中央与地方关系的理论基础。在此基础上从“国家治理现代化”的基本定位出发，分别详细客观地分析了这个关系体系的建构原则和属性特征，为研究中国当代的中央与民族自治地方关系问题提供了思想来源和理论依据。

第二章主要从历史的角度梳理我国中央与民族自治地方关系建设发展历程。本章根据历史时代特点和这个关系体系发展的具体情况划分为三个大的历史时期，在掌握和使用大量历史资料的基础上系统归纳和梳理党和政府在不同的历史时期构建中央与民族自治地方关系的具体探索与实践，最后得出我国中央与民族自治地方关系的历史发展启示。

第三章主要从现实的角度审视当前我国两者关系发展的现状，以大量资料和数据对双方的政治权力关系、府际关系、财政关系、法律关系以及相关附属关系等进行详细的分析和展示，在此基础上总结出我国当前中央与民族自治地方关系的运行机制以及两者关系发展过程中存在的短板和还需改进的方面。

第四章主要在国际视野下对世界的主要多民族国家的中央与民族自治地方关系的不同模式进行分类和对比分析。分别从联邦制国家和单一制国家两个层面下的不同国家所具有的中央与民族地方的主要关系模式进行展开和系统介绍，在对不同关系模式进行比较的基础上得出发展启示并进行分析，以期为当代中国的中央与民族自治地方关系的发展走向等一系列核心问题提供更加精准的启示和反思。

第五章主要是立足新的历史时期在“国家治理现代化”视域下对我国当前中央与民族自治地方的关系发展问题提出有针对性的发展建议和完善措施。首先从历史与现实、国内和国际两个维度总结建构我国中央与民族自治地方关系的价值意义，然后立足“国家治理现代化”的目标和定位来客观提出我国中央与民族自治地方关系的建构目标和坚持与完善两者关系的具体方案。

研究方案（技术路线）如图 0-1 所示。

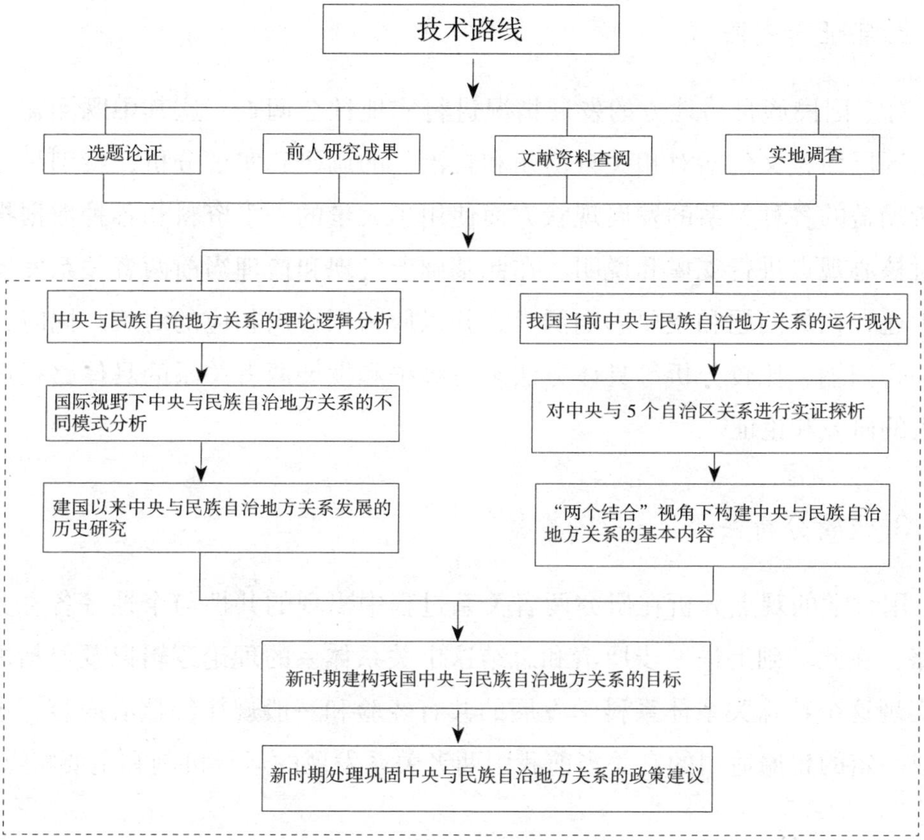

图 0–1 技术路线

（二）具体研究方法

1. 文献研究法

根据本书要研究的主要问题，把国家的各种发展规划、5个自治区的各种通志和年鉴等作为基础文献资料，并在整理、归纳、分析这些文献材料和相关数据的基础上对与选题相关的资料进行了系统深入的梳理和归纳，最终厘清中华人民共和国成立以来中央与民族自治地方关系的历史实践及依托的相关理论。

2. 实证研究法

对中国民族自治地方的发展情况进行实地社会调查，这其中既涵盖5个自治区层面，又包括对相关自治州和自治县的调研和实证分析，特别是在两者所涵盖的各种关系的发展现状方面使用了大量的一手资料和各种数据指标来对核心观点进行支撑和说明。在此基础上发现和梳理当前两者关系发展过程中还存在的问题和主要影响因素，并以此为据提出相应的对策。同时，通过综合归纳、比较分析等具体方法来对维护和发展两者关系的具体路径进行深入的研究和论证。

3. 逻辑分析法

用哲学的观点分析在研究两者关系过程中出现的共性与个性等各种关系思路，在此基础上进一步厘清和总结这个关系体系的理论逻辑以及概括出如何实现这个特殊关系体系科学发展的共有经验和一般规律等核心内容，进而形成一定的普遍适用的有关当前我国两者关系发展的运行机制和主要特点。

四、研究的主要创新点

（一）在研究视角和学术思想方面实现创新

本书立足回应当前学界各种“混淆视听”的阴谋论调或“妄自菲薄”的错误观念，立足新的历史时期在“国家治理现代化”视域下对中央与民族自治地方关系体系的专项研究，有助于学界更加深刻地认识两者之间的角色定位，更加深刻地理解民族区域自治制度作为我国一项重要的基本政治制度所发挥的重要作用。

（二）在研究观点方面实现创新

一是从全面分析中央与民族自治地方关系体系的理论基础入手，将“命运共同体理论”等多种理论用于研究分析中，特别是在“国家治理现代化”视域下客观总结中央与民族自治地方关系的基本定位、建构原则和属性特征等问题。二是在历史和实现相结合的大背景下归纳两者关系的运行机制与特点，并分析建构我国两者关系的现实挑战和影响因素。三是立足国际视野将不同国家中的中央与民族地方关系的不同模式进行分类梳理，在此基础上通过对比分析、总结发展启示和经验教训。最后的点睛之笔在于以“国家治理现代化”的视角和维度来详细总结和充分提炼新时期巩固我国中央与民族自治地方关系的具体政策建议。

（三）在研究方法上实现创新

在对综合采用了民族学、政治学等多学科理论的研究方法进行分析研讨时，论证将两者关系问题放入一个完整的研究领域，特别是着重研究这个关系体系中的现状与存在问题，在此基础上寻求最优化的政策选择和解决方案。

第一章　中央与民族自治地方关系体系的理论逻辑

中央与民族自治地方关系体系既呈现出中央和一般地方关系中的共性和特征，又包含着与中央和一般地方关系中完全不同的自身特点，如何认识两者的关系？如何在实践中不断完善两者的关系体系？必须首先要有一个涵盖两者关系体系的理论逻辑作为进行理论研究的支撑，而这个理论逻辑就包括了中央与民族自治地方关系理论以及作为此关系基础的中央与地方关系的基本理论。只有在此基础上才能够真正审视中央与民族自治地方关系体系的理论内涵和本质特征。

第一节　中央与民族自治地方关系的理论基础

中央与民族自治地方的关系从本质上说是国家与民族聚居地方这两个主体基于共同利益和各自的特殊利益而形成的各种关系的聚合体。如果说中央与普通地方关系的形成是为了更好地实现公共权力与社会公共资源的纵向分配，并更加有效地实现政治共同体治理的话，那么中央与民族自治地方这对特殊关系的形成与发展则是基于多民族国家的特殊国情和现实情况而采取的维护国家主权统一、保障社会和谐以及民族地方稳定发展的有效治理需要。研究中央与民族自治地方关系的理论基础主要包括了民族区域自治理论、多民族国家治理理论和命运共同体理论等。

一、民族区域自治理论

“民族自决”和“民族区域自治”曾是马克思主义经典作家关于解决民族问题的两种基本构想，也是其构思的在统一的国家政权下如何处理国家与民族地方关系问题的两本基本形式。列宁在《论民族自决权》《社会主义革命和民族自决权》等著作中对民族自决权问题进行了系统的论述，特别指出“马克思主义者的纲领所说的‘民族自决’，除政治自治，即国家独立，建立民主国家外，不能有什么别的意义”[1]。与此同时，列宁在领导俄国革命的过程中进一步发展了马克思和恩格斯有关“地方自治”和“区域自治”的思想，后来进一步发展了这一初步构想，并在此基础上提出针对国内的少数民族问题而允许其实现自治是建立统一多民族国家的前提条件等重要思想观点。中国共产党早在成立之初就将“民族自决”“联邦制”作为唤起少数民族参加新民主主义革命和争取民族独立的基本主张，抗日战争爆发后在领导各族人民进行革命实践的过程中逐步形成了民族区域自治的思想，从 1947 年领导成立内蒙古自治区的具体实践到中华人民共和国成立后民族区域自治制度的全面确立，从国家体制上明确了民族区域自治是在单一制国家结构形式下对少数民族聚居区行使民族自治权的一种制度安排和政治设计，在这个过程中我国中央与民族地方的关系建构得以真正确立。

民族区域自治理论从理论上分析有三个关键要素，即“民族”“区域”和“自治”。“民族”是指单一性的民族，而不是融合性多民族的总称；“区域”是单一性民族集中生产生活的地域范围；“自治”是民族成员可以自主选择发展方式，即自我管理政治、经济和社会事务。需要指出的是，在这个理论

[1] 列宁全集：第 20 卷 [M]. 北京：人民出版社，1990: 400.

中，“自治”的概念最为复杂也最为重要。“自治”有着悠久的历史渊源，古希腊的城邦、意大利的城邦、玛雅的城邦和中国古代的分封制都具有自治的特征。民族区域自治是民族共同体在基于历史传统和文化心理等差异的基础上为了民族的繁荣发展而推行的可以自主控制本地区资源和政策、自主管理事务的制度模式。纵观当今世界有关国家的实际情况，民族区域自治逐渐成为多民族国家进行社会治理和巩固国家主权的一种政治选择。目前国内学界公认的观点是，“民族区域自治的形式有两种，其一是以在全国范围内广泛实行的地方自治形式表现出来，如瑞士；其二是以在少数民族的地方实行的自治这种形式表现出来，如芬兰、意大利、中国、西班牙等”❶。“最为典型的民族自治体还是中国的民族区域自治和西班牙的民族自治共同体”❷。

我国已经从法律和政治制度层面明确了“民族区域自治是在国家统一领导下在各少数民族聚居的地方实行区域自治”这一核心概念和原则。这明确说明：一方面，我国的民族区域自治有着一个不可置疑的前提，那就是国家的绝对统一，即在此前提下一切形式和内容的自治活动都不可破坏国家主权的统一和领土的完整；另一方面，要认识到我国的民族区域自治中的“自治”并不是某一民族独享的自治，“区域”也不是某个民族独有的地方，而是强调“民族构成”和“民族聚居区域”这两者间的深度融合，最终以各民族共同繁荣为共同的目标取向。可以说，我国的民族区域自治不仅是对马克思主义民族观和国家观的合理运用和充分借鉴，更实现了结合中国历史和现实国情的超越和发展，不仅将区域自治和民族自治这两项内容进行有机衔接，还汲取了我国传统政治的养分。邓小平对民族区域自治有着莫大的自信，他认为“解决民族问题，中国采取的不是民族共和国联邦的制度，而是民族区域自治的制度。这个制度适合中国的情况”❸。回顾和分析中国的历史与实际国情不难发现，一方面，中华人民共和国是在各个民族团结一致、奋力抗击外侮和推翻反动统治的巨大伟力下建立起来的，因此每个民族的利益都应当得

❶ 宁骚．民族与国家［M］．北京：北京大学出版社，1995：397.

❷ 周平．民族政治学［M］．北京：高等教育出版社，2007：108.

❸ 邓小平文选：第三卷［M］．北京：人民出版社，1993：257.

到国家的充分尊重和切实维护；另一方面，我国的民族人口分布特征是汉族数量多、少数民族数量少，各民族大杂居、小居住和交错杂居，而且各个民族的地域范围、发展历史、社会形态、政治传统、语言文字和宗教信仰等都存在或大或小的差异。所以，基于以上两个方面原因的存在，民族区域自治就是最好的制度选择。正如业内专家所指出的，因为我国的“民族区域自治从来就是以承认国家领土主权统一和中央权威为基础，重视民族特色和地方特点的‘区域自治’，而不是单纯强调民族因素的‘民族自治’”❶。

自中华人民共和国成立以来，特别是民族区域自治制度被确立以来，国家与民族地方的关系在传统意义上的国家与地方的关系基础上得到了极大的丰富和发展。纵观当前我国中央与民族自治地方的关系发展特点，其中最为明显的特征是随着民族区域自治制度的不断完善，真正实现了两者之间关系发展的制度化、法律化、规范化，即当前最显著的关系特点就是实现了维护国家统一与授予民族自治地方自治权的双重统一。根据《宪法》的规定，民族自治地方的自治机关是人民代表大会和人民政府，这两大自治机关既是国家一级地方机关，又根据自治法等来行使自治权。民族自治地方自治机关是民族区域自治制度的实践主体，是国家政策的执行者，是国家利益和少数民族利益的平衡者，同时是作为中央政府统一领导和部署下的一级地方政权而存在并运行的，因此民族自治地方机关既要行使好与一般地方机关拥有的权力，又要充分使用好特有的自治权，探索出适合本地区各民族有效管理、繁荣发展的模式，从而推动民族自治地方经济社会事业更上一层楼。总之，民族区域自治制度作为中国特色社会主义制度的重要组成部分，已经成为处理中央与民族自治地方关系中不可或缺的制度安排。

二、多民族国家治理理论

马克思主义经典作家在对国家起源及其本质分析的基础上创造性地提出

❶ 朱伦．民族共治——民族政治学的新命题[M]．北京：社会科学文献出版社，2012：229.

了关于国家治理的一般理论，特别是从"政治统治"到"政治治理"的观点以及从制度化角度实现国家治理的诸多思想是马克思国家理论的重要内容。马克思指出"政治统治到处都是以执行某种社会职能为基础，只有在它执行了它的这种社会职能时才能持续下去"❶；恩格斯围绕国家治理的制度化问题专门强调"国家是以一种与全体固定成员相脱离的特殊的公共权力为前提的"❷，即为了维护公共利益，国家的政治治理活动必须要借助制度化的外部力量才能真正实现。俄国十月革命胜利后，列宁对社会主义国家治理问题进行了初步的探索。一方面，他根据俄国多民族共存的实际情况主张建立民主集中制的大国，如他在《国家与革命》中指出民主集中制的大国与民族自治（地方自治、区域自治）之间并不是矛盾的对立关系；另一方面，列宁根据当时俄国的现实以及多民族国家的建设目标进一步明确了苏维埃国家体制与民族区域自治之间的关系定位，即把一些小民族在本民族地区内采取自治共和国、自治州、自治专区等多种形式的民族自治视为社会主义时期进行多民族国家治理的一种有效形式。

多民族国家的治理远比单一民族国家复杂，由于多民族国家具有主权独立、领土统一、国家主权至上和国内民族多元化以及各民族发展不平衡等多重特征，特别是国家中显现出的多民族性质往往是由实际掌握国家政权的民族构成所决定的。多民族国家与普通民族国家一样，对现代化发展的需求日益强烈，希望通过科学有效的治理来解决国家发展的瓶颈和难题，在这样的背景下多民族国家治理理论也就应运而生了。国家治理是国家的领导机构和各级权力机关按照某种秩序和目标对社会进行有计划的控制和引导的活动，其目的是最大限度地维护国家统治和增进公共利益。多民族国家治理是在原有的政治结构和多民族国家制度的基础上通过制度创新和各民族共同体创造性力量对政治力量和社会力量进行整合，用以促进多民族国家的良性和稳步发展。可以认为，多民族国家治理问题也因为自身国家形式和结构的特殊性

❶ 马克思恩格斯文集：第 9 卷 [M]. 北京：人民出版社，2009: 187.

❷ 马克思恩格斯选集：第 4 卷 [M]. 北京：人民出版社，2012: 107.

及民族宗教的问题特殊性而变得更为复杂。进一步而言，良好的多民族国家治理应是提供了一种混合机制，设置了不同的通道，满足国家内不同群体、不同民族表达诉求和公共参与的需要，因此必须建立一个合理的制度结构和制动平衡的机制。

中国历朝历代都非常重视由于多民族同时存在而形成的国家治理问题，“天下一统”和“因俗而治”是我国自古以来国家治理中的核心观念。先秦时期，奉行“修其教不易其俗，齐其政不易其宜”的治理理念。秦汉时期，汉族地区推行郡县制，在少数民族地区设置“道”和“属邦”进行管理。从唐代开始直至明代在少数民族地区推行羁縻制。清代时期，在少数民族地区实行伯克制度和札萨克制度，其他各地仍沿袭郡县制。可以看出，封建王朝时期整合社会与兼顾少数民族利益、维护国家统一的治理模式为中华民族的深度融合和永续发展提供了制度保障。业内有学者指出“在民族国家建立以前，中国是王朝国家形态的多民族国家，建立民族国家以后，中国是民族国家形态的多民族国家”❶，即体现了中国作为一个多民族国家在历史发展进程中的一脉相承关系，同时蕴含了明显的“发展”和“超越”的思想。从中央与民族自治地方关系的角度看，多民族国家治理是在保证国家统一前提下兼顾到少数民族和民族地方利益的一种治理理念和方式。

中国当代的多民族国家治理理论是在近现代历史发展进程中逐步形成的，不仅以马克思主义民族理论和国家理论为核心和基础，也极大地吸纳了中华传统政治治理因素以及中国古代王朝的中央政权与民族地方的关系模式中的合理因素。回顾起来，中国多民族国家治理理论和模式是中国共产党带领全国各族人民历经长期革命和艰辛建设所取得的宝贵探索成果，是立足中国的基本国情才得以逐渐建立和完善的一套科学的理论与制度体系。具有中国特色的多民族国家治理理论体现了“国家统一”和“民族平等团结”两大核心价值原则，在基本内容上不仅有维护国家统一和领土完整、实现民族平等和民族团结等核心内容，更重要的是结合中国国情增加

❶ 周平．民族国家与国族建设[J].政治学研究，2010(3)：85-96.

了如加快民族地区经济社会发展、保护和发展少数民族文化等多个方面的创新性内容。回顾历史不难发现，这套科学的理论和制度体系在我国现代多民族国家的构建和治理进程中发挥了巨大的理论支持和实践导向作用。更重要的是，在多民族国家治理理论的指导下，我国的国家与民族地方的关系在传统意义上的国家与地方的关系基础上得到了极大的丰富和发展，两者之间的关系建构方案自建立之初就包含了消除民族压迫和民族歧视等相关内容，特别是在发展实践中实现了解决民族问题和促进民族地方发展的有机结合，这也是当前我国中央与民族自治地方关系取得重大成就的一个主要原因。总之，当代中国的多民族国家治理理论是以中国特色社会主义理论为指导的具有中国特色的治理理论。

三、命运共同体理论

“共同体”是被广泛应用于政治学、民族学和社会学等学科中的一个重要概念。根据《现代汉语大词典》的解释，共同体不仅指在个人层面结成的集体，还指在国家和社会等层面的集体组织。“命运共同体”，顾名思义，是以命运为活动主体或发展导向的共同体。命运共同体不仅有物理关系上的紧密相连，更强调各个主体在精神层面上的彼此认可以及在发展前途上的守望相助和休戚与共。因此，命运共同体在此意义上涵盖了家庭、民族、国家等多重体系。民族和国家都是人类社会发展进程中的产物，无论是单一民族还是多民族的复合体，无论是单一民族国家还是多民族国家，都属于不同类型的共同体范畴，都同时包含共同命运下的不同共同体的认同问题。正如孙中山先生所说，“中国是一个统一的国家，这一点已牢牢地印在我国的历史意识之中，正是这种意识才使我们能作为一个国家而被保存下来”。无论是中华民族这个多民族共同体的形成还是中国这个统一多民族国家的建构，都是和各民族之间的守望相助和休戚与共的理念与精神分不开的。这种特殊理念和独特精神既可称为各族人民对“多民族共同体”和“多民族国家”的归属感和认同感，更可归纳为“命运共同体”意识。我国统一的多民族国家已有两千多年的发展历史，其可称得上是一部以命运共同体理念来建构现代国家的历史。在这个历史长河中，从历代封建王朝的“国家统一观”逐步向“国家命运共同体”演变，同时历经两千余年的“多民族的大一统观”逐步向“中华民族命运共同体”发展，才有了当前统一多民族国家的建立和发展。可以得出结论，命运共同体意识是建构现代多民族国家的基本原则，本书所介绍的命运共同体理论实质上包含了“中华民族命运共同体理论”和“国家命运共同体理论”两个方面的内容。

进一步而言，民族问题历来在中国政治社会生活中都占据着重要的位置。由于众多少数民族在历史上就一直集中分布在偏远和欠发达地区，因此上起秦汉，下迄明清，历代王朝都从巩固王朝政权的实际出发，将治理民族聚集地区并将其纳入“大一统”国家的范围作为重要的政治工作。回顾历史不难发现，中国历代王朝都把中国的各个民族和民族地方视为一个整体，无论是汉族当政，还是各少数民族当政，都视中国为一个整体，而自身则是这一整体的当然“天下主”，治理着东南西北中“五方之民”，这种思想观念贯穿和体现在历代王朝的民族政策中。我们将其称为“国家统一观”和“多民族的大一统观”。因此，在多民族国家内部各民族间所形成的以“国家统一”和“多民族一统”为特征的共同体意识是我国传统中央政权与民族地方的关系得以维护的核心理念。需要指出的是，历代封建王朝的共同体意识具有历史的狭隘性，封建王朝中央政权对民族地方的治理是建立在民族压迫和不平等的基础上的，即封建王朝的安抚利用的是民族地方的实际统治者，而对广大少数民族民众采取的仍然是统治和压迫政策。这不仅是中央政府对少数民族地方实施怀柔与妥协的基本政策的体现，也导致了中华民族和多民族国家休戚与共的命运共同体精神不能向更高的层次迈进。

近代以来，中国遭到帝国主义列强的入侵和瓜分，国内民族矛盾严重激化。抗日战争全面爆发后，在中华民族面临生死存亡之际，国内的民族意识空前觉醒，“多元一体、休戚与共”的中华民族整体观念逐步成熟。中国共产党在领导各族人民的抗日战争中开始围绕实现完全意义上的“国家统一”进行了一系列的理论和政策探索，并开始形成以“命运共同体”意识来引导这个多民族国家的治理实践。建立在“多元一体、休戚与共”的中华民族整体观念基础之上的“命运共同体”意识不仅继续倡导以“国家统一”和“多民族一统”为特征的共同体意识，更包含了各民族间基于团结、平等和发展等紧密联系的全新的价值追求。最终，中国共产党放弃了曾经提出的民族自决和建立联邦共和国的设想，选择了统一国家内部实行民族区域自治和建立一个统一的多民族的人民共和国，即以“单一制”和“民族区域自治”这两个核心原则来实现“国家统一”的国家结构形式。自中华人民共和国成立以来，“中华民族命运共同体意识”和“国家命运共同体意识”不断升华发展并成为建构我国现代多民族国家的基本原则。正如习近平在2014年中央民族工作会议上所指出的“中华民族是一个命运共同体，一荣俱荣，一损俱损”。当前，我国特有的“命运共同体”理念包含了打造中华民族和整个国家的政治命运共同体、经济命运共同体以及文化命运共同体等多重内容，代表着中国各民族休戚相关、命运与共的血肉关系，这其中既有坚决维护国家统一和领土完整的基本理念，也有各民族之间守望相助和休戚与共的精神追求，还包含着各民族在政治、经济、文化等方面实现共同进步的发展诉求，最终凝聚为实现中华民族伟大复兴的重要精神力量。

第二节　中央与地方关系的理论基础

民族自治地方在本质上而言具有双重政治属性，即不仅是国家统一领导下的地方行政区域，还作为享有民族自治权的自治地方而存在，其中前者的属性关系是两者关系体系的研究基础和根本属性。因此，对于中央与民族自治地方关系的理解和把握必须要以中央与一般地方的关系理论作为基础。众所周知，中央与地方关系问题自国家产生以来就出现了，它是人类社会以国家形态运行中所形成的一个核心关系，它根植于一个国家深厚的社会土壤，反映着一个国家特有的历史文化底蕴等多种因素，还影响着一个国家的主权统一、社会稳定以及经济发展。一般而言，中央与地方的关系是指在不同的国家结构形式下和不同的政治体制中，国家纵向权力与社会资源的分配关系总和。这种关系实质上是国家公共权力与社会公共资源的纵向分配关系，在现实的政治生活中往往以中央政府和地方政府之间的权限划分与职能分配等形式表现出来。考察和研究中央与地方关系需要遵从一定的理论基础，进一步而言需要从国家结构形式、国家政治体制和中央与地方的集权与分权等理论开始。

一、国家结构形式理论

早在 20 世纪 90 年代就有学者从社会权利关系角度对国家结构形式进行了系统的解读，指出国家结构形式就是“在国家机构体系内纵向配置国家权力行使权并规范其运用程序的制度模式”❶，这个表述从客观上反映出一个国家政权的政治属性或阶级属性等相关核心内容。进一步而言，国家结构形式通过一系列制度设计和制度模式来服务国家内的各级社会经济关系，最终实现在这个国家的阶级结构中居于领导地位的社会集团的多种政治领导诉求和属性。从理论上讲，国家结构形式问题始于国家的诞生。只是在国家产生的最初阶段，由于其所管辖的地域范围较为狭窄，行政事务也比较简单，同时由于社会整体发展水平较低以及国家自身的社会管理水平所限，最初的国家结构形式也比较简单，总结起来就是这个时期的国家结构形式属于“单线式”和“粗线条式”的，国家内部不存在整体与局部甚至是中央与地方等层面的关系问题。随着国家发展到一定阶段，其所管辖的地域逐渐扩大、境内的人口不断增多，所对应的相关社会与行政事务也愈加复杂，这就迫切需要国家的权力运作和管理职能等都进行系统上的细化，特别需要在地域上划定界限

❶ 童之伟．国家结构形式论[M].武汉：武汉大学出版社，1997: 92.

并承接一定的国家权力来管理地域事务。因此，从这个时期开始，国家内部开始出现了需要解决的整体与局部的关系问题，中央与地方的关系也就随之形成了，在这样的历史进程中之前普遍且较为单一的国家结构形式也被具有多重因素影响的复杂的国家结构形式所代替。

单一制和联邦制是现代国家纵向配置权力的两种基本模式。这两种基本的国家结构形式的根本区别在于国家主权权力的归属问题，即被独占或者是被分享。一般而言，主权权力指的是对国家中某一方面的公共事务享有最终决定权，不仅包括国家制宪权、立法权和军事指挥权，还涵盖了从中央到地方普遍涉及的财政预算权、税收权和行政权等。以上内容中所包括的主权权力和主权、职权等共同组成国家权力，需要指出的是主权对一个国家而言是统一而不可分割的，但是主权权力是可以被分享和划分的。因此，对于考察不同国家中不同结构形式的类型而言，决定性因素就是主权权力如何分配的问题。在国家权力通过结构形式进行分配的过程中，将由中央独享全部主权权力而地方只是分享其他国家权力行使权的结构模式称为单一制；将由中央与地方政府共同分享包括主权权力在内的国家权力的结构模式称为联邦制。单一制和联邦制作为国家结构形式的两种基本类型，其各自内部也根据不同特点而细化为不同的具体运作形式。

纵观世界上单一制国家的不同运作模式，可以将其分为中央集权单一制、地方自治单一制、中央地方均权单一制和民主集中制四种主要类型。在中央集权单一制形式下地方的自治权或者自主权非常小，不仅在地方层面的各级行政机关直接由中央行政机关来控制，地方的各级权力机关也由中央行政机构进行监督，在此基础上的地方行政长官也要对上级行政机关负责。目前，世界上实行中央集权单一制的国家有法国、越南和朝鲜。在地方自治单一制形式下，地方的自主权较为广泛，行使自治权的自治机关是通过民众选举产生的地方权力机关和行政机关，特别是表现在对于本地事务完全由本地的国家机关按照法律规定来处理而不受上级指挥或者听从上级命令上，但地方的国家机关要接受中央的国家机关的普遍监督。目前，世界上实行地方自治单一制形式的典型国家是日本、英国、意大利、西班牙和葡萄牙等。在中央地方均权单一制形式下的国家往往通过法律来划分两者之间的权力，与此同时，在各级政府间的纵向权限划分以及各种国家权力归属中所出现的问题都是通过宪法来解决的。中华民国时期，我国曾经对中央地方均权模式的国家结构进行过一定的探索，主要反映在1947年颁布的《中华民国宪法》中，其中规定“采取中央与地方分权体制，形式上赋予省、县两级地方政府以自治权”。目前，世界上不存在这种形式的国家，因此其只具有理论研究意义。在民主集中单一制形式下，从中央到地方的各级国家权力机关的产生有两种方式：其一是选民选举产生并受其监督，其二是下级人民代表机关选举产生并受选民或者选举单位监督，其他各级国家机关的产生和监督都由同级人民代表机关负责，特别是在领导体制方面实行的是地方服从中央、下级服从上级的制度。“社会主义单一制国家通常采用民主集中单一制这一国家结构形式”❶，如中国实行的就是这样的国家结构形式。同时需要指出的是，在我国单一制的国家结构形式中还包含着民族区域自治制度和特别行政区制度，当然这是由我国的特殊国情所决定的。

目前，世界上的联邦制国家从国家结构形式和运作模式上看也有以下四种类型，分别是中央集权联邦制、分权制衡联邦制、民主集中联邦制、自治民主联邦制。在中央集权联邦制形式下，一方面国家权力由中央政府层面高度集中，联邦地方政府只能分到小部分的国家主权权力，另一方面中央政府在与联邦地方发生权限争议时拥有绝对的话语权和决定权。现今，世界上实行中央集权联邦制的典型国家是马来西亚、印度和巴基斯坦等。在分权制衡联邦制形式下，中央政府与联邦地方政府的权力分配较为均衡，因为双方在进行国家权力行使权划分时，必须遵循权力分立和制约平衡的原则，所以对于法定的权力分配格局，任何一方都难以单方面去改变。分权制衡联邦制是目前世界上实行时间比较长、运行相对成熟的一种国家结构形式，实行这种形式的代表性国家有美国、瑞士、加拿大、澳大利亚和德国等。民主集中联

❶ 童之伟. 国家结构形式论[M]. 武汉：武汉大学出版社，1997：92.

邦制主要是指苏联实行的一种国家结构形式，其在民主和集中两个方面表现都较为明显。在民主上表现为各个联盟地方都是法律赋予的拥有主权的国家，联邦地方的居民直接选举出最高国家权力机关，由其选举或任命其他最高国家机关，各联邦地方在最高国家机关中都有自己的代表，同时各联邦地方都具有退出联邦国家的权力。在集中上主要表现为由联邦中央政府作为国家最高权力机关掌握着国家活动的领导权与制定统一立法纲要和修改宪法的权限，同时联邦国家的宪法作为最高宪法都优先于各成员国家的宪法和法律，联邦中央政府有权领导和约束各所属国家中最高权力机关和相关行政机关的组织架构和活动准则，在此基础上还拥有一定的权力领导或监督所属联邦地方政府的工作。在自治民主联邦制形式下，联邦地方政府是国家权力的配置重心且拥有较大的自主权，相比之下的联邦政府只分到有限的主权权力。在这样的体制之下，往往是经过所有成员单位的一致同意才能决定联邦范围内重大事务的行动以及包括修改宪法等。自治民主联邦制形式下的联邦政府由于自身财政能力不足等原因，导致了自身在维持联邦统一和主权完整过程中往往显示出话语权较弱的特点。实现民主自治联邦制的典型国家是南斯拉夫。

我国实行的国家结构形式是民主集中单一制，但同时具有我国特有的情况和特点，反映在中央与地方关系上就是在一个国家内三种实践模式同时并存，即中央与普通行政区域、中央与民族自治地方以及中央与特别行政区。一方面，中央与普通行政区域关系模式具有“中央集权单一制”的普遍性结构特征；另一方面，就中央与民族自治地方这对特殊的关系模式而言，在一定程度上显示出“地方自治单一制”的某些内在特点，与此同时中央与特别行政区关系模式则是根据我国现实国情的需要而实施的一种独创模式。总的来说，以上三种模式各有其独特之处，但也都有着共同的民主基础，即最高国家权力机关是通过全国人民代表大会民主选举产生，对人民负责，受人民监督；全国人民代表大会由省、自治区、直辖市、特别行政区和军队选出的代表组成；中央国家机关和相关行政部门主要行政长官由全国人民代表大会选举产生。我国的民主集中制可以说是适应了我国的基本国情的制度选择，成功解决了在一个国家实行两种社会制度的问题和多民族共同发展的问题，不仅维护了国家主权和领土完整，还保证了国家机构体系内从中央到地方层面相关职权的科学配置和协调互补。

二、国家政治体制理论

国家政治体制是一个国家中占据统治地位的阶级或者集团为了体现其利益和意志，以政治权力构建起来的国家机构形式下的组织方式、设置模式和管理方式的政治体系。这其中就包括了“中央与地方机构之间相互关系的结构形式以及组织协调各种机构的管理原则、管理手段和管理方法等”❶。我们必须认识到，国家政治体制贯穿于国家管理、政党政治和行政事务的规范之中，可以称其为由行使权力的主体、方式和范围构成的有机体。由于国家政治体制是上层建筑中的管理模块，它本身就包括了“政治设施的构建、政治权力的配置、政治规范的制定和政治机制的运行等内容”❷，相应的国家政治体制的主体是国家权力机关和执行机关，并主要从领导体制、行政体制、干部体制、决策体制等层面发挥不同的功效和作用。基于以上分析可以看出，国家政治体制主要运用于解决国家在宏观治理和微观管理中使用的制度和形成的关系以及国家在政治体制层面的权力划分原则和具体方式（主要包括国家权力机关、执行机关和司法机关之间横向分权以及中央与地方之间的纵向分权问题）。可见，政治体制属于国家政治生活中的组织管理范畴，主要运用于国家在政治实践层面如何运行与管理的问题。

从中国的政治实践看，中国的政治体制包括基本的政治主体之间的关系与制度，其中不仅有广大阶级或阶层之间的普遍关系类型，还有执政党和各

❶ 徐善广．“政治体制”概念研究述评[J]. 湖北大学学报（哲学社会科学版），1988(5): 54-60.

❷ 王金池，张连月，谷志远．党的执政理论科学体系研究[M]. 石家庄：河北人民出版社，2006: 29.

民主党派、人民团体之间的相互关系内容以及本书着重研究的中央与地方之间的关系和制度等。总之，在以上政治实践活动中具有不同性质和职能的政治主体，这些不同类型的政治主体在不同的政治过程中相互作用并产生相关影响，在此基础上逐步形成了具有中国特色的政治体制。从政治体制的纵向运行方式看，中国的中央与地方在政治设施的构建上定位比较清晰，即地方政府都属于中央政府的下属机构；在政治权力的配置上是自上而下纵向式的，由中央政府主导国家权力的划分；在政治法规的制定上，地方有权在宪法和法律法规规定范围内制定本地方的具体规章制度，但不得与国家宪法相抵触；在政治机制的运行上也是实施从中央到地方的层级传递模式。

需要指出的是，权力架构和功能设置是国家政治体制中最为重要的内容，进一步而言，建立以“权属清晰”和“高效有序”为主要特征的中央与地方关系就是其中的重中之重。对于国家政治体制的定位和评价问题，邓小平曾指出“第一是看国家的政局是否稳定；第二是看能否增进人民的团结，改善人民的生活；第三是看生产力是否得到持续发展”❶。在中华人民共和国成立后一段相当长的时间里，我国的政治体制与高度计划集中的经济体制是保持一致的，也就是权力主要集中于上一级的国家部门，表现在国家对社会集权，中央对地方集权，党委对政府机关集权等方面。其中，中央对地方集权在当时的历史环境中表现较为明显，在两者的组织结构和权力架构上严格按照国家政治体制中的层级化和集权化要求，特别是反映在两者的关系结构上，可以看出中央集权的特征比较突出且效果明显。自改革开放以来，我国的政治体制经过改革与调整日趋完善，中央与地方的关系也因此得到了不断的完善。但不可否认，目前在两者的功能设置层面也存在事务交叉、职责不清和机构重复设置等一些现实问题，因此进一步划分中央与地方各自的具体事务以及根据各自的事务和职能设置并优化相应的政治机构是我国中央与地方关系调整的大方向。

❶ 邓小平文选：第三卷[M].北京：人民出版社，1993：213.

三、中央与地方集权分权理论

知名政治学家安德鲁·海伍德指出："集权是政治权力或政府权威在中央机构内部的集中；分权通常被理解为国家实体通过把权力和责任转移下去而形成的地方自治的扩张"❶。他认为，中央机构是能在国家层次上进行运作的机构，集权和分权表现出来的是地域权力上的划分，是国家内部在中央机构和地方机构之间进行的。在国家的政治实践中，无论是集权还是分权都是相对的，因为两者都是国家为了更好地维护统治以及顺应经济和社会结构变化而做出的不断调整的产物。随着工业化和信息化的发展，人类社会进入现代化，国家现代化进程的推进更加需要一个全能和强有力的中央，这是出现中央集权的必然性因素之一。但是随着多样化、分散化和复杂化社会的发展，客观需要进行决策分工合作，在这样的大环境下地方分权也应运而生。因此，中央与地方的集权和分权展示了国家运行中权力博弈的基本轨迹，也在很大程度上表明了两者关系动态发展的一般变化规律。

中央集权强调决策权集中于中央，主要表现在中央对地方拥有绝对的指挥和监督权。中央集权的前提条件是中央机构能代表国家意志和独立表达国家利益，而不仅仅是某一民族、某一部门或者某个地区的利益。恩格斯指出过集权的重要性，他认为，"集权是国家的本质、国家的生命基础，而集权之不无道理正在于此"❷。进一步而言，对一个国家和民族来说，集权可以保证国家的统一和稳定发展，把各个地区、各个民族纳入大一统的政治经济格局中，以强有力的国家力量消弭时而强大的地方势力或者分裂势力。特别是对于国家和中央政府而言，集权可以最大限度地实现社会的一体化，保证和支持"集中力量办大事"，配置和利用社会资源的力度更大，有利于把具有战略性和前瞻性的事情办成，最终实现综合国力的最大化。地方分权是对中央对地方事务绝对控制的否定，也是发挥地方积极性的需要。分权对一个国

❶ 安德鲁·海伍德．政治学核心概念[M]．吴勇，译．天津：天津人民出版社，2008：317.

❷ 马克思恩格斯全集：第四十一卷[M]．北京：人民出版社，1982：396.

家来说，尤其是地域辽阔或者民族众多的国家来说极其重要，因为这样的分权模式可以分担治理的责任以及极大地促进制度的创新，因为“从历史上看，任何国家的政治治理就不可能由单一层面的政府来完成”❶。对地方机构来说，分权使其获得一定的自主权，可以能够充分发挥地方领导和地方机构的主观能动性，在此基础上还可以因时因地制宜地在国家的总体规划下制定本地区的方针与对策，最终更好地促进本地区发展繁荣。

中央与地方集权分权理论在中国有着极强的解释力，因为自古以来中国的“央地关系”就是中央集权和地方分权两种形式交替进行。在中国两千余年的封建王朝中从秦朝开始到之后的元、明、清等王朝都是采用中央集权模式，中央政府牢牢把控着全部或者绝大部分统治权，地方政府缺乏独立自主性，必须在中央的监督之下行使管理地方事务的权力。在夏、商、魏晋、南北朝等地方分权或地方割据时期，地方政府在诸多事务中和权限范围内有较大裁决权和自主权，中央与地方之间表现出了松散的政治联系特征。自中华人民共和国成立后，由于当时诸多现实情况的存在，我国实行的是高度集中统一的中央与地方关系模式，许多权力都集中在中央层面。自改革开放后，我国的中央与地方的关系在经济体制改革推动下得到了进一步的改革，主要表现在高度集权的模式逐步被打破，中央将权力逐步下放给地方，特别是省一级的大中城市的管理权也得到扩大。同时，地方主义和市场分割等一些负面影响也随之出现，特别是出现了诸如中央财力下降和宏观调控能力受限等问题。自分税制改革开始后，发展中的“央地关系”再次向中央层面调整和倾斜，主要表现在中央加强垂直管理，特别是以条块分割等方式来明确和强化对地方的领导力度和管理范围并取得了较大的成效。目前，我国中央与地方关系呈现出“一体多元化”的特点，一方面坚持中央的统一领导和民主集中制，中央集权制的“一体”特征明显存在；另一方面从政治、经济到社会管理的“多元化”分配特征也开始凸显，在这个过程中我国中央与地方科学

❶ 董礼胜．欧盟成员国中央与地方关系比较研究[M]．北京：中国政法大学出版社，2000：27.

化和制度化分权在国家政治体制改革中逐步合理和完善。总之，中央与地方科学化和制度化分权的目标就是真正实现中央集权与地方分权相结合的运作机制，最终达到集权与分权在政治过程中实现相互促进、相互制约的动态平衡。

第三节 国家治理现代化视域下中央与民族自治地方关系的理论分析

作为一个统一多民族国家，与一般国家相比，中央与民族自治地方关系具有普遍性与特殊性的双重特征。构建体系完备、科学有效的社会主义新型中央与民族自治地方关系体系是统一多民族国家实现国家治理体系现代化的内在要求，是推进民族自治地方国家治理体系现代化的核心任务，也是在探索中国特色社会主义建设道路中实现国家治理体系和治理能力现代化有机结合的重要保障。在国家治理现代化视域下分析中央与民族自治地方关系问题主要涉及两者关系的基本属性、两者基本关系定位和两者关系的建构原则三个方面。

一、国家治理现代化视域下中央与民族自治地方关系的属性分析

国家结构形式的合理稳定是国家治理体系现代化的基本要求，构建科学完备的中央与民族自治地方关系是国家治理体系现代化在民族工作的反映。进一步而言，体系完备和科学有效是中央与民族自治地方关系体系的本质属性，中央与民族自治地方关系的整体建构体现了国家治理体系现代化中对象和手段的高度统一。

（一）中央与民族自治地方关系的构建问题是国家治理体系现代化的题中要义

国家结构形式是指依据一定的组织原则和形式架构来组织和规范国家的内部组成，其中包含定位和完善结构体系中上级和下级之间的相互关系问题。纵观当今世界各国的国家结构形式，中央和地方之间的组织形式的不同和权力划分的差异决定了国与国之间的结构形式有所不同。一个国家选择什么样的国家结构形式，是由这个国家的历史传承、文化传统、经济社会发展水平综合决定的。推进国家治理体系的现代化是一项规模宏大的国家治理工程，涵盖了本国政治制度、经济制度和法律制度等诸多内容，需要处理好其中的各种复杂的关系问题，其中依据本国的实际国情选择国家结构形式的问题至关重要，其决定了这个体系中其他多种问题能否切实有效解决。国家治理体系的构建与国家结构形式的确定存在密切的相关性，采取何种国家结构形式在一定意义上决定了国家治理体系的科学性和先进性，国家结构形式的合理稳定是国家治理体系现代化的基本要求。

民族区域自治制度作为我国国家治理体系中一项重要的基本政治制度，是马克思主义国家理论和民族发展理论在我国的一项重要的创新成果。在我国，中央与民族自治地方关系问题是中央与地方关系建构模式中的一种特殊而又重要的表现形式。国家治理过程的长期性和治理问题的复杂性决定了在国家治理过程中国家与民族自治地方关系的处理是一项浩大烦琐的工程。能否构建体系完备、科学有效的中央与民族自治地方关系意义重大，它不仅是马克思主义国家理论和民族发展理论在当代中国发展的现实要求，更是全面深化改革背景下国家治理体系现代化在民族工作上的要求和反映。中央与民族自治地方关系构建成败决定了国家治理体系现代化的成败。

（二）实现国家治理体系现代化是构建中央与民族自治地方关系的终极追求

我国是一个统一的多民族国家，中华人民共和国成立后逐步形成了各级各类的民族自治地方。国家与民族自治地方的关系问题不仅是一个学术问题，更是一个政策和政治问题。完善当前我国中央与民族自治地方之间的关系，不能局限于中央与普通地方之间的建构原则，必须充分考虑关于民族关系问题和民族发展问题等多种因素在两者关系建构中所起的重要作用。这就决定了在中央与民族自治地方关系的整体建构中，要树立国家与地方间的整体建构观念和全局建构理念，牢牢把握国家结构形式中两者关系体系的本质属性问题。体系完备是国家结构形式中的基本属性，无论是横向还是纵向的国家结构体系首先必须是完整的。科学有效是建构关系体系中的本质追求，不依据实际国情建立起来的关系体系是不科学的，更加没有效果而言。两者在中央与民族地方关系建构中是辩证统一、缺一不可的。

国家治理体系的现代化在治理对象上体现了“整体”与“局部”的统一，其治理对象反映在民族地区层面，实质就是要实现国家和民族自治地方的协同共治，两者之间是辩证统一的关系。要完成两者协同共治的目标必须要发挥两者的共同积极性，最终达到的理想关系状态不仅是自上而下的关系，更要有自下而上的关系，还有两个方向的双向互动。国家治理体系现代化体现着治理手段“完善”与“创新”的统一，这是一个长期追求和探索的过程，治理体系的现代化要求不仅对治理手段的历史经验进行总结和完善，更要找到创新治理手段的新理念和新方法。国家治理手段的现代化反映在中央与民族自治地方关系上，不仅要在治理手段上坚持和完善中国特色民族区域自治制度，更需要结合我国国家治理具体实践中不断出现的新问题和新情况，不断丰富和扩展两者关系体系的实践特色和时代特色。因此，中央与民族自治地方关系的整体建构中体现了国家治理体系现代化中手段和对象的高度统一，实现国家治理体系现代化是构建两者关系的终极追求。

二、国家治理现代化视域下中央与民族自治地方关系的基本定位

2014 年，中央民族工作会议提出了中国的民族区域自治“要坚持统一和自治相结合、民族因素和区域因素相结合”的重大命题，这是中国共产党对民族区域自治制度的定位“初心”，是习近平新时代中国特色社会主义思想的核心内容之一，是中央在新时代对民族区域自治的顶层设计，是国家在新的历史时期和在国家治理现代化视域下对中央与民族自治地方关系发展方向的切实要求。

（一）中央与民族自治地方要坚持“统一和自治相结合”的基本关系定位

“统一和自治相结合”理论源于对多民族国家的一种制度设计。就“统一和自治相结合”理论内涵而言：“统一”与“自治”相互结合源自多民族国家和平稳定发展的需要。“统一”始终坚持的是国家主权的统一和中央领导的集中统一，即在国家统一领导下的各个地方的政令统一、法制统一和领土的完整统一，在这个前提下民族自治地方是以地方政权形式存在同时必须接受中央和上一级国家机关领导。“自治”是相对于民族自治地方而言的，指的是民族自治地方除行使地方国家机关职务外可以依据宪法和法律根据本地实际贯彻执行国家的法律和政策，在此基础上实现自主管理本民族的内部事务。需要指出的是，民族自治地方的“自治”既不是字面所理解的“绝对自治”，又不是所谓的“有限自治”或者“虚假自治”，从本质上而言，它是在《宪法》《民族区域自治法》等相关法律保障下以民族区域自治为制度安排的自治，就是要保证其能够享有充分的自治权。就两者关系而言，“统一”是“自治”的前提和基础，国家统一才能保障一个国家内部各项事业的发展和国内各民族的生存与发展，没有国家统一，自治也就不会存在。“自治”是体现一个现代民族国家的民主化程度的标志，是实现多民族国家治理的必要方式和有效手段。国家设立民族自治地方并授予其自治权，最终目的就是

保障少数民族通过自治机关能够充分依法享有和实现真正自主管理和发展自治地方与本民族内部各项社会事业的权力。因此，要求“统一和自治相结合”不是两者各占一半的简单机械结合，而是国家与民族自治地方两者基于客观需要和积极性发挥的有机融合，最终目标是实现中央的统一领导指挥与民族自治地方的浑然一体。进一步而言，“统一”与“自治”两者之间是互为支撑的，国家统一为国内各民族在政治、经济、文化等一切关乎每个人的生存与发展上的事务提供稳定安全的环境，中央统一领导为全国各区域的共同发展组织调配资源，其中包括了法律的制定、政策的出台或倾斜、财政的支持以及人力的增加等内容。自治给予了民族自治地方根据地域特点和民族特性来变通执行中央政策的有限权力，既让民族自治地方有自主发挥的空间，又不让其陷入无限的单边意愿和单边事务中，从而保证了中央统一的权威和国家主权的完整。

（二）中央与民族自治地方要坚持“民族因素与区域因素相结合”的基本关系定位

“民族因素与区域因素相结合”理论是在“统一和自治相结合”理论基础上对民族自治地方形态的一种更深层次的理论思考和制度设计，是对单纯的“民族自治”或绝对的“地方自治”等错误理论的否定和超越。众所周知，在世界范围“自治”是普遍存在的一种维护国家统一、实行区域或族别自我管理的政治实践，选择或设计什么样的“自治模式”，不同国家有不同的具体实践特点。纵观世界多民族国家对民族自治地方的施政经验，既有“民族自治”的多种形式，又有“地方自治”的多样方法，其中关于自治形态的选择意义重大，因为其不仅受到国家体制因素影响，还受到本国民族结构因素的制约。“民族因素与区域因素相结合”的理论内涵主要立足于解决多民族国家中三个方面的核心问题，实现了三个“统一”：一是实现了民族居住情况与地域分布情况的统一，即主要立足于少数民族的实际“聚居”情况来划分不同的民族自治地方；二是实现了本地方的主体少数民族与汉族以及其他少数民族关系的统一，将人数居多的汉族与本地方的主体少数民族以及人数较少的其他少数民族纳入统一整体之中，而不是无端割裂开来；三是实现了本民族内部事务与本地方事务的真正统一，即民族自治地方事务不仅具有民族事务的特殊性，还具有区域事务的普遍性，因此必须要赋予民族自治地方拥有“自主管理本民族内部事务”的权力。总之，“民族因素与区域因素相结合”的理论内涵本身就是在统一多民族国家内实现“民族自治”与“地方自治”相结合的模式，其从本质属性上超越了单纯的“民族自治”或绝对的“地方自治”。

三、国家治理现代化视域下中央与民族自治地方关系的建构原则

国家治理现代化视域下中央与民族自治地方关系关于“统一和自治相结合、民族因素和区域因素相结合”的基本定位充分体现了我国民族区域自治制度的特点与优势，是我国中央与民族自治地方两者关系的核心要义和价值追求。其中，特别要指出的是，“统一”与“自治”两者并不矛盾，“民族因素”与“区域因素”两者之间更是互为补充的关系整体，关键问题是准确定位中央与民族自治地方这对关系的基本属性，进而解决好两者关系体系中所包含的深层次问题。可以认定，在中央与民族自治地方这个特殊的关系体系中，两者的权力关系是核心，两者的利益关系是体现。在国家治理现代化视域下真正实现权力的科学配置和利益的平衡分享是两者关系的建构原则。

（一）国家治理现代化视域下要求实现两者在权力上的科学配置

前文已经指出，权力分配是与集权相对的一种权力的存在方式。每一个国家都会借助固定的国家结构形式和稳定的政治体制等对一定的国家权力进行分配，进而实现国家统治的确立。中央与地方的关系建立就往往体现在从权力分配入手，即在纵向方面实现从中央到地方层层权力下放和分配，而中央与地方之间最核心的关系就是权力关系，对于中央与民族自治地方而言，

以权力分配、权力行使为主要内容的关系运行机制是两者关系体系中的首要形式和内容。相比一般国家和普通地方之间中央与地方权力划分的内容和表现形式，中央与民族自治地方之间的权力分配则是民族自治和地方自治结合的产物，因此在具体权力的配置方面，既具有“统一性”的一面，又具有“自治性”的一面。

从中央与民族自治地方关系角度看，追求的目标是中央代表着统一国家独立对内对外行使国家权力，民族自治地方则代表着统一国家内的民族聚居区行使有限国家权力。但是，这个目标的实现需要两者在权力上的真正科学配置，必须认识到三个方面的问题：第一，多民族国家尤其是单一制的多民族国家的权力配置中心必须是中央，民族地方的建立和自治机关的设立是在中央政府直接领导下完成的，民族自治地方政权机关是作为中央的下属机构存在，其权力来自中央的授予或者下放，因此其各级自治机关所行使的也是宪法赋予的自治权。第二，民族自治地方拥有高度的“自治权”，这种“自治权”在内容上不仅包括其从国家到地方层面在政治参与方面的自治权，还包括了民族自治地方可以自主管理本地方经济建设的各种权力。民族自治地方的权力机关既是民族自治地方的自治机关，又是中央直接领导的下级政权机关，民族自治地方在行使自治权时不仅要接受中央的领导和监督，还要与中央的意志相符合，不得危及国家的安全和统一。第三，中央政府集国家政治、文化、经济等权力于一身，同时事关全国性事务，如边境安全稳定和民族地方的资源保护、生态安全等，都是由中央政府统一管辖处理，以确保国家的政令畅通以及保证各项国家重大战略规划能够有效推进实施。同时，中央政府在权力分配中向民族自治地方进行一定的倾斜，如中央政府将属于国家层面的部分行政权、立法权等依法授予民族自治地方，这种适度的分权模式以及所反映出的权力运行特点是中央与民族自治地方之间实现权力科学分配的最集中体现。

（二）国家治理现代化视域下要求实现两者在利益上的平衡分享

在利益关系上，中央代表全国的意志和利益，民族自治地方代表局部利益。中央与民族自治地方作为一个系统，其相互之间的利益关系是永恒的，即只要有民族自治地方存在，就会存在中央与民族自治地方之间相互的利益关系。中央与民族自治地方都处于同一个政权系统中，两者之间的利益往往是此消彼长的状态。中央代表着全国的意志与利益，是整个社会公共利益的最集中体现，其行为目标是公共利益的最大化。民族自治地方代表着局部的利益，其利益的地方性和民族性更加明显，并且与国家利益公共性同时存在。我们追求的目标是通过科学的协调机制实现两者在利益上的平衡分享。

中央与民族自治地方关系的不同方面决定了两者利益关系包括的不同内容。具体而言，中央与民族自治地方的利益关系主要集中体现在三个方面：经济利益、政治利益和社会公共利益。中央与民族自治地方的经济利益主要是两者之间财权的科学划分、中央对民族自治地方在财政政策的倾斜以及在经济建设中的扶持措施等；政治利益体现在立法、行政、司法和人事等各种政治体制中，其本质就是充分给予少数民族群众参与管理国家事务的权利和自主管理本民族地区事务；社会公共利益集中体现在公共物品的供给与分配方面，要求中央政府在进行经济调节、社会管理和公共服务方面的活动时更加注意让民族自治地方受益并增强其自我发展能力。一方面，在统一的多民族国家中，民族自治地方必须把维护国家的整体利益放在首位，同时要兼顾本地方的自身利益。中央政府在追求国家利益和社会公共利益的最大化的同时要着力维护民族自治地方的利益不受侵犯。另一方面，民族自治地方的利益与中央的最大利益既有共通之处，又有因为发展不充分与不平衡存在的独立性，实现其利益关系的最大化需要不断调整和完善两者之间的利益共享机制。特别是由于民族自治地方的区域发展要求和各民族的团结繁荣的目标这两者之间存在相通性，而民族自治地方与国家整体发展规划保持一致性是中央政府层面注重与民族自治地方在利益上实现平衡分享的基础。中央与民族自治地方都是国家制度和国家政策的执行者，在系统中的“互利共赢”应当取代“此消彼长”，最终实现追求两者在利益上的平衡分享的目标。

第二章 我国中央与民族自治地方关系的发展历程研究

近代以来，中国遭到帝国主义列强的瓜分，国内民族矛盾严重激化。在如此复杂的社会历史背景下，中国共产党成立伊始就意识到广大民族自治地方对实现国家和平统一的重要性，中国共产党第二次全国代表大会发表了《中国共产党第二次全国代表大会宣言》提出党的任务和目前奋斗目标共有七项，与民族问题相关的内容就有四项，同时在未来国家的结构形式和民族自治地方在国家中的定位等问题上提出了“用自由联邦制，统一中国本部、蒙古、西藏、回疆，建立中华联邦共和国”❶。进入大革命时期后，随着在各地纷纷建立起“工农武装割据”，这种以“民族自决”为基础建立的“中华联邦共和国”模式由最初的理论探索开始向政权建设层面进行发展。1931 年 11 月成立的中华苏维埃共和国在向全国的通电中第一次表明其政治立场，即“承认中国境内少数民族的民族自决权……他们有完全自决权：加入或脱离中国苏维埃联邦，或建立自己的自治区域”❷。

抗日战争全面爆发以后，在中华民族面临生死存亡之际，国内的民族意识

❶ 中共中央统战部．民族问题文献汇编（一九二一·七—一九四九·九）[M]．北京：中共中央党校出版社，1991：18.

❷ 中共中央文献研究室、中央档案馆编．建党以来重要文献选编（1921-1949）：第 8 册 [M]．北京：中央文献出版社，2011：649，652.

空前觉醒，导致了多元一体的中华民族整体观念逐步成熟，也使中国共产党在领导抗日民族统一战线的过程中对未来的国家结构形式问题特别是国家政权与以少数民族为主体的边疆地区关系等问题的认识不断深化。中国共产党开始淡化最初“民族自决”观念，并围绕实现完全意义上的“国家统一”而进行新的理论和政策探索。在这个时期民族工作的具体实践中，围绕立足“民族区域自治”并实现“国家统一”的新思想和理论也逐步酝酿产生。在党的六届六中全会上，毛泽东提出：“允许蒙、回、藏、苗、瑶、夷、番各族与汉族有平等权利，在共同抗日原则之下，有自己管理自己事务之权，同时与汉族联合建立统一的国家”❶。1941年颁发的《陕甘宁边区施政纲领》明确提出了建立民族自治区的概念并进行了具体实践。尽管当时的文件中没有“民族区域自治”的正式提法，但“统一国家”与少数民族的“自治权”这两个关键词开始在党的民族纲领中共同出现并紧密联系在了一起。

解放战争时期，中国共产党再次构思中国的国家结构形式的问题，在这个过程中，“单一制”和“民族地方自治”思想逐步取代“联邦制”和“民族自决”的口号，即开始同时思考未来国家政权的组建方式以及如何实现各少数民族管理内部事务的权力等问题。特别是在1945年10月23日，中共中央向晋察冀中央局发出《关于内蒙工作方针》指示电，确定“对内蒙的基本方针，在目前是实行区域自治。……放手发动与组织蒙人的地方自治运动，建立自治政府”❷。这是在历史文献记载中由“民族自决”原则向“民族区域自治”的基本方针正式转变的标志，也是长期以来我国处理中央与民族自治地方关系问题的最初理论基石。

❶ 中共中央统战部．民族问题文献汇编（一九二一·七—一九四九·九）[M]．北京：中共中央党校出版，1991：595.

❷ 中共中央统战部．民族问题文献汇编（一九二一·七—一九四九·九）[M]．北京：中共中央党校出版，1991：964-965.

第一节　中央与民族自治地方关系的初步构建与全面发展

从1947年到1966年是我国中央与民族自治地方关系的初步构建与全面发展时期。1947年5月，中国共产党审时度势在内蒙古地区联合少数民族并争取他们的支持成立了中国第一个省级少数民族自治地方——内蒙古自治区，正式开启了对中央和民族自治地方关系体系的初步探索阶段。中华人民共和国成立后，我国的民族区域自治理论和实践都逐步走向完善，通过制定实施《中华人民共和国民族区域自治实施纲要》和《中华人民共和国宪法》，第一次明确了民族区域自治的概念以及确立了民族区域自治地方的建立原则，而且对中华人民共和国成立后的中央与民族自治地方关系问题进行了初步探索和构建。在这个时期，通过艰辛探索和卓有成效的实践，我国民族自治地方的行政建制类型从“大而全”的“自治区”细化发展为“自治区、自治州和自治县”等不同的行政层级，确立了各级各类民族自治地方在国家政治体制中的行政地位与体制基础，也再次从国家体制上明确了民族区域自治是在单一制国家结构形式下对少数民族聚居区行使民族自治权的一种制度安排和政治设计。在这个过程中，我国中央与民族自治地方的关系得到了全面的发展。

一、在探索中建立我国第一个省级民族自治地方——内蒙古自治区

中国共产党对建立民族自治地方的探索正式付诸实践，开始于内蒙古自治区筹备和建立过程中。解放战争时期，受国内和国际形势的影响，内蒙古地区的阶级矛盾和民族矛盾相互交织空前尖锐，针对内蒙古的严峻形势，中共中央在1946年2月18日发出指示“在少数民族地区建立的自治区应作为普通地方政府出现，而不应与中国形成所谓宗主国与类似自治共和国的关系”

[1]。这些指示强调了中国共产党对少数民族区域自治的理解和定位，既不是“独立自治”，又不是“联邦式自治”，而是将其上升为“国家统一范围下区域自治”的全新高度。1947 年 3 月 23 日，中共中央指出“内蒙自治政府非独立政府，它承认内蒙民族自治区仍属中国版图”[2]。

在这样的思想和理论指导下，中国共产党专门派乌兰夫等一批蒙古族和汉族干部从延安回到内蒙古民族聚居地区并建立了内蒙古自治联合会，直接领导和发动内蒙古自治运动。经过近一年的筹备工作和统战联络，建立全新的内蒙古自治政府的号召得到了内蒙古上层人士和广大民众的广泛支持。在此基础上，内蒙古人民代表大会于 1947 年 4 月 23 日召开，参加这次会议的有蒙、汉、回等各族人士和各界代表共 393 人。特别指出的是，这次会议再次明确了“内蒙古自治政府并非独立自治政府。中国民主联合政府成立，内蒙古自治政府即包括为其一部分”[3]。同时，这次会议选举产生了内蒙古自治政府的领导机构，乌兰夫当选为自治政府主席，选举产生的 19 名自治政府委员中有 14 人是少数民族，占总人数的 70% 以上。1947 年 5 月，内蒙古自治政府隆重举行成立典礼，标志着内蒙古发展进入了新纪元，也标志着中国共产党开启了实行民族区域自治的光辉历程。可以说内蒙古自治区在成立之初就明确界定为是中国版图内不可分割的地方政权，标志着中国共产党自此开始全面实施以“民族区域自治”原则来处理少数民族聚集区与国家和中央政府的关系，其目标就是要实现“包括各民族在内的国家统一”。

1949 年 3 月七届二中全会召开期间，中共中央还对内蒙古自治区成立以来的有关工作和未来发展方向进行研究和部署，毛泽东提出要为恢复内蒙古的历史地域积极创造条件，逐步实现东西蒙统一的内蒙古自治区。这再次说

[1] 内蒙古自治区档案馆编．内蒙古自治运动联合会档案史料选编 [M]. 北京：档案出版社，1989：169-171.

[2] 中共中央统战部．民族问题文献汇编（一九二一·七—一九四九·九）[M]. 北京：中共中央党校出版社，1991：1095.

[3] 中共中央统战部．民族问题文献汇编（一九二一·七—一九四九·九）[M]. 北京：中共中央党校出版社，1991：1118.

明了中国共产党对内蒙古作为民族自治区的定位和取向不是延续中国古代封建王朝所采取分而治之的治理方法，而是对民族地区的发展定位充满了高度信任以及实行民族区域自治制度的制度自信。在这次会议上，乌兰夫汇报了内蒙古自治区的民族区域政权建设情况："在政权建设方面，区、乡级完全由人民选举，不规定蒙汉各族占的比例，由蒙汉人民自己决定，基本上清除（了）蒙汉之间的隔阂与界限。在蒙汉干部安排上，一般是蒙古族干部任盟长，汉族干部任盟委书记，蒙古族干部在行政方面负责得多，汉族干部在党的工作方面负责得多"❶。在中国人民政治协商会议第一届全体会议上，内蒙古代表团醒目地被安排在全国几个大行政区的序列中。1949 年 12 月，中央人民政府决定将内蒙古自治政府改称为内蒙古自治区人民政府，同时成立以乌兰夫任书记的中共中央内蒙古分局（归中共中央华北局领导）。这些工作的开展充分突出了新生的内蒙古自治区在国家政治领域和结构中的地位和示范作用。

内蒙古自治区的建立是中国共产党对建设中央与民族自治地方关系体系的重大探索成果，内蒙古自治区作为中央统一领导下的省一级地方并不享有真正的主权，同时内蒙古自治区有其独特的区域和法律地位，享有广泛的民族自治权。可以说在对中国民族问题的理论探索和工作实践过程中，特别是在内蒙古自治区的建立过程中，通过不断发展和完善"民族区域自治"的全新原则来处理少数民族聚集区与国家和中央政府的关系为中华人民共和国成立后进一步探索解决中央与民族自治地方关系问题提供了现实的参考经验。

二、《中国人民政治协商会议共同纲领》和《中华人民共和国宪法》奠定中央与民族自治地方关系的政治和法律地位

中国共产党正式集中讨论中国的国家结构问题以及中央与民族自治地方的具体关系问题是在中国人民政治协商会议第一次全体会议期间，其思想成

❶ 乌兰夫文选：上册 [M]. 北京：中央文献出版社，1999：107-108.

果集中反映在会议通过的“开国大宪章”——《中国人民政治协商会议共同纲领》(以下简称《共同纲领》)中。1949年9月，中国人民政治协商会议第一次全体会议期间，毛泽东专门听取了当时主管民族工作的李维汉的意见，李维汉从少数民族在全国总人口的比重情况和不同民族自治地方在国家的历史与现实情况等多方面将中苏两国进行对比分析，最后认为中苏两国国情有着本质性的差别，结论就是即将成立的中华人民共和国不宜实行联邦制。在中国人民政治协商会议期间，来自各个阶层的代表对即将诞生的中华人民共和国应该采用的国家结构形式问题进行了热烈而深入的讨论。1949年9月7日，周恩来代表中国共产党向大会作了具体说明，特别指出“我们虽然不是联邦，但却主张民族区域自治，行使民族自治的权力”❶，这个议案得到了当时与会代表的广泛赞同。在通过对比苏联模式放弃“联邦制”方案形成定局以后，特别是在《共同纲领(草案)》的第三次起稿阶段，即将建立的中央政府正式将“民族区域自治”载入《共同纲领》正式稿当中。1949年9月22日，周恩来在向大会提交的《关于〈中国人民政治协商会议共同纲领〉草案的起草经过和特点》报告中再次总结了“各少数民族的区域自治均在条文中加以明确规定”❷。可以说，《共同纲领》作为中华人民共和国筹备阶段的施政准则确立了中国实施民族区域自治的基本政制架构，此后我国的自治区政府体系的组建等也是以之为根据。值得一提的是，在这份具有建国大宪章性质的文献中，专门用一章的篇幅来论述“民族自治地方的定位问题”。例如，其中明文规定“各民族一律平等……各少数民族聚居的地区，应实行民族的区域自治，按照民族聚居的人口多少和区域大小，分别建立各种民族自治机关”。正是在党的民族区域自治思想逐步成熟的历史大背景下，我国开始陆续建立了中华人民共和国成立后的第一批民族自治地方。

从1949年中华人民共和国成立到1956年社会主义制度的建立这段时期是我国民族工作法制体系建设的初创阶段，在这一时期我国的民族区域自治

❶ 中共中央文献研究室、中央档案馆编.建党以来重要文献选编(1921-1949)：第8册[M].北京：中央文献出版社，2011：701-702.

❷ 周恩来选集(上卷)[M].北京：人民出版社，1980：370-371.

理论和实践都逐步走向成熟和完善。1954年颁布的《中华人民共和国宪法》（以下简称《宪法》）从国家宪法层面对《共同纲领》中的一些内容进行了必要的修改和升华，如关于民族自治地方的名称问题，决定省一级自治地方称为“自治区”，省以下称为“自治州”，民族自治地方的自治机关按照宪法和法律规定的权限行使自治权等。同时，对民族区域自治制度做出了比较全面的规定，将民族平等、民族区域自治等处理民族问题和民族关系的基本原则宪法化，特别是明确规定了“中华人民共和国是统一的多民族国家，各民族自治地方都是中华人民共和国不可分离的部分”❶。可以说中国第一部《宪法》从根本法的角度确立了我国解决民族问题的基本制度——民族区域自治制度，标志着我国对中央与民族自治地方关系的定位第一次纳入了国家法制化的轨道。

总之，这个时期在研究制定和出台实施《共同纲领》和《宪法》的基础上，我国民族区域自治的理论创新和实践探索都开始逐步走向成熟，而且对国家政权建立后形成的中央与民族自治地方关系进行了初步探索和有效定位。这些原则性的规定对我国处理中央与民族自治地方关系不仅起到了很好的指导作用，还为中华人民共和国成立后中央与民族自治地方关系体系的构建提供了制度和法律保障。在此之后，我国关于规定少数民族政治权利、经济权利、文化社会权利等系列法律法规陆续大量出台，有力推动了民族区域自治的法治化进程。

三、“区、州、县”三位一体格局确立中央与民族自治地方基本关系结构

中国在少数民族聚居区实行民族区域自治并建立民族自治地方，其中必须要解决新中国在少数民族聚居区实行民族区域自治并建立民族自治地方，“民族自治区的建立，包含着民族组成，区域界线，行政地位，自治机关，

❶ 张尔驹.中国民族区域自治史纲[M].北京：民族出版社，1994：166.

自治权利，内部关系和上下关系等问题”❶。在《共同纲领》实施后，民族自治地方一概统称为“民族自治区”，这与后来建立的相当于省一级的自治区虽然在名称上相近，但是两者之间有着内涵性区别。在中华人民共和国成立以前，我国只在内蒙古自治区进行过民族区域自治的实质性实践，并将其作为一个省一级的自治区建立起来。因此，“民族自治区”的单一行政区域称谓也延续至中华人民共和国成立初期的各项文件和政策当中，还没有来得及根据不同民族自治地方的实际情况进行细化与区分。随着中华人民共和国成立后，国家对建立民族自治地方工作的深入及相关立法工作的不断推进，“民族自治区”所应包含的不同行政层级也逐渐清晰起来。“1951 年 2 月《中华人民共和国民族区域自治试行通则（草案）》将‘民族自治区’划分为相当于大行政区、省、专区、县、区和乡 6 个层级”❷，1952 年 2 月政务院发布的《中华人民共和国民族区域自治实施纲要》正式将“民族自治区”的行政地位划分为相当于乡（村）、区、县、专区或专区以上 5 个行政层级。1954 年的宪法再次明确了将民族自治地方划分为“自治区、自治州和自治县”三级，即分别对应之前的省级、相当于行署和专区一级和县一级的“民族自治区”。同时在这个时期，我国陆续在面积较小的少数民族地区成立了 200 多个分属不同建制的自治州、自治县（旗）等民族自治地方政府。据统计，目前全国有 30 个自治州和 120 个自治县，其中有 23 个自治州和 46 个自治县是集中在 1950—1956 年成立的。

在中华人民共和国成立初期确立民族自治地方“三位一体格局”的历史进程中，新疆由省制向民族自治地方制的过渡具有典型性和代表性。1949 年 9 月 25 日，新疆在和平解放后出于稳定局势的需要成立了新疆省人民政府，这也成为中华人民共和国成立初期在少数民族地方成立的第一个省级的过渡性质的民族民主联合政府。随着形势的发展特别是 1951 年中共中央就《关于民族区域自治试行条例（草案）》在新疆征求意见的过程中，新疆部分少数民

❶ 李维汉．统一战线问题与民族问题 [M]. 北京：人民出版社，1982: 510.

❷ 中共新疆维吾尔自治区委员会党史研究室．中国共产党与民族区域自治制度的建立和发展（上册）[M]. 北京：中共党史出版社，2000: 75—77.

族干部在座谈会提出了成立“新疆维吾尔斯坦自治共和国”的错误主张。中共中央新疆分局后专门对这一错误思想予以纠正❶。1952年，中央人民政府颁布《中华人民共和国民族区域自治实施纲要》后，将新疆作为省一级自治地方进行推行民族区域自治试点工作。新疆为此专门成立推行民族区域自治筹备委员会，广泛征求新疆各阶层对实行民族区域自治的意见和建议。1953年4月，中共中央对新疆实行民族区域自治的步骤作出指示，“在土改基本结束以后，先从维吾尔族以外的其他少数民族聚居区进行，在此基础上再筹建全省范围内的民族区域自治”❷，新疆实施民族区域自治的筹备工作就此全面铺开。可以说，在国家层面特别是当时的中央政府的大力帮扶之下，经过一年多的筹备和酝酿，成立省一级自治区的准备工作全部就绪，同时根据在新疆实施民族区域自治的具体实践，中共中央新疆分局专门致电中共中央“建议实行民族区域自治后的新疆还是称作‘新疆维吾尔自治区’为好，4月16日中共中央电复新疆分局，同意新疆分局意见”❸。1955年9月20日，新疆第一届人民代表大会在乌鲁木齐召开，大会选出了自治区主席、副主席和委员，组成了自治区人民委员会，这标志着新疆维吾尔自治区作为中华人民共和国成立后的第一个省级民族自治区正式成立。

1949年12月广西全境解放后，中央政府就开始根据《共同纲领》为基本准则进而着手在广西开展民族区域自治的各项工作。经过近三年的准备工作，1952年12月根据广西西部的壮族聚居区的实际情况和相关诉求等最先建立了桂西壮族自治区（1956年改称自治州），需要指出的是这个有针对性的实践探索历程也为我国这个时期关于中央与民族自治地方关系的构建和发展提供了宝贵的经验。在此基础上，经过四年的发展也就是在1956年10

❶ 新疆维吾尔自治区地方志编委会．新疆通志·共产党志[M]. 乌鲁木齐：新疆人民出版社，2009: 1489.

❷ 新疆维吾尔自治区地方志编委会．新疆通志·政务志·政府[M]. 乌鲁木齐：新疆人民出版社，2006: 1493.

❸ 新疆维吾尔自治区地方志编委会．新疆通志·民族志[M]. 乌鲁木齐：新疆人民出版社，2009: 1590.

月，当时广西的领导人陈漫远、韦国清等在给中央统战部上报的请示中专门提到了“虽然建立了桂西壮族自治区，但实际内容不相适应，少数民族自治权利没有得到充分发挥”❶等现实问题，随后中共中央指示由中共广西省委负责组织征求关于成立自治区的相关意见并以此为依据来制定出详细的工作方案。随后，广西组织召开了多次征求意见大会，将成立自治区的相关问题在各个阶层进行了广泛的酝酿和讨论。与此同时，全国政协也分别于1957年3月和5月两次召开专门会议对这个问题进行研究。在陈毅与李维汉的主持下，刚刚成立的国家民委根据桂西壮族自治区实施民族区域自治和民主改革的具体经验，专门向中央提交了成立广西壮族自治区的完整调研报告。该报告主要立足桂西壮族自治区成立以来的运行情况和存在问题，特别是主要从整个广西地区的人口构成、壮族人口的居住地区以及广西各阶层代表的意见呼声等方面向中央建议建立省一级的壮族自治区符合当时我国所实施的关于民族区域自治制度方面的现实要求。在酝酿成立广西壮族自治区的过程中，各方面的代表还提出过两个具体的组建方案：第一种方案是在广西省建制的基础上改建为广西壮族自治区；第二种方案是在保留广西省建制的基础上在广西西部建立壮族自治区。经过充分讨论和民主协商，绝大多数代表赞成第一种的方案。1958年1月31日，桂西壮族自治州人民委员会正式停止办公。❷1958年3月5日，广西壮族自治区第一届人民代表大会第一次会议在南宁开幕，大会选举韦国清和覃应机等6人分别当选人民政府主席和副主席，在以上工作全部完成的基础上宣告了广西壮族自治区正式成立。

中华人民共和国成立后，回族在人口数量上已经是当时全国的第三大少数民族，同时在回族人口较为集中的西北地区也已经陆续建立了4个回族自治州和10余个自治县。特别是在1949年宁夏全境解放后，随着各回族聚居区经济社会的迅速发展，在此基础上建立一个省一级的地方自治政权的工作

❶ 广西壮族自治区地方志编撰委员会．广西通志·民族志[M]．南宁：广西人民出版社，2009: 737.

❷ 广西壮族自治区地方志编撰委员会．广西通志·民族志[M]．南宁：广西人民出版社，2009: 730.

开始在中央政府层面进行酝酿。这个时期，在周恩来的亲自部署下开展了相关准备工作，最终在 1954 年 10 月国家民委在对西北的回族聚集区和相关自治州和自治县深入调研的基础上，正式向中央提交了报告，该报告中就包括了明确建议要"建立一个相当于省级的回族自治地方"❶。之后受周恩来的委托，1956 年 2 月 22 日陈毅主持专题会议研究商谈成立回族自治区的具体细节问题，在这次会议上与会人员一致认为，回族是一个人口比较多的少数民族，迫切需要成立一个相当于省一级的自治地方。此后在中央政府的直接领导下，从 1956 年 5 月开始甘肃省委组织召开了多次座谈会，同时共邀请了西北地区乃至全国范围内的 1 700 多名涵盖回族和汉族的各界代表进行商讨并征求这方面的建议和相关意见，并在此基础上开始深入讨论成立省一级的回族自治区问题。同时，在国家层面，全国政协常委会和全国人大有关专门委员会也分别召开专题会议，就成立回族自治区中要解决的有关问题进行了充分的协商讨论并达成了共识。在此基础上，又经过三年多的精心准备，1958 年 10 月 24 日宁夏回族自治区第一届人民代表大会才得以召开，同时这次会议选举了该地的领导机构，其中刘格平当选主席、马玉槐等 7 人当选副主席。10 月 25 日，"人大常委会副委员长林伯渠代表党中央郑重宣布宁夏回族自治区成立"❷。

在 1951 年西藏和平解放之初，西藏地区实际上存在着包括中华人民共和国昌都地区人民解放委员会管辖地区在内的三个不同的管制区。中央政府考虑到西藏地区藏族人口和宗教等特殊情况，开始建议构思成立统一的西藏自治区的问题。在经过慎重研究和广泛征求意见的基础上，西藏自治区筹备委员会于 1956 年 4 月率先成立并根据西藏当时的实际情况积极开展各项统战和联络工作，在这个基础上还直接领导了西藏各个地区进行民族区域自治的各项筹备工作。此后在西藏实行民主改革前后历时几年，在此基础上西藏地区的政权建设工作也拉开了序幕。经过近两年的筹备和酝酿，

❶ 李恽和．当代中国的宁夏[M]．北京：中国社会科学出版社，1990：609-611.

❷ 宁夏通志编纂委员会．宁夏通志·民族宗教卷[M]．银川：宁夏人民出版社，2010：351-353.

1961年，西藏各地开始实行普选，选举产生了各级人民政府。经过近四年的精心组织和广泛动员，到1965年全区从县一级到乡一级的选举工作基本完成，同时经选举产生大多数地方政府的主要领导都由藏族干部担任。在西藏各地基层民主政权建设日趋成熟的条件下，1965年9月1日，西藏自治区第一届人民代表大会终于得以召开，“大会代表301人，出席会议代表293人，其中藏族和其他少数民族242人（其中藏族226人，门巴族、珞巴族、回族、纳西族、怒族等共16人），占代表总数的80.4%”❶，“大会选举阿沛·阿旺晋美为西藏自治区人民委员会主席，周仁山、帕巴拉·格列朗杰等7人当选副主席”❷，西藏自治区就此宣告成立。

总之，这一时期中央人民政府从我国基本国情和少数民族地区人民的根本利益出发，进一步探索和健全民族区域自治制度的具体实现形式，特别是先后在新疆、广西、宁夏、西藏这四个占全国面积的33%的少数民族地区分别建立了省一级民族自治区和自治政府，这不仅标志着中国的民族区域自治制度及其实践获得了巨大成功，还在全国范围内形成了中央与民族自治地方的基本定位和格局。

第二节 中央与民族自治地方关系在探索中的曲折与发展

从1966年到1984年，我国中央与民族自治地方关系在探索过程中既有曲折又有不断发展的成果。从1966年开始的文化大革命在一定程度上影响了中华人民共和国成立以来所形成的民族政策，也干扰了中华人民共和国成立以来中央与民族自治地方关系的发展进程。“文革”结束后开始的拨乱反

❶《中华通鉴·西藏篇》编纂委员会．中华通鉴·西藏卷[M].北京：中国藏学出版社，2013: 798.

❷ 中共西藏自治区委员会党史研究室编．中国共产党西藏历史大事记（1949—2004）：第1卷[M].北京：中共党史出版社，2005: 229.

正工作使当时国家在政治和社会生活的各个方面实现了工作重心的调整和转移，通过恢复和完善民族区域自治制度以及在此基础上修改《宪法》，为巩固中央与民族自治地方关系提供制度保障。特别是"文革"结束后，重启民族地方自治机构建设等一系列工作有效维护了我国中央与民族自治地方的基本关系格局。

一、"左"倾错误思想对中央与民族自治地方关系形成一定程度的干扰和影响

从 1966 年开始的文化大革命干扰了中华人民共和国成立以来中央与民族自治地方关系的发展进程。由于极"左"的"无产阶级专政下继续革命"的错误理论指导，民族工作为阶级斗争所掩盖或替代，尽管从国家层面来看，民族区域自治制度并没有废除，但之前建立民族自治地方的工作却被定性为"制造分裂""搞独立王国"，这一时期掀起的政治运动不仅剥夺了民族自治地方的自治权，还使我国的中央与民族自治地方关系出现了一定的曲折和偏差。

第一，从中央到地方的各级民族事务机构被撤销，绝大多数民族自治地方的自治机关被迫中止工作。特别是在中华人民共和国成立初期建立的中央政府、全国人大、政协中的许多民族工作机关，民族自治地方的各级民族工作部门都相继被撤销。从国家层面的中央民族事务委员会到多数地方的民族事务委员会相继被撤销和中止例如，宁夏回族自治区人民委员会民族宗教事务处被撤，新疆维吾尔自治区从自治区到自治州、专区、市、县，政府（专署）领导机构以及工作部门的权力先后被夺，广西壮族自治区中各县民族事务委员会也自然中断。在当时，即使是没有被撤销的民族事务管理部门，事实上也停止了工作，主管民族事务的中央统战部在 1966 年 8 月被打成"修正主义司令部"，失去了原有职能。

第二，民族自治地方的体制区划被更改。例如，在"文革"时期有些民

族自治地方不经过任何法律程序就被撤销、肢解或被代管，部分自治区所属的自治州被划归地区领导，直接动摇了这些民族自治州的行政地位，使它们徒有“自治”空名。其中，最为严重的是内蒙古自治区，“原内蒙古自治区所属的呼伦贝尔盟、哲里木盟、昭乌达盟等诸多民族自治地方先后被分别划入黑龙江、吉林和辽宁等省来管辖”❶。“1969年12月19日，中共中央决定由北京军区内蒙古前线指挥所分别对包头市、巴彦淖尔盟、锡林郭勒盟、乌兰察布盟、呼和浩特市、伊克昭盟等地区实行分区全面军管”。直到1972年1月12日内蒙古自治区的全面军管结束。❷

第三，民族区域自治的法制建设遭到破坏。1955年开始的《民族区域自治法》的起草工作在这一时期完全停止，特别是1975年《宪法》中删去了原民族政策法律法规和关于“各少数民族聚居的地方实行区域自治”的条文，直接导致了这一时期出现了对民族自治地方行政区划随意变更的情况出现。此外，这一时期新兴的“革命委员会”全面取代了原有的民族自治机关，即使是在基层的民族乡也被“农村人民公社”取代。

第四，普遍且大量地培养和使用少数民族干部的政策被中止。例如，“1971年，广西全自治区8个地区和4个自治区辖市革命委员会60名正副主任中，少数民族干部只占2%”❸。“1968–1974年，宁夏自治区全区少数民族干部占干部总数的比例一直徘徊在9.5%左右。到1976年，自治区一级的8名领导干部中，回族有2人，只占25%；自治区厅局干部中，回族干部占17.5%；县处级干部中，回族干部只占13.6%”。与民族区域自治对回族干部比例的要求差距很大。❹此外，还出现了针对少数民族干部的各种冤假错案，如内蒙古自治区的所谓“新内蒙古人民革命党”案。“据一九七七年调查，当

❶ 内蒙古民政厅．内蒙古自治区志·行政区域建制志[M].呼和浩特：内蒙古人民出版社，2009: 948.

❷ 内蒙古民政厅．内蒙古自治区志·行政区域建制志[M].呼和浩特：内蒙古人民出版社，2009: 960.

❸ 广西壮族自治区地方志编撰委员会．广西通志·民族志[M].南宁：广西人民出版社，2009: 1116.

❹ 宁夏通志编纂委员会．宁夏通志·民族宗教卷[M].银川：宁夏人民出版社，2010: 400.

时全国5个自治区，29个自治州中的17个，69个自治县(旗)中的32个，担任革命委员会主任的都是汉族干部”。[1]此外，全国各地的民族院校和各级民族训练班也相继被撤销或者中止办学，使中华人民共和国成立以来的少数民族干部培养工作也被迫中断。

总之，在这一时期全国的政治经济秩序被严重打乱，不正常的社会政治运动冲击到民族地方的自治和经济社会的发展，从国家到地方的民族区域自治制度也遭到破坏。其结果是在一定程度上降低了少数民族对新兴国家政治体系的信任感和对国家的认同感，中央与民族自治地方关系的发展在一定程度和范围内出现了暂时停滞的情况。

二、拨乱反正为巩固中央与民族自治地方关系提供制度保障

“文革”结束后开始的拨乱反正工作使当时国家在政治和社会生活的各个方面实现了工作重心调整和转移，在批判了“民族问题的实质是阶级问题”等错误观点的基础之上，特别是开始恢复在“文革”时期被破坏的各项民族政策，重新恢复确立中央和民族自治地方关系的工作也随之展开。在此期间，以国务院为首的中央有关部门多次召开会议，确立了在民族工作中要继续坚持和完善民族区域自治政策的基本方针。1978年，党的十一届三中全会开启了恢复和完善民族区域自治制度的新时期，也成为中央和民族自治地方关系恢复并重新开始建构的历史转折点。之后召开的党的十一届六中全会提出：“必须坚持实行民族区域自治，加强民族区域自治的法制建设，保障各少数民族地区根据本地实际情况贯彻执行党和国家政策的自主权”[2]。1981年，邓小平针对新疆问题专门指出：“要把我国实行的民族区域自治制度用法律的

[1] 黄光学．当代中国的民族工作（下）[M]．北京：当代中国出版社，1993：241.

[2] 国家民族事务委员会、中共中央文献研究室．新时期民族工作文献选编[M]．北京：中央文献出版社，1990：109.

形式规定下来，要从法律上解决这个问题”[1]。自此，我国围绕恢复和实施民族区域自治而展开的法制建设工作才真正得以重新启动。

在粉碎“四人帮”反革命集团后，我国首先在1978年对1975年的《宪法》进行了修改并由第五届全国人民代表大会第一次会议通过，和1975年《宪法》相比，1978年《宪法》在“民族自治地方的自治机关”的规定方面增加了“在多民族居住的民族自治地方的自治机关中，各有关民族都应当有适当名额的代表”和“民族自治地方的人民代表大会有权依照当地民族的政治、经济和文化的特点，制定自治条例和单行条例”等多项内容。但是由于受当时历史条件等方面原因的限制，这部宪法未能彻底清理“文革”期间“左”的思想影响，还存在一些不适合客观实际情况的条文规定。随着拨乱反正工作的深入推进，制定实施适应新时代要求的《宪法》被提上了我国的议事日程。1980年9月，第五届全国人民代表大会第三次会议成立了以叶剑英为主任，宋庆龄、彭真为副主任，胡乔木为秘书长的宪法修改委员会，负责全面修改《宪法》。这次《宪法》修改工作前后历时两年，最终在1982年12月，第五届全国人民代表大会第五次会议上正式通过并颁布，1982年颁布实施的《宪法》不仅重新确立了中华人民共和国成立以来关于民族工作的基本定位和原则方向，还在深刻总结我国实施民族区域自治制度以来经验教训的基础上，全面恢复了1954年《宪法》有关该制度的核心原则和主要内容，并进一步明确了民族区域自治制度在国家政治体制中的地位和作用。同时，1982的《宪法》根据当时国家情况和发展任务的变化又增加了诸多新的内容，主要表现在围绕民族区域自治制度自身的制度设计和功能取向进行了更为完善的修改和补充。其中，突出规定了民族自治地方及其自治机关在管理本地方政治、财政和文化教育方面的自主权，以及国家应当从财政、物资、技术等方面帮助民族自治地方加快进行经济建设，从而为进一步发展民族区域自治制度和健全民族区域自治法制建设提供了根本的法制遵循。除此之外，1982

[1] 中共新疆维吾尔自治区委员会．新疆工作文献选编（1949—2010）[M]．北京：中共中央文献出版社，2010：252.

年的《宪法》颁布实施还为其后我国首部《民族区域自治法》的产生提供了深厚的立法依据。

总之，在改革开放之初我国通过恢复和完善民族区域自治制度以及在此基础上修改《宪法》标志着我国的民族区域自治制度开始进入健康稳定的发展轨道，也为实现中央与民族自治地方关系的稳定发展局面提供了坚实的法律和制度保障。

三、重启民族自治地方自治机构建设有效维护中央与民族自治地方基本关系格局

“文革”结束后，随着民族区域自治建设的推进，曾一度受到“左”倾错误思想影响的民族自治地方自治机构建设工作特别是民族自治地方的政权建设工作开始恢复正常。主要表现在自治州和自治县一级的民族自治地方恢复或者建立、各民族自治地方逐步恢复人民代表大会制度和全国各地各级民族工作管理机构相继得以恢复三个方面。

“文革”结束后，我国的多个自治州和自治县纷纷恢复或者建立。1979 年 5 月 30 日，中共中央、国务院发出《关于恢复内蒙古自治区原行政区划的决定》，内蒙古自治区于 1979 年 7 月 1 日接收回归的“东三盟”和“西三旗”。1979 年 7 月，昭乌达盟和哲里木盟分别恢复行政公署。12 月 12 日，经国务院批准，设立阿拉善盟（1980 年 5 月 1 日，正式成立），管辖阿拉善左旗、阿拉善右旗、额济纳旗。与此同时，在这一时期“对一些民族自治地方的行政区划和建制进行了必要的调整，到 1984 年新建了 2 个自治州，19 个自治县”[1]。随着国家政权建设和法治建设工作的深入推进，1979 年 9 月 13 日第五次全国人民代表大会第二次会议通过了将“文革”中建立的地方各级革命委员会改为各级人民政府的决议，同时决定各省、自治区和直辖市设立人民代表大会

[1] 金炳镐，王铁志．中国共产党民族纲领政策通论 [M]．哈尔滨：黑龙江教育出版社，2002：479.

常务委员会。在此大背景下，各民族自治地方逐步恢复人民代表大会制度和建立了人民代表大会常务委员会制度，为民族区域自治制度在广大民族自治地方恢复和发展奠定了政治基础。“1979 年 12 月 21 日至 26 日，广西壮族自治区第五届人民代表大会第二次会议召开。会议根据《中华人民共和国地方各级人民代表大会和地方各级人民政府组织法》，决定设立自治区第五届全国人大常委会，同时将自治区革命委员会改为自治区人民政府。会议选举覃应机为自治区人民政府主席，梁成业等 4 人为副主席，其中 4 人为壮族，1 人为瑶族。”❶“根据 1979 年 7 月全国第五届人民代表大会二次会议通过的《关于修正〈中华人民共和国宪法〉若干规定的决议》，宁夏自治区开始筹备建立宁夏回族自治区人民代表大会常务委员会的工作机构。1980 年 1 月 8 日至 15 日，宁夏回族自治区第四届人民代表大会第二次会议在银川召开，选举马青年为自治区人大常务委员会主任，李微冬和马有德为副主任，3 人均为回族。同时，选举马信（回族）为自治区人民政府主席，薛宏福等为副主席，回族有 3 人。这次代表大会选举产生的自治区人大常委会和自治区政府组成人员，落实了自治机关主要领导由实行民族区域自治的民族的公民担任等法律规定，而宁夏回族自治区人民代表大会常务委员会的设立则标志着党的民族区域自治制度在宁夏得到了恢复和发展。”❷1979 年 8 月 26 日至 9 月 5 日，新疆维吾尔自治区第五届人民代表大会第二次会议在乌鲁木齐举行，会议决定：新疆维吾尔自治区人大设立常委会，自治区革委会改为自治区人民政府。会议选举产生自治区人大常委会，铁木尔·达瓦买提为主任，选举司马义·艾买提为新疆维吾尔自治区人民政府主席。随着恢复和新建民族自治地方工作的深入开展，全国各地各级民族工作管理机构也相继得以恢复。1979 年 5 月，宁夏回族自治区民族事务局成立，与宁夏回族自治区民族事务委员会合署办公。1980 年 10 月 18 日，新疆维吾尔自治区政府下发《关于新疆维吾尔自治区人民政府工作部门名称问题的通知》，恢复了新疆维吾尔自治区民族事务委员会。1979

❶ 广西壮族自治区地方志编撰委员会．广西通志·民族志 [M]. 南宁：广西人民出版社，2009: 1257.

❷ 宁夏通志编纂委员会．宁夏通志·民族宗教卷 [M]. 银川：宁夏人民出版社，2010: 354.

年9月1日，广西壮族自治区党委“同意恢复全州、临桂、灵川、荔浦、恭城、灌阳、资源、田林、西林、田东、平果、那坡、凌云、凤山、东兰、环江、罗城、南丹、上思、富川、贺县等21个县民族事务委员会。”❶

总之，在这个时期开始的关于重启民族自治地方自治机构建设工作和民族自治地方的政权建设事务为之后在全国范围形成了涵盖5个自治区、30个自治州和120个自治县的多位一体自治地方格局奠定了坚实的基础，到20世纪90年代末，我国的民族自治地方占到了全国国土总面积的64%，有效维护了我国中央与民族自治地方基本关系格局。

第三节　中央与民族自治地方关系进入法治化轨道

从1984年至今是我国中央与民族自治地方关系完全进入法治化建设轨道时期，1984年颁布实施的《中华人民共和国民族区域自治法》（以下简称《民族区域自治法》）是我国关于实施民族区域自治的第一部基本法，为中央与民族自治地方关系提供了法律和制度保障。自1992年以来，历次中央民族工作会议牢固确立了以民族区域自治制度作为处理中央与民族自治地方关系的基本准则。这一时期，全国范围内民族自治地方自治法规的制定实施工作不断推进，充分保障了民族自治地方自治权有效实施。

一、《民族区域自治法》为中央与民族自治地方关系提供了法律和制度保障

改革开放之后，实施我国民族区域自治制度工作的重新启动以及中华人

❶ 广西壮族自治区地方志编撰委员会．广西通志・民族志[M]．南宁：广西人民出版社，2009：1248.

民共和国成立之初颁布的《中华人民共和国民族区域自治实施纲要》(以下简称《实施纲要》)中的一些内容已经不能适应当时的相关工作要求，制定一部贯彻落实民族区域自治制度专门法的工作被提上了我国的议事日程。早在1980年，中共中央就批准设立了《民族区域自治法》起草小组，由时任全国人大常委会副委员长和国家副主席的乌兰夫亲自主持这项工作，同时将全国人大法工委和人大民委的相关负责人纳入起草小组当中。起草小组经过近4年的努力，先后讨论修改达40多次，在充分听取了相关民族自治地方的意见与建议的基础之上，制定出了《中华人民共和国民族区域自治法(草案)》。在1984年3月和5月，全国人大常委会先后两次召开会议对这个草案进行审议讨论和反复修改，1984年5月31日，第六届全国人民代表大会第二次会议审议正式通过。这是我国关于实施民族区域自治的第一部基本法，强调“实行民族区域自治制度的实行，体现了国家充分尊重和保障各少数民族管理本民族内部事务权利的精神”，这再次明确了中央政府与民族自治地方是上下级关系，同时提出了实行民族区域自治制度必须贯彻的各项具体方针。与1952年的《实施纲要》相比，全新的《民族区域自治法》专门把民族自治地方以及所属的自治机关在经济建设、财政管理以及文化教育方面的自治权充分具体化和法制化，即第一次明确规定了民族自治地方机关在经济建设、财政管理和文化教育方面拥有哪些不同于一般地方国家机关的权利。值得一提的是，在中央与民族自治地方的关系定位与发展方面，1984年《民族区域自治法》在文本表述方面专门就“上级国家机关的领导和帮助”问题新增一个独立章节，从多方面规定了中央政府和上级国家机关部门应该如何履行帮助照顾职责。这些规定的具体化和法制化不仅为加速民族地区发展提供了制度保障，还是对我国民族区域自治制度的进一步充实和完善。

随着我国改革开放事业的全面发展，一方面需要进一步明确民族区域自治制度在国家政治制度中的地位和作为；另一方面，1984年的《民族区域自治法》中的部分规定已不适应新的社会发展情况，亟待调整和完善，因此在1998年国家就正式启动了民族区域自治法修改工作。1998年，全国人大民委组成 7 个调研组先后到新疆等民族自治区以及 15 个自治州和 17 个自治县进行调查研究，考察《民族区域自治法》颁布 10 余年来的具体运行情况并征求社会各界人士的意见建议。1999 年，全国人大成立了吸纳各方面专家和人士参加的《民族区域自治法》修改小组，并就修改的具体内容与中央组织部和国务院 20 个部委进行协商和协调。在达成基本共识的基础上起草了《民族区域自治法》修正案草案，后经 2001 年 2 月 28 日第九届全国人民代表大会常务委员会第二十次会议审议通过并颁布实施。这次修正后的《民族区域自治法》的修改内容有 39 项之多，总的来说体现了三个方面的完善：一是对于民族区域自治制度的再次定位，这次全新的《民族区域自治法》将民族区域自治制度上升为国家的一项基本政治制度，并将 1982 以来《宪法》的 3 次修改精神纳入《民族区域自治法》当中。二是明确了我国民族区域自治制度具有“统一和自治”相结合的根本宗旨。修正后的《民族区域自治法》重申了“各少数民族聚居的地方实行民族区域自治”和“各民族自治地方都是中华人民共和国不可分离的部分”两大基本原则，即明确了实行区域自治必须维护国家统一，两者是密不可分的关系整体。三是对于中央与民族自治地方的具体关系进行了明确，进一步明确了中央与民族自治地方在国家政治结构中各自的权利与义务。一方面，将“上级国家机关的领导和帮助”逐一细化，明确上级国家机关加大对民族地区的各项投入以及国家和经济发达地区要与民族自治地方开展多层次、多方面的对口支援工作，表明民族自治地方经济社会的发展需要两者的共同努力。另一方面，确定了上级国家机关保障民族自治地方行使自治权，以及民族自治地方的自治机关在不违背宪法和法律的原则下，有权采取特殊政策和灵活措施，加速民族自治地方经济、文化和建设事业的发展的有关原则。

总之，在改革开放之初，我国通过制定实施并修改《民族区域自治法》等标志着我国的民族区域自治制度开始进入法治化的发展轨道，也为实现中央与民族自治地方关系的稳定发展局面提供了坚实的法律和制度保障。

二、历次中央民族工作会议为中央与民族自治地方关系的发展指明方向

自1992年以来，党中央、国务院从国家层面先后召开了四次中央民族工作会议，每一次会议都是时任党和国家领导人亲自出席并讲话。历次中央民族工作会议不仅提出了当时历史条件下国家民族工作的主要任务内容，还确立了以民族区域自治制度作为处理中央与民族自治地方关系的基本准则，为我国中央与民族自治地方关系的发展道路指明了方向。

1992年，第一次中央民族工作会议明确提出了边疆民族地区的“沿边开放战略”，这是党和国家工作重心转移到现代化建设以来民族区域自治法的功能得到了全面提升与拓展的直接反映。这次会议还将处理民族之间的关系问题拓展为处理民族之间、民族地方与国家之间的关系，为构建中央与民族自治地方关系体系奠定了理论基础。1999年，第二次中央民族工作会议将“贯彻西部大开发战略，加快民族地区发展”等纳入会议主题。会议吹响了加快少数民族和民族地区经济社会发展的号角，推动民族地区以西部大开发为契机加快发展，并对跨世纪的民族工作进行了全面部署，为中央与民族自治地方关系的巩固和发展提供了保障。2005年，第三次中央民族工作会议指出要正确认识和把握新形势下加快边疆少数民族和民族地区的经济社会发展的意义。在这次会议上，中共中央、国务院颁发了中华人民共和国成立以来关于民族工作的第一个决定，即《中共中央国务院关于进一步加强民族工作加快少数民族和民族地区经济社会发展的决定》，以及第一个贯彻实施民族区域自治法的行政法规，即《国务院实施〈中华人民共和国民族区域自治法〉若干规定》，在2005年发表的《中国的民族区域自治》白皮书中，中国民族区域自治第一次被称为基本国策，说明党和国家对民族区域自治的认识定位达到了一个新的高度。中央与民族自治地方关系在法制上进一步得到充实和完善。2014年，第四次民族工作会议第一次全面、系统和深入地阐述了我国多民族的基本国情，第一次对中国特色解决民族问题的正确道路作出了“八个

坚持”的精辟概括，明确指出我国的“民族区域自治不是某个民族独享的自治，民族自治地方更不是某个民族独有的地方”❶，深刻阐明了中国特色解决民族问题正确道路的丰富内涵，是新形势下处理中央与民族自治地方关系的基本遵循。

总之，自1992年以来中央与民族自治地方关系得到了全面发展，历次中央民族工作会议始终以推动民族地区经济社会的繁荣发展作为民族工作重点，致力维护民族团结和国家统一，巩固各民族同呼吸、共命运、心连心、一家亲的共同体意识，牢固确立了以民族区域自治的基本政治制度作为处理两者关系的基本准则，在新的历史起点上不断推动中央与民族自治地方关系体系的完善和发展。

三、制定和出台自治法规，保障民族自治地方自治权的有效实施

由于《民族区域自治法》对民族地方及其权利构成只是从宏观上的原则性规定，还需要从民族自治地方层面出台相关配套法规，将所拥有的自治权进一步具体细化，才能把民族区域自治权落到实处。1984年5月颁布《民族区域自治法》后，全国人大有关代表先后5次向大会主席团提出议案，建议从国务院层面尽快指导和推动各民族地方制定自治法规。1986至1987年，多次召开由全国人大常委会牵头以及中央统战部、国家民委等有关负责人参加的专题研究会议，听取国务院有关部委的负责人以及西藏、广西等自治区人大常委会的负责人等汇报改革开放后《民族区域自治法》的贯彻实施情况。全国人大民族委员会于1989年底召开全国各省、自治区、直辖市的人大民族委员会主任会议，讨论研究《民族区域自治法》贯彻实施中的问题，交流各地制定自治条例的经验，较好地推动了各民族地方自治法规的制定。

自治法规的制定和实施是民族自治地方自治权能够充分有效运行的核心

❶ 丹珠昂奔 . 沿着中国特色解决民族问题的道路前进——中央民族工作会议精神学习体会[J]. 民族论坛，2014(12): 9-17.

和关键，也是构建和完善两者之间在法律层面所呈现具体关系的核心内容。在国家的统一领导和支持下，这一时期全国范围内民族自治地方自治法规的制定实施工作开始不断推进。全国省、市、区范围从自治州到自治县的民族自治地方开始具体着手制定本地方的自治条例和单行条例，其内容涉及政治、经济、文化、教育、卫生、宗教、风俗习惯等各个方面，不仅巩固了民族自治地方的法律地位，还对当地的民主政治建设、社会稳定、经济发展等发挥了重要作用。1985 年 4 月，《延边朝鲜族自治州自治条例》的颁布实施开启了民族自治地方制定自治条例的序幕。截至 2012 年底，“我国现行有效的法律中有自治条例 139 件、单行条例 698 件”❶，在此期间一些自治县还依据时代发展对自治条例进行了修订和完善。

值得一提的是，在 2001 年自治法修订完善的基础之上，2005 年《国务院实施 < 中华人民共和国民族区域自治法 > 若干规定》颁布，将中央对民族自治地方发展的帮助措施在政府层面进一步细化和具体化，这对相关自治条例的制定和修订起到了积极的推动作用。虽然在这个时期 5 个自治区的自治条例没有出台，但是自治条例的相关起草制定工作一直在不断推进。以宁夏回族自治区、内蒙古自治区和广西壮族自治区为例，“1988 年 8 月后宁夏回族自治区自治条例的起草工作由自治区人大常委会主任会议领导。1994 年 8 月，《宁夏回族自治区自治条例》在自治区层面最终定稿，前后历时 6 年，15 稿”❷。“1993 年 5 月，内蒙古自治区八届人大常委会成立了新的自治区自治条例起草工作领导小组，又着手修改自治条例草案第 21 稿，形成自治条例纲要，即自治条例草案尚未最后成型的第 22 稿。”❸1980 年 10 月 7 日至 10 日召开的广西壮族自治区第五届人大第五次会议的中心议题就是研究广西民族立法工作。会议通过了两项决议：一是成立人大常委会民族委员会；二是成

❶ 全国人大常委会办公厅秘书局 . 中华人民共和国现行法律 行政法规 地方性法规 自治条例和单行条例司法解释目录 [M]. 北京：中国民主法制出版社，2013: 3.

❷ 宁夏通志编纂委员会 . 宁夏通志 . 民族宗教卷 [M]. 银川：宁夏人民出版社，2010: 28-36.

❸ 内蒙古自治区地方志编撰委员会 . 内蒙古通志·大事记 [M]. 呼和浩特：内蒙古人民出版社，1993: 843.

立自治条例修改小组，着手修改《广西壮族自治区自治条例（草案）》。1991年12月，第七届全国人大常委会第二十三次会议专门听取了国家民委提出的请全国人大常委会协助广西完成《广西壮族自治区自治条例》制定工作的议案审议结果的报告。全国人大还两次将广西壮族自治区的自治条例草案分送到国务院有关部委征求意见。

第四节　我国中央与民族自治地方关系的历史发展启示

从解放战争时期在探索中建立我国第一个省一级自治区——内蒙古自治区到中华人民共和国成立后新疆、广西、宁夏、西藏等自治区先后建立，从《共同纲领》和《宪法》奠定了中央与民族自治地方关系的政治与法律地位到《民族区域自治法》为两者关系提供了坚实的法律和制度保障，从“自治区、自治州和自治县”三位一体格局的探索到最终在全国形成了中央与民族自治地方关系发展的基本格局定位，回顾分析我国中央与民族自治地方关系发展历程，可以归纳出两者关系的发展过程中所遵循和体现出的特定规律，这对我们在新时期进一步实现我国中央与民族自治地方关系的科学发展具有启示作用。

一、坚持方向性原则，保证双方共同坚持正确的政治方向和发展道路

方向性原则是我国中央与民族自治地方关系发展进程中形成的首要规律性原则。一方面，我国统一多民族国家的现实国情从客观上要求两者关系的发展始终不能偏离有利于维护国家统一和民族自治地方稳定发展的根本方向；另一方面，可以认定中央与民族自治地方作为国家治理体系结构中的双

重主体，只有共同坚持正确的政治方向和发展道路，才能从根本上确保两者关系的稳定和谐和长久发展。

自中华人民共和国成立以后，新型的社会主义国家政权的建立使各个民族自治地方的权益在制度上、物质上都能够得到更好的保障。一方面，我国的民族自治地方纷纷建立，中央与民族自治地方的关系格局基本形成；另一方面，民族自治地方在拥护党和国家的领导下进一步保障了自身的政治经济权益和利益，最终逐步确立了中央与民族自治地方的整体关系建构，在此基础上经过了长达半个多世纪的探索才最终开创形成了当前两者之间的科学发展模式。需要指出的是，在“文革”期间，我国的民族区域自治制度受到很大的破坏，民族区域自治的政治实践也被严酷的政治运动和动荡的社会环境冲击，但我国中央与民族自治地方的关系架构始终坚持维护国家安全统一与民族稳定发展这一根本性的原则和方向，这也确保了在动乱的年代没有出现少数民族地区搞独立、闹分裂的情况，从根本上保障了国家的统一和领土完整。自改革开放以来，我国的中央与民族自治地方关系逐步得到恢复和发展，社会主义制度不断巩固为中央与民族自治地方关系的发展奠定了政治基础，也使两者的关系在新的历史时期更加科学合理并高效运行。总之，在新的历史时期，中央更加尊重和保障民族自治地方的利益，广大民族自治地方在权益得到充分保障的基础上也更加自觉地维护国家的安全统一，中央与民族自治地方关系得到了进一步的发展。

二、贯彻法治化原则，将两者的关系发展真正纳入法律框架内完成

法治化原则是我国中央与民族自治地方关系发展进程中形成的另外一大规律性的原则。历史实践证明，我国中央与民族自治地方关系的形成和发展不仅需要政治层面的制度规定，还要有法律层面的全方位保障。在我国的政治实践中，中央与民族自治地方作为两大关系主体，它们之间围绕民族区域

自治所产生的一切活动必须在法律的框架内完成，如此才能够保障中央与民族自治地方关系的和谐稳定。

在我国民族区域自治的政治实践中一直贯穿着依靠法律来协调中央与民族自治地方关系的精神和原则。在中华人民共和国成立后，随着民族区域自治制度的不断完善，我国特有的民族立法工作也有了长足的发展。从1949年《共同纲领》规定“各少数民族聚居的地区，应实行民族的区域自治，分别建立各种民族自治机关”到1952年《实施纲要》对包括自治区的名称、自治机关的属性、自主权力的使用以及与上级人民政府的关系定位等都做了明确而具体的规定；从1954年第一部宪法规定“各民族自治的地方都是中华人民共和国不可分离的部分”到1982年宪法在总结历史经验的基础上进一步完善了关于实施民族区域自治的核心内容，规定“民族自治地方的自治机关是自治区、自治州、自治县的人民代表大会和人民政府”“自治区主席、自治州州长、自治县县长由实行区域自治的民族的公民担任”等。特别是1984年颁布实施的《民族区域自治法》还为构建中央与民族自治地方的“整体与部分”“统一和自治”的稳定关系提供了制度上的保障。可以说，发展到现在，我国已经从法律层面对中央与民族自治地方的归属关系有了明确的和全方位的界定。我们可以从中得到的基本经验就是中央与民族自治地方关系的和谐稳定与科学发展必须依靠法律来保障，即通过完善的法律体系来明确和规范两者各自所享有的权利以及各自要承担的义务，使两者在法律体系框架内真正形成权利和义务共同体，如此才能真正构建两者在政治、经济、行政管理方面的具体关系，才能真正使民族自治地方在国家中的地位有法律的保障，才能维护和保障国家的统一和领土完整。没有法律保障的政治制度或者政治实践容易受到各种因素的影响，特别是在执行的过程中会因为外在因素的干扰而变样、走形，甚至出现完全背离政治实践初衷的情况。

三、坚持继承性和发展性原则，以历史与现实结合推动双方关系发展进步

继承性原则要求以尊重历史传统为前提和基础，发展性原则要求必须否定传统守旧的思维模式，我国在中央与民族自治地方的关系发展历程上也是如此。回顾历史不难发现，具有中国特色的中央与民族自治地方关系的形成既具有历史的继承性，又具有现实的创新发展性，充分体现了历史传统与现实条件的有机结合。两者关系体系的建构继承了数千年来中华民族多元一体并在一个统一的国家内密不可分的历史格局和传统，汲取了马克思主义关于国家和政权建设的总原则以及各民族一律平等的基本原则，同时具有中国特色的中央与民族自治地方关系是对马克思主义民族观和国家观的运用和发展，更是对我国传统中央政权与民族自治地方的关系模式的超越。

我国自古以来就是一个多民族国家，民族问题历来在中国政治社会生活中占据着重要的位置。中国古代王朝在解决民族问题的过程中形成了以羁縻怀柔、和平交往为主要特点的中央政权与民族自治地方的关系模式。但是，传统的中央与民族自治地方关系是特定的时代背景下的产物，必然打上了阶级和时代的烙印。此外，由于不同的历史时期社会发展的状况不同等多种客观因素的存在，相比之下对中央与民族自治地方这对特殊关系的内涵和要求也不尽相同，因此我国中央与民族自治地方关系的建构方向必须随着社会发展情况的变化而不断变化。中华人民共和国成立以来逐步形成的中央与民族自治地方关系科学发展模式不仅继承了中国几千年来形成的国家与民族自治地方之间密不可分的“整体统一观”，还在批判中发展了“因俗而治”的统治治理观，可以说既延续了近代以来各民族对中华民族身份的认同，又体现了民族区域自治制度的科学制度设计，从本质上超越了我国传统治理体制和一般意义上的“央地”关系模式，因此被称为是尊重历史、合乎国情、顺应民心的正确选择。这种关系模式继承了马克思主义关于国家和政权建设的总原则以及各民族一律平等的基本原则，同时以马克思主义为指导进行制度创

新和实践探索，伴随着全新的国家政权的建立还创立并发展了民族区域自治制度，不仅完成了建立民族自治地方的历史任务，还通过保障民族自治地方自治权的有效实施推进了民族自治地方经济社会发展，充分体现出了两者关系体系中“统一和自治相结合、民族因素与区域因素相结合”的特点。

总之，具有中国特色的中央与民族自治地方关系模式既继承了以中华民族多元一体的历史格局为基础的“国家统一观”和“多民族的大一统观”，又保持发展了马克思主义民族观和国家观中的“多民族国家建构理念”和“民族平等理念”，同时在历史传统与现实条件有机结合的基础上不断发展充实，因此具有发展性和创新性的双重统一。需要指出的是，无论是继承还是发展都是无止境的，当前我国中央与民族自治地方关系的建构过程中一些突出问题依然存在，距离真正实现两者关系的和谐发展还有一定的差距，因此必须在继承发展中循环往复，最终在发展中予以解决。

第三章　我国中央与民族自治地方关系的现状审视

通过对我国中央与民族自治地方关系的发展历程回顾，可以认定中国共产党将马克思主义国家理论和民族发展理论与近现代中国的基本国情特别是本国民族工作的现实情况充分结合，在不断探索的进程中选择了以“民族自治”+“区域自治”结构形式作为处理中央与民族自治地方关系的基本政策，也使两者关系内容能够始终在统一和自治的架构中维持和发展。目前，我国中央与民族自治地方关系已经形成了一个内容丰富的关系体系，不仅包括两者之间的政治权力关系、府际关系、财政关系和法律关系，还涵盖具有中国特色的民族关系、党政关系和人际关系等在内的相关附属关系。纵观当前我国中央与民族自治地方关系发展的主要内容，充分体现出了两者关系体系“统一和自治相结合、民族因素与区域因素相结合”的运行特点，如建立了中央与民族自治地方之间科学的法律保障机制、权力分配机制和利益共享机制，实现了两者之间统一性与灵活性相结合、集权与分权相平衡以及各自权力与责任的相统一。

第一节 我国中央与民族自治地方关系体系的要素分析

我国中央与民族自治地方关系是一个体系完备、内容丰富的关系体系，从要素层面审视这个关系体系的相关内容，主要包括政治层面的权力关系、行政层面的府际关系、经济层面的财政关系、制度层面的法律关系以及相关附属关系等。纵观我国中央与民族自治地方关系的发展现状，不同层面的关系类型在整个中央与民族自治地方关系体系中分别发挥着不同的作用。

一、政治层面的权力关系

中央与民族自治地方在政治层面主要以权力关系的形式表现出来，即两者之间是紧紧围绕实现各民族的平等权和民族自治地方的自治权而展开建设的，反映在现实的政治生活中主要包括建立民族自治地方、设置民族自治机关和配备使用少数民族干部等三个层面的具体内容。纵观我国当前中央与民族自治地方的权力关系在这三个层面的构建情况，其不仅为实现民族平等奠定了坚实的政治基础，还在维护国家统一和主权完整的前提下充分保障了民族自治地方自治权的有效实施。

（一）在国家的统一领导下建立民族自治地方，多层次的民族区域自治格局全面形成

当前，我国中央与民族自治地方的权力关系呈现出一个重大的优势和特点就是在国家完整统一的前提之下，通过行政区划的方式并根据少数民族集聚的实际情况设立各级民族自治地方，最终通过两者共同发挥作用达到保障少数民族行使自治权的目的。之前已经详细介绍了从 1947 年中国共产党率先建立内蒙古自治区到新中国成立后新疆、广西、宁夏和西藏等四个省级自治

区相继成立；与此同时，我国还根据少数民族自治的主观诉求和广大民族自治地方的客观因素，在不同时期先后在自治区层面之外成立了一大批的自治州和自治县（旗）。截至 2008 年底，我国多层次全方位的民族区域自治格局已经全面形成，即“全国共建立了 155 个民族自治地方，其中包括 5 个自治区、30 个自治州、120 个自治县/旗”❶，其中“实行区域自治的少数民族人口占少数民族总人口的 71%，民族自治地方的面积占全国国土总面积的 64% 左右”❷。各级各类民族自治地方的组建和建立不仅为国家政治权力在不同层级民族自治地方的科学合理划分奠定了基础，还使中央和民族自治地方在政治层面的关系体系得以牢固确立。

此外，目前我国共在 5 个自治区在内的 29 个省级行政区设置了 1 093 个民族乡。民族乡是我国在少数民族散杂居的地方设立的乡一级行政区，其本质上不属于民族自治地方，而是对民族区域自治制度进行补充的基层政权形式。但依照组织法规定，民族乡更是一种作为保障较少且分散少数民族权益基层政权形式而存在的，因此拥有与其他同级一般普通乡镇更多的发展自主权。同时，它在很大意义上是对民族区域自治格局的补充和完善，在相当程度上有利于实现我国中央和民族自治地方之间特别是在政治关系层面的良性运作和和谐发展。

（二）民族自治地方依法设置自治机关，拥有管理本民族自治地方内部事务的权力

自治机关是指专门在民族自治地方设立的用于行使自治权的部门，同时是管理民族地方内部事务的地方政权机关。我国《宪法》明确规定了“我国民族自治地方的自治机关是自治区、自治州、自治县的人民代表大会和人民

❶ 宋才发．民族区域自治制度重大问题研究 [M]. 北京：人民出版社，2008: 9.

❷ 中华人民共和国国务院新闻办公室．中国的民族区域自治白皮书（2005 年）[R/OL]. http://www.scio.gov.cn/zfbps/ndhf/2005/Document/307890/307890.htm.

政府”[1]，其中人民代表大会和人民政府分别是地方国家权力机关和地方国家权力机关的执行机关，同时两者在性质类型和功能定位上都是民族自治地方的自治机关。因此，在我国的国家结构形式中形成的独特权力配置方案使民族自治地方享有其他一般地方所没有“自治权”，并且这些自治权往往通过各级自治机关的设置和运行才能得以落实与实现。根据《宪法》规定，我国的地方国家机关享有17项国家职权，而依据《民族区域自治法》的规定，我国的民族自治地方及其所属的各级自治机关享有制定自治法规等27项国家授予的自治权。主要体现以下几个方面。

第一，自治立法权。民族自治地方人民代表大会可以依据《宪法》《民族区域自治法》以及相关法律法规，同时以本民族地区在政治、经济、文化等方面的实际情况制定具有同等法律效用且具有多重内容特征的自治条例与单行条例，而且拥有可以变通执行国家和上级政府层面有关决议和指令等权利。第二，人事自治权。根据《宪法》与《自治法》的相关规定，自治区、州、县三级自治地方的政府部门主要领导人以及人民代表大会常务委员会的主任以及副主任原则上由该地方的自治民族的公民担任。民族自治地方的各类自治机关和行政部门鼓励培养、配备和优先录用少数民族人才。第三，财政管理自治权。各级民族自治地方政府可以自主安排使用在本地方财政体制内的各项财政收入；享受国家财政转移支付方面的特殊照顾和高于一般地方的财政预算费用，而且可以对本地区在收入结余资金的使用方面作出详细规定和具体做法；执行国家税法时可根据本地区部分行业和领域的实际情况对其进行适当减税或免税。第四，经济建设自治权。自治机关以国家的政策方针为指导自主制定富有民族特色的发展道路和经济方针；根据本地方的特殊实际情况自主经营本地区的企事业、合理部署本地方基础设施建设以及适度调整内部的经济结构；在根据国家规定和获国务院批准的前提下沿边的民族自治地方可依法开展各种对外经济贸易活动。第五，社会管理自治权。依照

[1] 法律出版社法规中心．中华人民共和国宪法 [M]// 法律出版社法规中心．中华人民共和国常用法律大全．北京：法律出版社，2006: 9.

相关法律规定，自治机关依法自行经管本地方的教育文化体育事业、发展民族教育和高等教育、管理民族文化事业、出版民族历史文化书籍和开展民族传统体育活动；享有自主制定区域性的科技发展规划、医疗卫生事业发展规划、计划生育的办法和管理流动人口方案等权利。

通过民族自治地方自治机关的普遍设立以及对其享受职权的精准配置依法保障了5个自治区以及所属的各级民族自治地方在国家政治生活中的地位，也充分保障了其能够依法管理本地方内部事务的权力。这无论是对中央与民族自治地方在政治关系层面的依法牢固确立还是对整个国家的稳定和社会发展皆具有非常明显的积极作用。

（三）依法配备和使用少数民族成员参与管理国家事务和自主管理民族自治地方事务

为了充分尊重和保障少数民族和民族自治地方的合法权益，我国形成了依法配备和使用少数民族成员参与管理国家事务和自主管理民族自治地方事务的政治环境和工作机制。特别是少数民族干部作为国家干部队伍中的特殊部分，不仅是一支协调民族关系，尤其是协调主体民族与少数民族关系以及做好民族工作的精英队伍，还在国家联系广大民族地区的日常中发挥着“关键桥梁”和“特殊纽带”的作用。依法大规模地配备和使用少数民族成员参与管理国家事务和民族自治地方事务为实现我国中央与民族自治地方关系的科学发展等提供了智力支持和前进动力。本书主要从国家和自治区两个层面进行介绍。

1.关于人大代表的情况

少数民族人大代表代表着本民族的根本利益，因此在人大会议中有一定比重的少数民族人大代表能够确保他们的意愿得以达成与保障。党和政府在严格执行人民代表大会制度的同时特别注意吸收少数民族人大代表，以此保障各民族参与管理国家事务和本地方事务的权利。

近年来，在全国人民代表大会的代表组成人员上，国家有意识地吸纳和增加少数民族代表的数量和所占比例。一方面，从纵向上将第一届全国人民代表会议与第十二届全国人民代表会议中各自包含的5个自治区代表情况进行分析对比，我们发现由5个自治区产生的全国人大代表从中华人民共和国成立之初的“无”和“少”发展到了现在的“有”和“多”，即无论是5个自治区总代表人数还是少数民族代表总数都呈现出了人数递增的特点。例如，5个自治区的人大代表总数已经从第一届全国人大会的81人增加到现在的249人，其中5个自治区中少数民族的人大代表总数也已经从第一届全国人民代表大会的52人增加到了现在的139人。不但总代表人数在这个时期增长了3倍有余，少数民族代表总数增长将近3倍，而且目前所占比例已经增长到了接近40%。同时，这个比值是高于5个自治区少数民族人口占全国少数民族总人口比重（32.36%）的。总之，近年来在全国人民代表大会中通过实现5个自治区代表人数特别是少数民族代表人数的高比例配置较好地搭建了少数民族群众在国家政治生活中建言献策的平台，也为其提供了充分参与管理国家的政治权力。表3-1就是全国人民代表会议中5个自治区代表配置情况。

表3-1　全国人民代表大会中5个自治区代表配置情况

第一届全国人民代表大会			第十二届全国人民代表大会		
全国代表1 226人	全国少数民族代表178人		全国代表2 987人	全国少数民族代表409人	
	地方代表（人）	少数民族代表（人）		地方代表（人）	少数民族代表（人）
广西	38	20	广西	89	54
西藏	9	7	西藏	19	14
内蒙古	13	7	内蒙古	59	25

续 表

第一届全国人民代表大会			第十二届全国人民代表大会		
全国代表 1 226 人	全国少数民族代表 178 人		全国代表 2 987 人	全国少数民族代表 409 人	
	地方代表（人）	少数民族代表（人）		地方代表（人）	少数民族代表（人）
宁夏	0	0	宁夏	21	9
新疆	21	18	新疆	60	38
总数（人）	81	52	总数（人）	249	139
所占比例（%）	6.61	29.21	所占比例（%）	8.34	33.99

资料来源：中国人大官网。

另一方面，从横向上 5 个自治区本级人民代表大会非常有意识地吸纳和增加少数民族代表的数量和所占比例，为本地方的少数民族代表提供了较好的参政议政平台。5 个自治区本级人民代表大会中的少数民族代表人数所占的比例就是非常有力的证明。通过图 3-1“5 个自治区人大会代表情况”看出：西藏、新疆、宁夏、广西与内蒙古 5 个自治区本级人民代表大会中的代表人数分别是 455 人、550 人、421 人、682 人、534 人，其中少数民族代表的人数分别对应是 303 人、363 人、167 人、304 人、199 人。通过计算我们可以得出 5 个自治区本级人民代表大会中少数民族代表所占比重已经分别达到了 66.59%、66%、39.67%、44.57% 与 37.27%，即除西藏以外的 4 个自治区的少数民族代表在本级人大会中所占比重都高于本地方少数民族人口所占比重，这是 5 个自治区内部积极实现本地方内各民族拥有平等政治权利的最好证明。（注：截至 2015 年底，西藏少数民族人口比例为 91.83%，新疆少数民族人口比例为 63%，宁夏少数民族人口比例为 36.89%，广西少数民族人口比例为 37.2%，内蒙古少数民族人口比例为 21%）

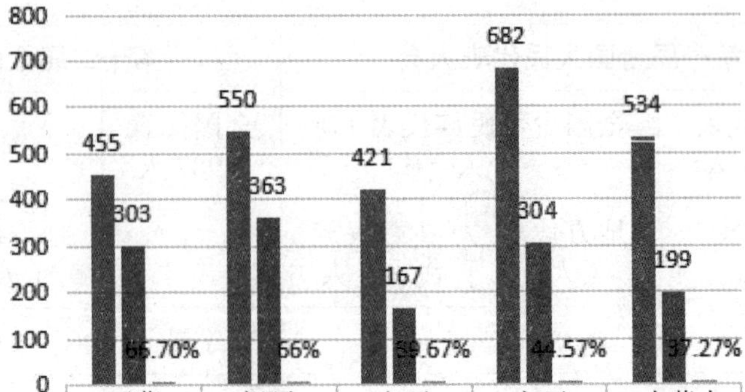

	西藏	新疆	宁夏	广西	内蒙古
■人大代表总数(人)	455	550	421	682	534
■少数民族代表(人)	303	363	167	304	199
■所占比例(%)	66.59%	66%	39.67%	44.57%	37.27%

■人大代表总数(人)■少数民族代表(人)■所占比例(%)

图 3-1　5 个自治区人民代表大会代表情况

(资料来源:中国人大官网)

2. 关于全国政协委员的情况

人民政协在我国政治生活中发挥着政治协商、民主监督、参政议政的重大作用，它不仅是中国特色的社会主义民主的重要形式，还是密切联系少数民族发挥爱国统一战线的桥梁。近年来，我国少数民族委员在全国政协委员中所占比重持续增加。我们从中国人民政治协商会议第九届全国委员会中国人民政治协商会议第十二届全国委员会政协委员人数情况进行纵向分析，可以发现在最近的 20 年里少数民族委员占全国委员总数的比重是递增的。例如，1998 年第九届全国政协委员总人数为 2 328 人，其中少数民族委员 104 人，占全国委员总数的 4.47%；2013 年第十二届全国政协委员为 2 237 人，少数民族委员 258 人，占全国委员总数的 11.53%。在近 20 年里虽然全国政协委员总数几乎是没有增长的，但是少数民族委员所占比重在持续加大，特别是绝对人数增加了 148%，也就是说在 20 年里少数民族政协委员不论是人数方面还是所占比例方面都基本翻了一倍。

表 3-2 全国政协委员及少数民族委员情况

时 间	委员总数（人）	少数民族委员（人）	所占比例（%）
中国人民政治协商会议第九届全国委员会	2 328	104	4.47
中国人民政治协商会议第十届全国委员会	2 238	161	7.19
中国人民政治协商会议第十一届全国委员会	2 302	221	9.60
中国人民政治协商会议第十二届全国委员会	2 237	258	11.53

资料来源：中国政协官网。

3. 关于中国共产党全国代表大会代表的情况

以党的十九大为例，来自 5 个自治区总代表人数共 192 人，占到了全国代表总数（2 287 人，其中 2 280 人出席）的 8.39%，另外来自 5 个自治区的少数民族代表共 83 人，占到了全国代表总数的 3.63%，同时是全国少数民族代表总人数的 31.44%，这个比例接近 5 个自治区少数民族人口占全国少数民族人口比例（33.97%）。一大批少数民族人士作为党代表参会，有力保障了 5 个自治区少数民族人民的民主与政治权利，也充分体现了我国中央与民族自治地方两者之间在政治权力关系层面的科学发展状态。具体如表 3-3 所示。

表 3-3 参加党的十九大的 5 个自治区代表情况

地 区	总代表人数(人)	占全国代表比例（%）	少数民族代表（人）	占总代表人数比例（%）
广西	48	2.11	18	37.5
内蒙古	41	1.80	16	39.02
西藏	30	1.27	20	68.97
宁夏	30	1.32	10	33.33

续 表

地 区	总代表人数(人)	占全国代表比例(%)	少数民族代表(人)	占总代表人数比例(%)
新疆	43	1.89	19	44.19
总计	192	8.39	83	43.23

资料来源：中国共产党新闻网。

4. 关于自治区政府领导班子的情况

目前，我国已经完全实现了从 5 个自治区主席到各自治州、自治县的州长和县长等各级主要领导岗位由实行区域自治的少数民族公民担任。除此之外，5 个自治区在自治区政府一级的少数民族干部的配备上严格遵循了《民族区域自治法》的相关要求，通过将 5 个自治区政府领导班子配备情况进行分析可以看出，截至 2017 年底：新疆维吾尔自治区政府领导班子共 11 人，其中少数民族领导 6 人，其比例约为 54.55%；在西藏自治区政府领导班子 14 人中少数民族领导有 10 人，其比例约为 71.43%；在广西壮族自治区政府领导班子 10 人中少数民族领导有 3 人，其比例约为 30%；在宁夏回族自治区政府领导班子 9 人中少数民族领导有 3 人，其比例约为 33.33%；在内蒙古自治区政府领导班子 9 人中少数民族领导有 4 人，其比例约为 44.44%（表 3-4）。另外，在 5 个自治区所属的各级民族自治地方的政府领导班子都配备了一定比例的区域自治民族和其他少数民族干部。以新疆为例，“少数民族干部从 1950 年的 3 000 人发展到了 2016 年的 113 845 人，增长了 37.94 倍；到 2016 年少数民族干部占总干部比重约为 50.3%，少数民族干部比重越来越接近少数民族族人口占当地总人口的比重 63%”❶。

以上对全国人大代表、全国政协委员、全国党代表和 5 个自治区领导班子四个层面的数据分析充分说明了当前我国在从中央到民族自治地方的各级国家

❶ 中华人民共和国国务院新闻办公室．新疆人权事业的发展进步白皮书（2017 年）[R/OL]. http://www.scio.gov.cn/zfbps/ndhf/36088/Document/1554103/1554103.htm.

领导机关和权力机关中配备和使用少数民族干部的基本情况。可以说，通过加强和注重对少数民族干部的培养、任用和科学配备，不仅使少数民族人民的意愿和诉求得到有效反映，还保障了民族自治地方依法自主管理本地方的各项社会公共事务的权力，最终为实现以民族平等权和民族自治地方自治权为核心的中央与民族自治地方政治关系的和谐建构和稳步发展提供了坚实的人才保障。

表 3-4　5 个自治区政府领导班子情况

地　区	主　席	领导班子组成人员（人）	少数民族（人）	所占比例（%）
广西	壮族	10	3	30
新疆	维吾尔族	11	6	54.55
西藏	藏族	14	10	71.43
宁夏	回族	9	3	33.33
内蒙古	蒙古族	9	4	44.44

资料来源：5 个自治区人民政府官网（时间截至 2017 年 12 月）。

二、行政层面的府际关系

中央与民族自治地方在行政层面的府际关系具体是指中央政府与内蒙古、西藏、宁夏、广西、新疆 5 个自治区地方政府间形成的关系整体。2014 年中央民族工作会议特别强调各级政府在把握民族关系与解决民族问题上起着非常关键的作用，尤其是民族自治地方政府的积极作用更为凸显。我们必须认识到民族自治地方政府作为普通地方政府的一种特殊形式对我国的政治体制的改革和政府体制的建构具有非常重要的价值意义。其不仅是民族区域自治制度在广大民族自治地方得以巩固和运行的行政组织，是保障少数民族群众充分参与和行使民族自治权和区域自治权的政府职能部门，还是处理好民族问题和做好民族工作的地方行政机关。同时，两者之间包含的具体府际关系是双方关系体系中的核心内容。因此，构建两者之间科学完备、和谐运行的府际关系内容是追求和实现我国政治治理体系现代化与治理能力科学化的应有之义。纵观当前我国中央与民族自治地方行政关系的发展态势，主要体现在已经构建出了体系较为完备的中央政府与5个自治区政府的府际关系体系和内容。

（一）民族自治地方政府接受中央政府的领导和监督

一般而言，中央政府与所有的省级政府间都存在着“组织上的领导与隶属关系，职能上的分工协作关系，职权上的集权与分权关系”❶，其中两者之间的领导关系最为明显。我国《宪法》在法律层面上规定了中央政府对地方政府的领导和管理等关系，具体而言主要表现在国务院代表中央政府领导和追踪省级政府执行国家下达的各项方针、政策与决定的状况，中央政府对所有省级政府实施行政监察与审计监督；省级政府必须向中央政府负责和报告工作，在实际工作中接受国务院的统一管辖与领导。

1.关于领导和管理方面

我国在宪法层面已经明确指出国务院行使“统一领导全国地方各级国家行政机关的工作”❷等18项职权。5个自治区政府虽然作为一般地方性的国家行政机关而存在，但在接受中央政府的领导和管理方面表现得更为具体和细化。例如，我国的中央政府直接领导民族自治地方进行社会发展的具体统筹规划，2011—2012年国务院先后发布了兴边富民行动规划（2011—2015年）、扶持人口较少民族发展规划（2011—2015年）和少数民族事业“十二五”规划，从国家层面有针对性地统筹、管理和规划少数民族地区的经济社会发展。具体到5个自治区而言，如2013年国务院在审核通过建立宁夏内陆开放型经济试验区时特别强调必须“在国务院领导下，统筹协调宁夏内陆开放

❶ 周平．中国民族自治地方政府[M]．北京：人民出版社，2007：88.

❷ 法律出版社法规中心：中华人民共和国宪法[M]// 法律出版社法规中心．中华人民共和国常用法律大全．北京．法律出版社，2006：10.

型经济试验区建设工作，研究和协调规划实施过程中的重大政策和重大问题”❶。可以看出民族自治地方的有关经济建设与社会发展的重大问题必须在国务院的领导和管理下进行。此外，最高自治地方政府的领导人的产生必须要由自治区人民代表大会选举产生并报中央政府审核批准。并且中央政府每年都会组织一大批少数民族干部到国家机关部门或发达省区市挂职或学习，通过进行培养和提升不断优化民族自治地方的干部结构。早在中华人民共和国成立之初，中央政府就根据我国统一多民族国家的特殊国情与族情，专门设置了中央民族事务委员会作为中央与民族自治地方之间的连接机构并管理全国的少数民族行政事务。中央民族事务委员会目前下设的经济发展司负责起草制定少数民族事业规划，制订少数民族地区经济文化社会等方面的建设计划，以及承担一部分边疆民族自治地方的扶贫工作和资金管理工作。总之，中央政府通过规划方式、指导办法和人事影响等多种具体方式统筹和领导自治地方政府的行政程序和目标方针等，最终在两者的行政关系中处于领导地位并发挥管理作用。

2. 关于监督和检查方面

督查是政府在行政管理过程中完善事后监管、推进政策贯彻落实的有效办法。当前，我国中央政府已经形成了对各省、自治区、直辖市等地方政府的全方位监督和检查机制，同时就民族政策、民族发展专项规划等相关内容在 5 个自治区的落实状况形成了专项督查工作机制。

第一，将民族自治地方纳入中央政府层面的全方位督查工作当中。为确保经济社会发展目标在全国的顺利实现，国务院对包括各省、自治区、直辖市等在内的地方政府开展了全方位的督查，督查内容紧扣每年中央经济工作会议的具体部署以及每年政府工作报告提出的任务要求。例如，2014 年至

❶ 国务院办公厅 . 国务院办公厅关于同意建立宁夏内陆开放型经济试验区建设部际联席会议制度的函 [EB/OL].(2013-09-13)[2017-06-11].http://www.gov.cn/zhengce/content/2013-09/13/content_1135.htm.

2017年，国务院连续四年组织开展的大规模集中督查工作都专门将5个自治区列入督查范围之中，以2016年的第三次督查工作为例，国务院围绕“稳增长、促改革、调结构、惠民生、防风险”的重点内容对包括5个自治区在内的14个省区直辖市开展了实地督查行动，重点检查国家各项政策在地方的贯彻力和执行力。从督查的结果看，5个自治区依据中央经济工作会议部署和政府工作报告提出的任务要求，勇于创新、主动作为，同时结合本地区的民族特色和地域特点创造性实施了发展经济、改善民生、加快改革等一系列重要措施，并取得积极的效果，形成了包括“新疆维吾尔自治区阿拉山口市主动融入‘一带一路’战略大力发展口岸经济；西藏自治区山南市实施‘十大民心工程’保障改善民生”❶等6项成功经验和做法，得到了国务院的通报表扬。

第二，专门开展对于5个自治区的专项督查工作。将国家层面的民族政策和民族发展专项规划等在民族自治地方真正贯彻落实，不仅直接关系到广大民族地区的经济发展步伐，还关系到国家层面下不同地区的协调发展与整体社会稳定。中华人民共和国成立以来，党和国家制定实施了一系列针对民族地区发展的民族政策与专项发展规划，同时严抓这些政策与发展规划的真正落实情况。例如，2010年国务院组派了11个职能部门形成调研小组，到新疆、西藏开展关于兴边富民行动和扶持人口较少民族发展专项规划在2个自治区具体进展情况的检查；2015至2017年，国家民委连续三年对5个自治区落实国务院支持民族地区发展文件的情况开展督查，其中重点督查民族地区的扶贫开发工作，2017年国家民委牵头相关职能部门组成督查组赴广西开展“兴边富民行动”贯彻落实情况的专项检查。在专项督查工作中督查组选择靖西、凭祥两个边境城市，通过实地查看两市的边境口岸、贸易区与村屯一带，走访听取当地底层群众的声音，召开座谈会交流等方式，掌握当地兴边富民行动的取得成效与面临困难等第一手材料，

❶ 国务院办公厅．国务院办公厅关于对国务院第三次大督查发现的典型经验做法给予表扬的通报[EB/OL].(2017-01-03)[2017-11-20].http://news.xinhuanet.com/politics/2017-01/03/c_1120238329.htm.

并对取得的成效给予充分肯定，提出要开创和发展民族特色产业优势、强化民族地区“造血”功能，真正发挥“兴边富民行动”的“稳边”作用等意见建议。此外，国家扶贫办分别于2009年、2010年和2016年三次赴新疆维吾尔自治区和西藏自治区检查扶贫开发工作，以2016年的督查工作为例，时任国务院扶贫开发领导小组组长的汪洋带领督查队通过与当地民众交流、入户走访、座谈等形式了解到“2016年，新疆农村贫困人口减贫33万人，贫困发生率降低到12.8%”❶，充分肯定了新疆的脱贫成果，并对加速新疆战胜扶贫工作提出了重要建议。

总的来说，当前我国形成的中央政府及其相关组成部门对民族政策与民族发展专项规划等在民族自治地方的落实状况开展系列督查工作已经逐步成为两者行政关系的核心内容之一，也较好地推动了各级民族自治地方的经济社会发展。

（二）民族自治地方政府依法自主管理本地方的各项社会公共事务

除了对民族自治地方在宏观领域的领导和督查，我国法律专门授予了民族自治地方政府依法自主管理本地方的内部事务的权力。在此基础上形成的两者行政关系内容，不但有利于更好地协调处理中央政府与民族自治地方政府间的整体与局部的利益关系问题，而且充分激发了各级民族自治地方在本地方经济发展和社会建设中的积极性。例如，《民族区域自治法》中梳理的27条自治权归纳起来主要包含自治机关有10个方面的“自主权”，5个方面的“自主安排”权，4个方面的“自主管理”权，3个方面的“自主决定”权，5个方面的“自主发展”权。另外，还有12个方面的“可以”权和5个方面的“制定法规政策”权等。特别是在经济建设方面享有制定民族化与区域化的发展方针、政策与规划和管理经济建设事业的自治权；教育文化方面享有

❶ 国家扶贫办．对十二届全国人大五次会议第3710号建议的答复[EB/OL].(2017-11-29)[2017-12-2].http://www.cpad.gov.cn/art/2017/11/29/art_2202_74138.html.

发展民族教育和文化事业的自治权以及人事管理方面的自治权等。

从整体上看，民族自治地方享有充分广泛的管理自治权使5个自治区的发展速度极快。近30年来5个自治区的经济发展成果显著，特别是在基础设施建设方面有了极大的改善。以1984—2015年5个自治区公路里程变化情况为例：截至2015年，5个自治区公路总里程与1984年（32 757千米）相比增长将近6倍，总里程达到673 232千米，占全国公路总里程（4 577 300千米）的14.71%，其中西藏自治区就从1984年的21 611千米增长至2015年的168 362千米，增长了7.79倍。广西、新疆、内蒙古和宁夏也分别比同期增长了3.6倍、7.49倍、4.68倍和4.85倍（图3-2）。这大大改善了5个自治区的基础设施条件，促进了民族自治地方的交通运输行业发展。

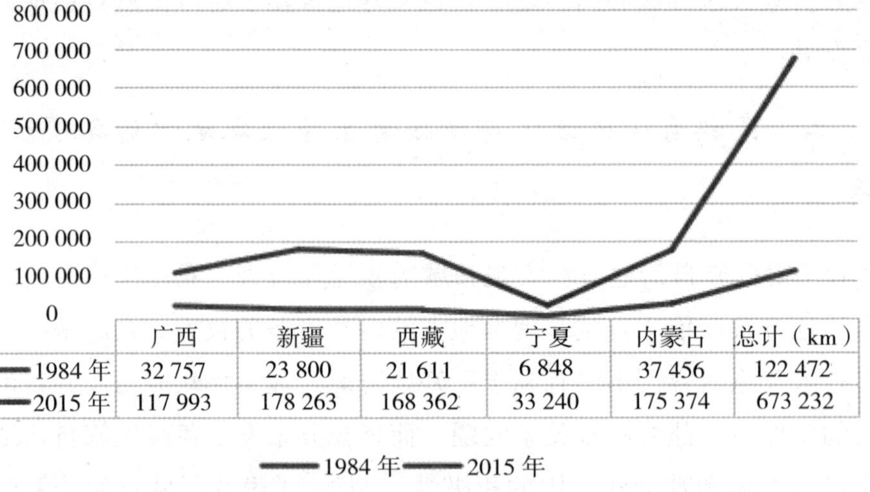

	广西	新疆	西藏	宁夏	内蒙古	总计（km）
1984年	32 757	23 800	21 611	6 848	37 456	122 472
2015年	117 993	178 263	168 362	33 240	175 374	673 232

图3-2　1984—2015年5个自治区公路里程变化情况

（资料来源：2016年5个自治区年鉴）。

以广西壮族自治区为例，近年来该自治区在文化教育方面积极自主发展本地方的少数民族文化教育事业并取得非常好的效果。通过将1995—2015年广西文化教育事业发展情况的各项指标进行分析（图3-3），可以看出近

20 年来广西传播文化的载体如图书馆、博物馆、文化馆以及广播、电视和学校等的建设在数量上有了大幅度的增加，如全区文化馆由 1995 年的 98 个增长至 2015 年的 108 个，增建了 10 个；普通高等学校在 1995 年只有 27 所，到 2015 年已经增建了 43 所，整整翻了近两倍；广播综合人口覆盖率高达 96.74%，覆盖范围从城市扩展到了边远乡村地区；教育事业也有了显著的提升，如 1995 年高中阶段平均每万人在校学生 135 人提高到 2015 年的 358 人，1995 年高等学校平均每万人在校学生 25 人，到了 2015 年上升为 216 人，特别是高中阶段教育的普及率上升较快，接受高等教育的人数也增长了上百倍。此外，广西还自主举办了 13 届少数民族传统体育运动会和多个层次的少数民族文艺会演活动，充分彰显了该自治区的民族文化魅力。

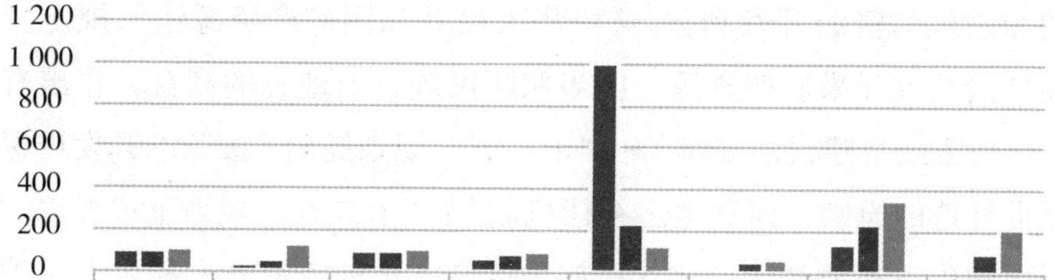

	图书馆（个）	博物馆（个）	文化馆（个）	广播综合人口覆盖率（个）	电视转播台（个）	普通高等学校（个）	高中阶段平均每万人在校学生数（个）	高等学校平均每万人在校学生数（个）
■1995 年	99	37	98	66.3	1 009	27	135	25
■2005 年	95	49	100	88.7	237	51	232	99.3
■2015 年	112	124	108	96.74	128	70	358.2	215.9

图 3-3　1995—2015 年广西文化教育事业发展情况

（资料来源：2016 年《广西统计年鉴》）

总之，民族自治地方政府依法自主管理本地方的各项社会公共事务是中央政府与民族自治地方政府行政关系的重要表现形式，“这种形式不仅仅是处于行政上管理方便的需要，而主要是基于民族共同发展、繁荣和团结的考虑，以及基于国家主权的考虑”[1]。两者在行政关系方面的科学构建不仅使中央政府的领导权威得到巩固和维护，还充分保障了民族自治地方政府的特有自治权能够全方位、深层次的落实和发挥。这对民族自治地方政府治理能力现代化以及对各少数民族间的友好和睦、团结互助与共同繁荣的民族关系建设等都是非常有利的。

（三）国家保护民族地区的资源和环境，使民族自治地方政府获取更大的资源开发利益

生态资源与自然环境是民族地区的“金山银山”，不允许恶意损害或破坏。近年来，国家遵循充分合理性开发与利用的原则，创造出了民族地区更大的和最优的资源开发利益。《中华人民共和国矿产资源法》规定“国家在民族自治地方开采矿产资源，应当照顾民族自治地方的利益，作出有利于民族自治地方经济建设的安排”[2]；“十一五”规划提出“按照谁开发谁保护、谁受益谁补偿的原则，建立生态补偿机制”；“十二五”规划正式提出“实施国家层面的生态补偿政策，建立民族地区全方位的资源开发和生态保护补偿机制”；“十三五”规划则进一步加深了对民族地区生态环境保护的制度探索与创新，提出“加快建立健全多元化生态补偿机制与区域流域横向生态补偿机制”[3]。民族地区资源开发与环境保护问题受到中央政府的极度重视与关注，重点处理和整治环境中的突出问题并取得了明显的成效。

以西藏自治区为例，中央政府依据相关要求和规定在西藏深入推进生态补偿试点工作，不仅由中央政府直接牵头制定《西藏自治区森林生态效益补偿基金管理办法》，重点对自治区内的森林和草场实施全方位的生态补偿政策，还按照土地面积等指标及时足额地拨付补偿资金。“从2010年起，中央

---

[1] 周平．中国民族自治地方政府[M].北京：人民出版社，2007：92.

[2] 法律出版社法规中心．中华人民共和国矿产资源法[M]//法律出版社法规中心．中华人民共和国常用法律大全．北京：法律出版社，2006：84.

[3] 国务院办公厅．国民经济和社会发展第十三个五年规划纲要(全文)[EB/OL].(2013-03-17)[2017-12-02]http://www.gov.cn/xinwen/2016-03/17/content_5054992.htm.

财政每年安排森林生态效益补偿资金 7.72 亿元，对全区生态公益林实施补偿”❶，这样的政策措施既保护了生态环境与生态价值，维护了生态系统的良性发展，又使生态功能保护者可以从资源开发中获取经济利益与经济补偿，实现生态补偿制度规划化，最终加速民族自治地区迈向社会主义现代化的发展道路。值得一提的是，2016 年由国务院牵头推进成立了新疆排污权交易储备中心，这标志着新疆维吾尔自治区在全国率先告别“免费”排污时代，并在排污权有偿使用方面取得明显实效。在“‘十二五’期间，新疆的二氧化硫、氮氧化物、化学需氧量和氨氮排放强度同比‘十一五’期间分别下降 39%、38%、44% 和 43%”❷。经过 5 年的努力，新疆维吾尔自治区内最终实现了四项污染物排放总量控制在国家规定范围以内的目标，有力地保障了自然资源的合理保护、可持续开发与循环使用，最终不仅保护了生态环境，还促进了民族地区经济社会的可持续发展。

三、经济层面的财政关系

中央与民族自治地方的财政关系，从本质上讲，是一种经济分配关系，这样的分配关系蕴含深层的利益关系。上级中央与下级地方之间的关系也是紧紧围绕着各自的利益而进行的事权和财权的划分与界定，并力求实现最优的关系模式。中央与民族自治地方的财政关系是保障国家政权统一和社会稳定发展的必然要求，也是两者经济关系体系的中枢和根基。构建和谐互动的财政关系有助于双方建立政治、行政和法律等其他关系的良好局面。当前，我国中央与民族自治地方的财政关系在整体上显示出和谐良好的局面和国家指导帮扶的特征。具体体现在以下三个方面。

❶ 中华人民共和国国务院新闻办公室．民族区域自治制度在西藏的成功实践白皮书（2015 年）[R/OL].http://www.scio.gov.cn/zfbps/ndhf/2015/Document/1447088/1447088.htm.

❷ 中华人民共和国国务院新闻办公室．新疆人权事业的发展进步白皮书（2017 年）[R/OL]. http://www.scio.gov.cn/zfbps/ndhf/36088/Document/1554103/1554103.htm.

（一）将民族自治地方的发展纳入国家经济发展的整体规划，从基础设施建设和专项建设资金落实等方面逐步加大对民族地区的支持力度

我国民族自治地方多处于边远一带，5 个自治区也主要集中在国家的边疆地区，由于特殊的自然地理条件等多种先天性因素的限制和影响，这些地区经济基础差，底子薄，特别是经济实力与发展水平与东部省区市的差距较远。因此，国家极其关注和重视广大民族地区的经济发展情况和存在困难，并专门将其发展纳入整个国家经济发展的整体规划。从西部大开发战略具体部署开始就将包括 5 个自治区在内的 12 个省、自治区、直辖市纳入其中；国务院在 2007 年和 2012 年先后印发的西部大开发“十一五”规划、“十二五”规划还分别将 5 个自治区纳入国家特殊困难地区和重点扶持的经济区当中。特别是在“十二五”期间，国务院先后出台了《兴边富民行动规划（2011—2015）》《扶持人口较少民族发展规划（2011—2015）》和《少数民族事业“十二五”规划》三大民族工作专项规划，充分显示出了中央对民族地区的帮助和扶持力度的不断加强。通过图 3-4 可以看出：以 2013—2014 年为例，2014 年中央拨付的人口较少民族发展专项资金、兴边富民行动专项资金与少数民族特色村寨保护专项资金都在 2013 年的基础上（14.5 亿元、27.9 亿元和 4 亿元）提升至 15.3 亿元、28.8 亿元和 4.9 亿元，即从资金拨付总额上分别提升了 0.8%、0.9% 和 0.9%。2014 年输送的人口较少民族发展专项资金、兴边富民行动专项资金和少数民族特色村寨保护专项资金相比 2013 年分别增长 5.2%、3.1%、22.5%。可以说，中央政府对民族地区提供规模化的专项资金援助并将其纳入到国家专项发展规划等，不但有效填补了民族自治地方自身经济发展“先天不足”的短板，而且促进了其各项社会事业的发展与不断完善。

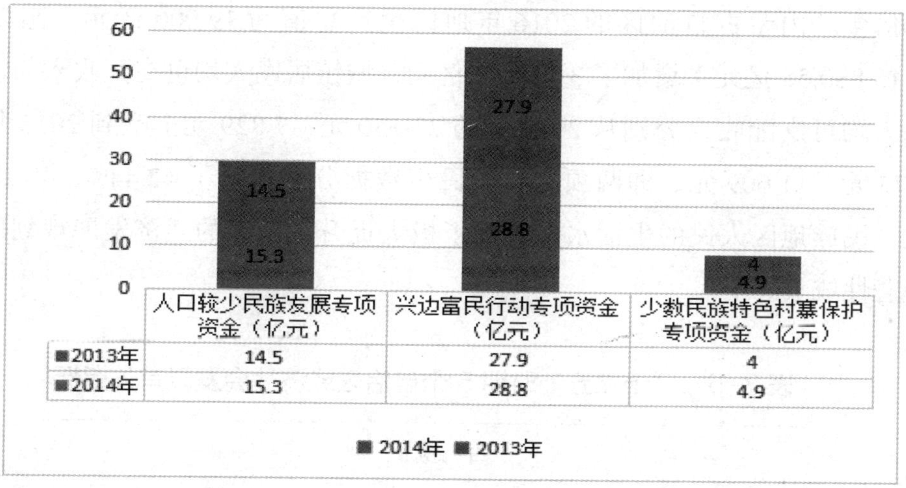

图 3–4　2013—2014 年三大民族工作专项规划的资金扶持情况

（资料来源：《2014 年中国人权事业的进展》白皮书）

“十三五”规划继续把民族地区的经济发展列入国家的整体规划层面，并作为了国家经济发展的重要组成部分。2017 年发布的《“十三五”促进民族地区和人口较少民族发展规划》再次强调要“把加快少数民族和民族地区发展摆到更加突出的战略位置”，并详细规划了民族地区和人口较少民族的经济社会发展主要指标、重大基础设施建设、特色优势产业等 14 项项目。尤其是在重大基础设施建设方面提出通过加大力度提供援助资金等方式加强民族地区重点水利工程建设、信息化建设和城乡基础设施建设等。

中央将民族自治地方的发展纳入国家整体规划范围，并不断加大在各项建设资金和扶贫资金方面的支持力度，从结果上看确实给广大民族自治地方带来了巨大的经济成效和社会效益。以“十二五”时期为例，5 个自治区经济社会发展出现了翻天覆地的大转变，每一个自治区，不论是地区生产总值、财政收入等方面都呈现出了快速递增的态势。表 3–5“十二五”时期 5 个自治区经济社会发展有关指标就是最好的现实证明。例如，西藏自治区的地区生产总值由 2012 年的 701 亿元增长到 2016 年的 1 148 亿元，增长了近 1 倍，财政收入也从 2012 年的 87 万元提高到 2016 年的 457 万元，增长了5倍多。内蒙古自治区的2016年地区生产总值为19 000亿元，比2012年（15 880.58亿元）增加了3 119.42亿元，城镇居民人均可支配收入与农村居民人均可支配收入分别从2012年的23 150元、7 829元上升到2016年的32 975元、11 609元，即两项主要的民生数据分别递增了42.44%、48.28%。总之，民族地区人民的生活水平得到了极大提升，国家的经济发展规划取得了显著性成效。

表3-5 “十二五”时期5个自治区经济社会发展有关指标

西藏						
年份	地区生产总值（亿元）	城镇居民人均可支配收入（元）	农村居民人均可支配收入（元）	固定资产投资总额（亿元）	财政收入（万元）	社会消费品零售总额（亿元）
2011	701	18 056	5 645	660	87	250
2012	802	20 192	6 520	910	95	289
2013	925	22 026	7 471	1 100	124	324
2014	1 026	25 457	8 244	1 342	176	408
2015	1 148	27 875	9 316	1 610	206	457
新疆						
年份	地区生产总值（亿元）	城镇居民人均可支配收入（元）	农民人均纯收入（元）	固定资产投资总额（亿元）	财政收入（万元）	社会消费品零售总额（亿元）
2011	7 500	18 151	6 442	6 258	909.1	1 800
2012	8 510	19 982	7 394	8 148	1 128	2 039
2013	9 200	22 160	8 296	10 185	1 282.6	2 279.7
2014	9 400	25 151.6	8 959	10 729	1 331	2 606.0
2015	9 550	28 240	10 180	11 257	1 398	2 818

续　表

广　西						
年　份	地区生产总值（亿元）	城镇居民人均可支配收入（元）	农民人均纯收入（元）	固定资产投资总额（亿元）	财政收入（万元）	社会消费品零售总额（亿元）
2011	13 000	21 239.7	6 008.8	12 600	1 810.1	4 474.6
2012	14 000	23 300	6 790	11 000	2 000	5 069.7
2013	15 673	25 327.1	7 564.1	13 288	2 162.4	5 703.4
2014	16 800	27 783.7	8 524.6	15 700	2 333	6 348.1
2015	18 026	29 311.8	9 180.9	17 741	2 454.3	6 982.9
内蒙古						
年　份	地区生产总值（亿元）	城镇居民人均可支配收入（元）	农村牧区居民人均可支配收入（元）	固定资产投资总额（亿元）	财政收入（万元）	社会消费品零售总额（亿元）
2011	15 880.58	23 150	7 829	8 821.1	2 174.41	4 572.5
2012	16 916.50	25 497	8 985	15 375.7	2 356.54	5 075.4
2013	17 770.19	28 350	9 976	12 074.2	2 327.80	5 619.9
2014	17 831.51	30 594	10 776	13 824.8	2 470.49	6 107.7
2015	19 000	32 975	11 609	15 469.5	2 583.21	6 700.8
宁　夏						
年　份	地区生产总值（亿元）	城镇居民人均可支配收入（元）	农村居民人均可支配收入（元）	固定资产投资总额（亿元）	财政收入（万元）	社会消费品零售总额（亿元）
2011	2 341.29	19 831	6 180	2 109.5	264.0	590.53
2012	2 577.57	22 013	6 922	2 681.1	308.3	668.53
2013	2 752.10	23 285	8 410	3 201.0	339.9	737.18
2014	2 911.77	25 148	9 167	3 532.9	373.4	789.57
2015	3 120	27 000	9 900	3 880	401.5	835.19

资料来源：5个自治区政府工作报告（2012—2016年）。

（二）从财政分配关系入手，给予民族自治地方比一般地方更多的财政自治权

财力是一切工作开展、运作和完成的前提和基本条件，是实现国家权力和政府职能的重要保障，而财权、财力在中央与民族自治地方政府间配置和输送的多少直接与两者之间的经济利益挂钩，并在很大程度上影响着民族自治地方的收支平衡状况以及财政自治权行使的实际状况。因此，中央非常重视与民族自治地方建立起科学合理的财政分配关系，通过构建分税制与庞大的财政转移支付制度等给予民族自治地方更多的财政自治权。以上措施在调和中央与民族自治地方之间的经济关系特别是在保障民族自治地方财政自治权的充分行使中发挥了不可估量的重要作用，具体体现在以下两个方面。

1. 民族自治地方实行分税制，给予民族自治地方更加充分的财政自治权

灵活充分的财政自治权是确保其他自治权能够实现的基础保障，也是推动民族地区发展的关键。我国在《宪法》层面明确规定了“民族自治地方的自治机关有管理地方财政的自治权”[1]。1994 年以后，我国为顺应社会主义市场经济体制的新环境和新要求，实行了分税制财政体制，进而逐步形成了国家与民族自治地方政府之间全新的经济分配关系，其中心要义是根据“财权与事权相一致”的根本原则保证民族自治地方可以获得多于普通地方的财政自治权。具体表现在以下几个方面：第一，民族自治地方可以因地制宜，自行制定本地方的财政分配计划与管理方式，用来发展地方经济，从而有效地增加民族地区的财政收入；第二，分税制将预算约束固化，禁止中央使用平调民族地区资金、向地方政府借款、透支银行资金等方式解决财政赤字问题，不仅保障了民族自治地方的财政收支不受干预，还从根本上改变了计划经济时期曾出现的中央财政直接平调民族地区财政收入资金的情况，最终从

[1] 法律出版社法规中心．中华人民共和国宪法[M]// 法律出版社法规中心．中华人民共和国常用法律大全．北京：法律出版社，2006: 8.

财政制度上保证了民族自治地方的利益不受影响；第三，在税收管理和资金使用方面给予民族自治地方更多的权限，特别是规定了西藏自治区可以根据本地方的经济状况和实际发展困难对国家有关税种进行合理的变通执行。总而言之，民族自治地方享有的特殊的财政自治权为广大民族地区的发展提供了财力支持且不断拉近与发达地区的距离，为实现两者在经济层面关系的和谐运行提供了财政制度保障。

2. 中央政府通过转移支付的方式给予民族自治地方财政补贴和财政帮助

财政转移支付制度是协调中央与民族自治地方的财政关系更好地发展的重要补充方式，即通过给予民族地区财政补贴和各种财政帮助解决民族自治地方由于财政收支不平衡问题带来的经济困境。“十二五”规划强调“要加大中央财政对民族地区一般性转移支付和专项转移支付力度，建立对民族地区转移支付稳定增长机制”❶；“十三五”规划进一步指出要“规范中央对民族地区的一般性转移支付制度，完善资金分配办法，提高财政转移支付透明度”❷。此外，2014 年国务院印发的《国务院关于改革和完善中央对地方转移支付制度的意见》指出要大幅度增加对边穷地区的转移支付。中央政府极其重视对民族地区的财政援助，并在实践中不断加大对广大民族自治地方的转移支付力度，具体表现在以下两个方面。

（1）财政转移支付。中央对 5 自治区的转移支付具体包括一般转移支付、专项转移支付和税收返还三种形式。2010 年国家财政部印发的《中央对地方民族地区转移支付办法》中要求按照公平规范、适度激励、注重平稳的原则对民族自治地方实施转移支付，以确保其财政平稳运行。以 2014—2016 年的数据为例，从表 3-6、表 3-7 中的相关数据可以看出，

❶ 国务院办公厅.国民经济和社会发展第十二个五年规划纲要(全文)[EB/OL].(2011-03-16)[2017-12-02]http://ghs.ndrc.gov.cn/zttp/ghjd/quanwen/.

❷ 国务院办公厅.国民经济和社会发展第十三个五年规划纲要(全文)[EB/OL].(2016-03-17)[2017-12-02]http://www.gov.cn/xinwen/2016-03/17/content_5054992.htm.

2014—2016年中央对五大自治区的一般转移支付与专项转移支付数额比较稳定且增加幅度较大，并且两者在全国财政转移支付的比重都超过了16%。例如，2016年中央拨付给广西壮族自治区的一般转移支付1 484.52亿元，比2015年（1 313.37亿元）增加171.15亿元，比2014年（1 205.97亿元）增加了278.55亿元，是2016年全国一般性转移支付平均水平（777.19亿元）的2倍，专项转移支付从2014年的699.47亿元提升到了2015年的705.85亿元和2016年的708.16亿元，高出2016年全国专项转移支付的平均值（505.10亿元）203.06亿元。中央对西藏自治区的一般转移支付从2014年的703.26亿元增长到了2015年的762.87亿元，以及2016年的820.48亿元，专项转移支付从2014年的507.32亿元提升至2016年的526.14亿元，同时以上这两项指标都在全国平均水平（777.19亿元、505.10亿元）之上。总体上看，除宁夏回族自治区，其他4个自治区超出全国平均水平，其中广西、新疆、内蒙古三个自治区超出全国平均水平70%以上，2016年广西壮族自治区接收中央一般转移支付数额（1 484.52亿元）是上海市（57亿元）的26倍，是广东省（494.84亿元）的3倍，足以说明中央对民族自治地方发展的高度重视与强大财政援助力。

表3-6　中央对5个民族自治区一般转移支付决算表

单位：亿元

年　份	广　西	宁　夏	内蒙古	新　疆	西　藏	全国总量合计	5个自治区所占比例（%）
2014年	1 205.97	345.18	9 871.20	1 089.47	703.26	27 568.37	16.59
2015年	1 313.37	399.83	1 064.88	1 234.75	762.87	28 455.02	16.78
2016年	1 484.52	445.58	1 177.70	1 367.47	820.48	31 864.93	16.62

资料来源：2014—2016年全国财政决算；中国财政年鉴（2014—2016）

表 3-7 中央对 5 个自治区专项转移支付决算表

单位：亿元

年 份	广 西	宁 夏	内蒙古	新 疆	西 藏	全国总量合计	5 个自治区所占比例（%）
2014 年	699.47	246.99	864.57	976.21	507.32	18 941.12	16.27
2015 年	705.85	258.59	926.74	1 121.90	518.36	21 623.63	16.33
2016 年	708.16	243.05	1 009.05	935.94	526.14	20 708.93	16.53

资料来源：2014—2016 年全国财政决算；中国财政年鉴（2014—2016）。

1994 年实行分税制后，中央政府开始通过先征收后返还（退）、即征即退等方式向地方返还税款，以此优惠形式给予地方相应的政府补助，其最终目的是扩大地方经济发展财力后盾。近年来，中央对 5 个自治区的税收返还逐年递增。由表 3-8 中央对 5 个自治区税收返还决算情况可以看出：中央对新疆的税收返还金额从 2014 年的 69.61 亿元提高到 2016 年的 100.15 亿元，直接增加资金量为 30.54 亿元；中央对内蒙古的税收返还金额从 2014 年的 104.59 亿元提高到 2016 年的 157.86 亿元，直接增加资金量为 53.27 亿元，其他 3 个自治区也是类似情况。2014—2016 年 5 个自治区的税收返还总额都稳定保持在占全国总量 7.8% 左右的水平，由此可以看出国家对 5 个自治区形成的稳定的税收返还资金为广大民族地区经济发展提供了可持续的财力支持。

表 3-8　中央对 5 个自治区税收返还决算表

单位：亿元

年　份	广　西	宁　夏	内蒙古	新　疆	西　藏	全国总量合计	5 个自治区所占比例（%）
2014 年	107.38	19.57	104.59	69.61	37.49	5 081.55	7.9
2015 年	115.65	21.22	115.65	72.10	39.74	5 018.86	7.8
2016 年	194.49	39.32	157.86	100.15	45.74	6 826.84	7.8

资料来源：2014—2016 年全国财政决算；中国财政年鉴（2014—2016）。

此外，对 2007 年以来中央对 5 个自治区的财政转移支付总量情况（包括中央对 5 个自治区的一般转移支付、专项转移支付和税收返还 3 种总和）进行分析（表 3-9），能够发现近 10 年来中央对 5 个自治区的补助总体上也呈现出明显的递增状态。以新疆维吾尔自治区为例，获得的转移支付资金从 2007 年的 551.54 亿元开始逐年提升，到了 2015 年达到 2 368.71 亿元，增长了 1 817.17 亿元。另外，广西增长了 1 585.12 亿元，宁夏增长了 491.53 亿元，内蒙古增长了 1 478.25 亿元，西藏增长了 1 044.18 亿元。在 2015 年全国各省、自治区、直辖市获得中央转移支付资金总额排名中，广西、新疆、内蒙古 3 个自治区排在全国前 10 名，同时 5 个自治区的总额是北京、上海、天津、重庆 4 个直辖市得到中央转移支付资金总和的 3 倍。

表 3-9　2007 年以来中央对 5 个自治区的财政转移支付总量

单位：亿元

年　份	2007 年	2009 年	2011 年	2013 年	2015 年
广西	621.91	995.25	1 594.89	1 823.40	2 207.03
宁夏	199.01	320.71	472.99	556.59	690.54

续　表

年　份	2007 年	2009 年	2011 年	2013 年	2015 年
内蒙古	657.24	1 023.20	1 569.26	1 780.06	2 135.49
新疆	551.54	917.75	1 502.13	1 852.11	2 368.71
西藏	286.99	470.95	714.70	902.49	1 331.17

资料来源：《中国财政年鉴》（2006—2015）。

（2）其他财政补助。目前，我国中央政府除了对自治区进行大规模的财政转移支付外，还通过给予民族地区各种类型的专项财政补贴等多种财政帮助方式，解决民族自治地方财政收支不平衡的经济困境。

在人才专项计划的补助方面，2017 年国家财政部印发了《关于下达 2017 年边远贫困地区、边疆民族地区和革命老区人才支持计划科技人员专项计划预算的通知》，表 3-10 数据显示：2017 年 5 个自治区获得的人才支持计划科技人员专项计划预算额共计 7 555 万元，占全国平均预算金额比重高达 24.46%，其中广西、西藏、内蒙古 3 个自治区合计高出全国平均水平 1 404 万元。在医疗卫生的专项补助方面。2014—2017 年，国家财政部对新农合的人均补助标准逐年递增，已经从 2014 年的 320 元提升到 2017 年的 450 元，即新农合的人均补助的实际金额在这几年时间里提升了 130 元。同时，中央财政将新农合的人均补助的新增部分向西部民族地区进行倾斜，结果是对民族地区的医疗卫生补助范围越来越广，补助资金越来越多，使民族地区的各项发展建设成效显著。以内蒙古自治区为例，表 3-11 的数据显示，内蒙古在 1984—2014 年，卫生机构数增加 18 715 个，增长近 5 倍，每万人口卫生机构床位增长了 1 倍，卫生技术人员增加至 202 999 人，接近全国平均水平（223 229 人），农村合作医疗参与情况从“无”到“有”，医疗卫生条件得到了显著的改善。

表 3-10　2017 年“三区”人才支持计划科技人员专项计划预算表

地　区	预算数（万元）	占全国比例（%）	高出全国平均水平（万元）
广西	1 612	5.22	208
新疆	1 108	3.59	–296
西藏	2 455	7.95	1 051
内蒙古	1 806	5.85	402
宁夏	574	1.86	–830
合计	7 555	24.46	535

资料来源：中国政府官网。

表 3-11　1984—2014 年内蒙古医疗卫生发展情况

年　份	1984 年	1994 年	2004 年	2014 年
卫生机构（个）	4 711	4 918	3 715	23 426
每万人口卫生机构床位（个）	24.84	27.17	28.00	51.51
卫生技术人员（人）	107 234	129 101	120 253	202 999
参合率（%）	0	0	0	97.02

资料来源：《内蒙古统计年鉴》2015 年。

总之，通过分析中央对 5 个自治区的各种财政转移支付情况和其他财政补助的整体情况可以较为明显地看出：大量的财政补助与财政转移支付满足了 5 个自治区加快发展经济的迫切需求，使广大民族地区能够利用充分的财力不断加快本地方的各项事业建设。2006 年以来 5 个自治区总财政收入情况和“十二五”时期 5 个自治区的 GDP 增长情况就是最好的证明。例如，2006—2015 年，5 个自治区完成总财政收入从 981.34 亿元增长到 5 321.06 亿元，实现了总财政收入翻两番的目标，而且自身的经济增长速度也紧紧跟随全国平均经济增长速度和水平（表3–12）。需要指出的是，尤其在“十二五”时期5个自治区取得显著的发展成果还表现在各民族地区的GDP平稳增长（表3–13），其中西藏自治区的GDP由2011年的605.83亿元增长为2015年的1 026.39亿元，这5年的增长率为69.42%，内蒙古自治区这5年的GDP增长率为25.58%，广西壮族自治区这5年的GDP增长率为43.36%，新疆维吾尔自治区这5年的GDP增长率为41.07%，宁夏回族自治区这五年的GDP增长率为38.51%，以上数据充分说明了少数民族地区生活水平有了大幅度的提升。

表3–12　2006—2015年5个自治区总财政收入情况

单位：亿元

年　份	2006年	2008年	2010年	2012年	2014年
财政收入	981.34	1 650.05	2 535.75	3 978.31	5 012.42
年　份	2007年	2009年	2011年	2013年	2015年
财政收入	1 297.22	2 002.30	3 299.56	4 570.43	5 321.06

资料来源：《中国财政年鉴》2016年。

表3–13　“十二五”时期5个自治区的GDP增长情况

单位：亿元

地　区	2011年	2012年	2013年	2014年	2015年	5年增长率
内蒙古	14 359.88	15 880.58	16 832.38	17 770.19	18 032.8	25.58%
广　西	11 720.87	13 035.10	14 449.90	15 672.89	16 803.12	43.36%
新　疆	6 610.05	7 505.31	8 443.84	9 273.46	9 324.80	41.07%
宁　夏	2 102.21	2 341.29	2 577.57	2 752.10	2 911.77	38.51%
西　藏	605.83	701.03	815.67	920.83	1 026.39	69.42%

资料来源：5个自治区政府工作报告（2011—2016）。

四、制度层面的法律关系

中央与民族自治地方的法律关系是指双方在国家制度层面的《宪法》《民族区域自治法》等基本法律和地方层面的自治法规共同约束下形成的两者在权利和义务方面的相互联系。法律关系是关于两者之间的权力关系、行政关系、财政关系以及其他附属关系的量度原则，也是定位和处理两者关系体系的主要办法和核心内容。无论是对中央而言，还是对民族自治地方而言，都必须通过法律形式规范两者间的权责关系，才能实现两者关系体系应呈现的平衡与稳固状态。当前，我国中央与民族自治地方的法律关系构建在历经计划经济转向市场经济的演变过程中基本实现规范化的目标，主要体现在不仅建立了两者之间较为完备的法律保障机制，还涵盖了民族自治地方依法制定自治法规等相关内容，并从以上两个方面同时保障了自治权的有效实施。

（一）从国家层面建立了中央与民族自治地方关系的法律保障机制

1. 颁布《宪法》与《民族区域自治法》，建立维护中央与民族自治地方关系的法律保障基础

中华人民共和国成立以来，我国逐步从法律层面赋予了少数民族地区人民充分参与管理国家事务与区域事务的权利，这些在国家层面系统的法律体系也成为构建我国中央与民族自治地方法律关系的根本准则。1949 年《中国人民政治协商会议共同纲领》明确提出少数民族聚居地方实行区域自治；1952 年《中华人民共和国民族区域自治实施纲要》对民族地区的民族组成、自治机关与自治权利等问题作出明确规定；1954 年民族区域自治制度正式出现在《宪法》中，标志着我国开始通过《宪法》对中央与民族自治地方的法律定位作出正式规定，并赋予两者关系体系的法律定格；1984 年《民族区域自治法》的颁布实施第一次将我国中央与民族自治地方的关系体系融入国家的法制建设中来使民族区域自治最终由政策上升至法律的高度，民族自治地

方在国家的地位得到了进一步稳固。至此，我国的民族区域自治制度在国家政治体制中的完全建立也使中央与民族自治地方的关系有了切实有效的法律保障，标志着我国中央与民族自治地方法律关系的基本框架在国家层面正式确立。

2. 制定配套法规，进一步完善中央与民族自治地方关系的法律保障机制

从中央政府层面制定配套法规和规章不仅是贯彻落实《民族区域自治法》的重要环节，还是将中央与民族自治地方关系真正纳入法制化轨道的重要举措。我国的《民族区域自治法》明确规定："国务院及其有关部门应当在职权范围内，为实施本法分别制定行政法规、规章、具体措施和办法。"❶ 2005年，国务院率先出台了《国务院实施〈中华人民共和国民族区域自治法〉若干规定》，这是中华人民共和国成立以来从国家层面贯彻落实《宪法》和《民族区域自治法》的首部行政法规，也标志着我国实施保障中央与民族自治地方的配套法规建设工作取得重要进展。《国务院实施〈中华人民共和国民族区域自治法〉若干规定》从经济建设、政治权力、文化教育、人事任免等方面制定了32条贯彻落实《民族区域自治法》的具体措施和工作办法，并明确要求国务院直属各部门以及各民族自治地方严格执行。此后，国务院所属各部门也开始积极推进《民族区域自治法》的贯彻落实工作。2007年以来，中央政府直属部门中先后有教育部、文化部和交通运输部等制定颁布了本部门关于贯彻落实《国务院实施〈中华人民共和国民族区域自治法〉若干规定》的部门规章，分别立足于本部门的职能权限和管理范围对《民族区域自治法》在地方的贯彻实施提出了具体要求和工作措施。例如，文化部下发的部门规章以文化事业为中心，提出"从发展与繁荣民族地区文化服务体系、文化队伍建设、文化产业等7个方面采取有效的措施，确保《规定》有关要求落到实处"。目前，随着我国中央政府层面有关配套法规的制定工作不断加强，

❶ 法律出版社法规中心．中华人民共和国民族区域自治法[M]//法律出版社法规中心．中华人民共和国常用法律大全．北京：法律出版社，2006：23.

有效推动《民族区域自治法》的真正落地生根，也使中央与民族自治地方关系的法律保障机制得以建立并逐渐成熟与完善。

3. 开展执法检查与专题调研，监督落实中央与民族自治地方关系的法律保障机制

从国家制度层面坚持建立、完善中央与民族区域自治地方的法律关系不仅包括前面介绍的《宪法》《民族区域自治法》与相关配套法规和规章的颁布与出台，还需要国家坚持对《民族区域自治法》及配套法规实施执法检查和专题调研，即建立中央与民族自治地方之间全方位的法律监督机制以及涉及两者之间各种关系内容的法律保障机制。自 1984 年《民族区域自治法》实施以来，中央政府和国家各级领导机构都高度关注和重视这部专门法律在民族自治地方的实施情况与落实效果。全国人大常委会先后于 2006 年、2007 年与 2015 年三次组织开展较大规模的《民族区域自治法》执法检查和跟踪检查行动，检查范围涵盖了内蒙古、新疆和广西等 5 个自治区，检查内容包含民族地区经济基础设施建设情况、民族地区从资源开发中获利情况、医疗卫生教育文化事业等社会发展状况、少数民族干部的培养与使用状况、民族自治地方性法规的制定情况以及各民族自治地方的民族（宗教）事务委员会对《民族区域自治法》实施落实的监督检查情况等。除此之外，在 2016 年 5—9 月，全国人大常委会组织了 6 个调研组分别到包括内蒙古、广西在内的 6 个省、自治区、直辖市开展专题调研，这是改革开放以来全国人大常委会首次在全国范围内就实施《民族区域自治法》配套法规的情况进行定点抽查和专题调研。从以上历次《民族区域自治法》的执法检查结果和专题调研报告看，我国已经立足于中央与民族自治地方两个层面建立了较为完整的法律保障机制。特别是近 30 年来《民族区域自治法》的有效落实与相关配套法规积极跟进在民族地区取得了实实在在的成效，不仅从根本上保障了少数民族自治地方的政治地位和各种具体的政治权利，还进一步巩固了我国民族区域自治制度的法律地位，最终实现了中央与民族自治地方关系在法律保障机制层面的监督与落实。

（二）民族自治地方依法制定本地区自治法规，保障自治权有效实施

建立中央与民族自治地方关系的法律保障机制并实现两者关系的法制化和规范化是我们必须要坚持的目标，但是仅有国家层面完善的法律法规是远远不够的，因为自治法规的制定和实施是民族自治地方自治权能够充分有效运行的核心和关键，也是构建和完善两者法律关系的核心内容。我国的《宪法》和《民族区域自治法》明确规定："民族自治地方的人民代表大会有权依照当地民族的政治、经济和文化的特点，制定自治条例和单行条例。"[1]《中华人民共和国立法法》（以下简称《立法法》）进一步规定："自治条例和单行条例可以依照当地民族的特点，对法律和行政法规的规定作出变通规定。"[2]因此，自治法规就其动态意义而言是民族自治地方以法律形式的立法自治权；就其静态意义讲是调整和规范中央与民族自治地方关系内容的重要法律工具。目前，我国的社会主义法制建设工作全面展开，民族自治地方自治法规的制定工作依法有序进行并取得了较好的成果。

以广西壮族自治区为例，"截至 2017 年 5 月底，现行有效的地方性法规共 244 件，其中自治区本级地方性法规 166 件，法规性决议、决定 15 件；自治县自治条例 12 件、单行条例 13 件"[3]，目前广西壮族自治区内有 10 个自治县已经完成自治县自治条例的制定修订工作。以新疆维吾尔自治区为例，"截至 2016 年年底，共制定区域特色的地方性法规 372 件，其中现行有效的地方性法规 153 件，批准设区的市、自治州、自治县报批的单行条例和地

[1] 法律出版社法规中心．中华人民共和国宪法 [M]// 法律出版社法规中心．中华人民共和国常用法律大全．北京：法律出版社，2006: 8.

[2] 法律出版社法规中心．中华人民共和国立法法 [M]// 法律出版社法规中心．中华人民共和国常用法律大全．北京：法律出版社，2006: 59.

[3] 荣仕星．科学推进民族地区立法工作 [N]. 广西日报，2017-7-5(7).

方性法规113件。”❶“截至2011年8月底，民族自治地方共制定现行有效的自治条例和单行条例780多部。”❷除了我国在制定自治条例与单行条例方面的工作取得显著成果之外，需要指出的是近年来5个自治区在少数民族传统文化保护和少数民族地区生态环境保护等方面的立法工作也在不断加强。此外，我国民族自治地方使用较多的变通补充规定目前主要涉及《中华人民共和国婚姻法》《中华人民共和国继承法》《中华人民共和国教育法》等六个方面。例如，广西壮族自治区在执行全国性法定节假日的基础上将“壮族三月三”列入自治区一级的法定节假日；西藏自治区根据本地方的特殊自然环境“将职工的周工作时间在全国法定工作时间基础上减少5小时”❸。总之，民族自治地方的自治法规体系中包含的各种层面的变通补充等都是对民族自治地方的本地经济、政治、文化等的具体反映，更是立足实际对《民族区域自治法》的具体运用和有效补充。已经形成规模和体系的自治法规不仅保护了民族自治地方享有充分的自治权利，还为国家与民族地方间各种关系的良性运作发挥助推器和催化剂的作用。

众所周知，我国的5个自治区至今都没有颁布和出台本自治区级的自治条例，但部分民族自治地方对自治条例的制定和出台工作从来都没有停止过。以内蒙古自治区与广西壮族自治区为例，内蒙古与广西分别于1978年与1958年开始着手本自治区自治条例的起草工作，并不断修改与上报中央。通过查阅《内蒙古通志》和《广西通志》中从20世纪50年代到21世纪初的相关文字记录，可以分别整理出在这段时间里这两个自治区各自自治条例的起草历程（详见表3-14与表3-15）。

---

❶ 中华人民共和国国务院新闻办公室．新疆人权事业的发展进步白皮书（2017年）[R/OL]. http://www.scio.gov.cn/zfbps/ndhf/36088/Document/1554103/1554103.htm.

❷ 中华人民共和国国务院新闻办公室．中国特色社会主义法律体系白皮书（2011年）[R/OL].http://www.scio.gov.cn/ztk/dtzt/62/7/Document/1035566/1035566.htm.

❸ 中华人民共和国国务院新闻办公室．民族区域自治制度在西藏的成功实践白皮书（2015年）[R/OL].http://www.scio.gov.cn/zfbps/ndhf/2015/Document/1447088/1447088.htm.

表 3-14　内蒙古自治区自治条例起草历程表（1978—2001 年）

时　间	内蒙古自治区自治条例起草的主要活动
1978 年 11 月 3—8 日	自治区第五届人大常委会第六次会议通过关于起草自治区自治条例和成立自治区自治条例起草委员会的决议；成立以廷懋为主任的自治条例起草委员会，通过人事任免 92 人
1980 年 6 月	内蒙古自治区党委依据《宪法》和地方组织法的规定，成立了内蒙古自治区自治条例起草委员会，并着手自治区自治条例草案的调查研究和起草工作
1982 年	形成了自治区自治条例草案第 5 稿
1984 年 5 月 6—10 日	自治区六届人大常委会举行第六次会议，通过自治区六届人大常委会代表资格审查委员会组成人员名单、以巴图巴根为主任的自治区自治条例起草委员会组成人员名单，通过人事任免 99 人
1985 年 5 月	形成自治条例草案第 13 稿
1987 年 11 月	自治区自治条例起草委员会在听取各方意见的基础上对自治条例草案进行了细致修改，形成报送中央的送审稿，即第 17 稿，并派人赴京向全国人大和国务院有关部门汇报
1989 年年底	根据全国人大民委和法工委的审议意见，又对自治条例草案送审稿进行较大的修改，形成自治条例草案第 21 稿
1993 年 5 月	内蒙古自治区八届人大常委会成立了新的自治区自治条例起草工作领导小组，又着手修改自治条例草案第 21 稿，形成自治条例纲要，即自治条例草案尚未最后成型的第 22 稿
1994 年以后	由于国家实行市场经济体制、税收制度的改革以及《民族区域自治法》的即将修改等原因，内蒙古自治区自治条例草案修改工作中断
2001 年	《民族区域自治法》正在修改，国务院关于《民族区域自治法》的实施办法未出台，客观上延缓了自治区自治条例的制定

资料来源：《内蒙古通志：大事记（1978—2001 年）》。

表 3-15　广西壮族自治区自治条例起草历程表（1958—1993 年）

时　间	广西壮族自治区自治条例起草的主要活动
1958 年 3 月 5—13 日	广西壮族自治区第一届人民代表大会第一次会议通过《广西壮族自治区条例（草案）》《广西壮族自治区人民代表大会和人民委员会组织条例（草案）》
1980 年 10 月 7—10 日	自治区五届人大第五次会议通过了成立自治条例修改小组，在自治区人大常委会领导下，立即着手修改《广西壮族自治区自治条例（草案）》，并帮助各自治县制定自治条例
1987 年	广西壮族自治区自治条例草案第 13 稿上报到中央审批，报全国人大民委征求国务院有关部门意见，没有通过
1991 年	第 18 稿呈报中央，国务院法制局就该草案向国务院各部委征求意见。从反馈的意见看，与广西的要求距离很大
1993 年	自治区人大、党委、政府从二十几个厅局里面抽了二十多名专家，根据市场经济体制的要求对 18 稿做了进一步修改，形成第 19 稿

资料来源：《广西通志：大事记（1957—1995 年）》。

除以上列出的大事记以外，进入 21 世纪以来，内蒙古自治区和广西壮族自治区对自治条例的制定和出台工作也一直在实施和推进。以内蒙古自治区为例，2001 年通过的《内蒙古自治区人民代表大会及其常务委员会立法条例》明确规定了“自治区人民代表大会有权依照当地民族的政治、经济和文化的特点，制定自治条例和单行条例，报全国人民代表大会常务委员会批准后生效”。2005 年 8 月，“内蒙古自治区十届人大常委会主任会议听取了关于《制定〈内蒙古自治区自治条例〉工作方案》的汇报”❶。以广西壮族自治区为例，从 2013 年开始组织开展了非常深入的自治条例的立法调研和论证工作。特别是在 2016 年广西第十二届人民代表大会第五次会议通过了《关于修改〈广西壮族自治区立法条例〉的决定》，最新修订的《广西壮族自治区立法条例》对

❶ 白永利．自治区自治条例制定研究——以内蒙古自治区为例[J]．内蒙古师范大学学报（哲学社会科学版），2010(6)：53.

自治地方的立法工作的原则做了更为明确的说明，另外还专门增加一章明确规定“自治区、设区的市人民代表大会及其常务委员会加强对立法工作的组织协调，发挥在立法工作中的主导作用”。在各方的努力推动下，广西自治条例调研和论证工作开展得较为顺利，2016 年 11 月自治区人大常委会专门召开了自治条例立法调研论证阶段性成果汇报论证会，已经在 5 个自治区中先行一步。

五、中国特色的相关附属关系

在我国的中央与民族自治地方关系体系中除了包括政治层面、经济层面、行政层面和法律层面等的核心关系外，还涵盖了包括民族关系、党政关系和人际关系等在内的相关附属关系。这三个具有中国特色的主要附属关系在我国中央与民族自治地方关系的发展过程中分别发挥不同的作用。

（一）民族关系

民族关系是指民族与民族之间在政治、经济和文化等层面产生的相互关系和影响，是具有特定内涵的社会关系。中央与民族自治地方关系体系中包含的民族关系不仅包括汉族与聚集在民族自治地方的自治民族之间的相互关系，还包含汉民族与其他少数民族之间的关系以及自治民族与其他少数民族的关系。民族关系是多民族国家中呈现出的一种基本的社会关系，我国是拥有 56 个民族的统一多民族国家，国内的民族关系尤为鲜明凸显，尤其在中央与民族自治地方关系中两者间反映出的民族关系最为特殊复杂，它体现了少数民族在国家政治生活中的地位和影响。因此，构建中央与民族自治地方的关系体系就必须考虑到如何处理好国内的各种民族关系问题，因为多样化的民族关系的和谐发展已经成为保障两者关系能够整体建构的主要因素之一。当前，我国中央与民族自治地方的民族关系显现出了和谐稳定的状态，主要表现在以下两个方面。

第一，民族自治地方内各民族的和谐共生与协调发展成为保证民族地区稳定和发展的关键因素。中央与民族自治地方的民族关系除了汉民族与少数民族的关系外，在自治地方还主要存在自治民族与汉族、自治族与其他少数民族的民族关系。5个自治区的人口主要由自治民族、汉族与其他民族三部分组成，其中自治民族人口比重较大，汉族与其他民族人口比重相对较小。由表3–16中“5个自治区的人口组成情况可以看出：西藏自治区目前拥有人口323.97万人，其中藏族291.9万人，汉族26.47万人，还有门巴族、珞巴族等其他少数民族5.6万人，即自治民族、汉族与其他民族分别占比例为90.10%、8.17%、1.73%；新疆维吾尔自治区目前拥有人口2 212.05万人，其中维吾尔族1 024.85万人，汉族874.61万人，还有哈萨克族、柯尔克孜族等其他少数民族312.59万人，即自治民族、汉族与其他民族分别占比例约为46.33%、39.54%、14.13%。由于各个不同民族拥有差异性的民族习俗、宗教文化与信仰方式等，容易产生民族间的摩擦与纠纷。如果这些问题不能很好地处理，不仅会引起民族关系的不和谐和社会的不稳定，还会直接影响到中央与民族自治地方和谐发展关系的整体构建。因此，在这个过程中迫切需要各民族自治地方制定与实施民族政策，开展民族团结进步活动，从而保障民族地区稳定和发展。我国的5个自治区虽然历史情况各不相同，地区内的民族关系也具有较大的差异性，但是都十分重视民族工作。在国家和民族自治地方的共同努力下，目前5个自治区的民族关系都表现良好。部分自治区还成为全国民族关系发展的表率。需要指出的是，我国的5个自治区积极构建各民族共发展的民族和谐关系，形成民族自治地方和睦相处、共同繁荣发展的景象，还在此基础上取得了丰硕的经济发展成果。由前文表3–5可看出："十二五"时期5个自治区经济社会发展都取得了较大的进步。例如，2011年新疆维吾尔自治区的地区生产总值7 500亿元，到了2015年已经发展到9 550亿元，固定资产投资总额从2011年的6 258亿元上升到2015年的11 257亿元，总之，在这五年里经济总量的增长非常明显；2011年，宁夏回族自治区的地区生产总值为2 341.29亿元，城镇居民人均可支配收入19 831元，农村居民人均可支配收入只有6 180元，到2015年，该自治区的地区生产总值已经增长至 3 120 亿元，城镇居民人均可支配收入提升到 27 000 元，增长了 36.15%，农村居民人均可支配收入提高了 3 720 元，达到 9 900 元。此外，其他自治区的发展速度与成果也很突出。可以得出结论，民族自治地方内各民族的和谐共生与协调发展能够保障广大民族地区的稳定和发展。

表 3-16　5 个自治区的人口组成情况

自治区	自治民族		汉　族		其他民族	
	人口（万）	占比例（%）	人口（万）	占比例(%)	人口(万)	占比例(%)
广西	1 444.8	32	2 892	62.8	501.2	5.2
新疆	1 024.85	46.33	874.61	39.54	312.59	14.13
西藏	291.90	90.10	26.47	8.17	5.6	1.73
宁夏	240.41	36	422.35	62.58	9.58	1.42
内蒙古	422.61	17	1 965.07	79	82.95	4

资料来源：5 个自治区人民政府官网（数据截止到 2016 年 12 月）。

第二，民族关系的和谐发展成为保障中央与民族自治地方关系的整体建构的主要因素。民族和谐关系并不是自然产物，而是在从国家到民族自治地方共同维护发展的基础上逐渐建立起来的，尤其是从中央到地方的民族团结进步工作形成的凝聚力对民族和谐关系的建立发挥关键性的作用。一直以来，国家都非常重视民族关系在中央与民族自治地方关系中的作用，中华人民共和国成立以来，党中央共召开了 4 次国家层面的中央民族工作会议，专门研究部署加强民族工作，促进民族团结进步事业发展。改革开放以来的历次会议还陆续制定了民族团结进步示范区、先进区、模范区“三区”目标，开创了以党政为主导，联合各相关部门，发动社会群众力量的“三合一”工作格局，共同推进和发展民族团结进步事业。党的十八大以来，习近平先后到内蒙古、宁夏、广西、新疆等民族地区考察调研，并多次强调要发展民族事业，构建民族团结友好的和谐关系，凝聚各族群众的爱国情怀。除了中央对民族自治地方加强民族团结进步工作外，各民族自治地方也根据区域特点与民族特色积极开展本地方的民族团结工作。比如，自治区利用少数民族传统节日和自治区成立纪念日等特殊纪念日集中开展民族团结进步活动，其中包括西藏自治区的“百万农奴解放纪念日”、宁夏回族自治区的“古尔邦节”和内蒙古的传统民族体育盛会“那达慕”等。新疆维吾尔自治区还出台了自治区民族团结进步工作条例，其中详细列出了21条人民政府开展民族团结进步工作职责、16条做好民族团结进步工作的社会责任以及9条监督保障条例等内容，为新疆民族团结进步工作的执行与落实提供法律保障机制。中央与民族地区高度重视民族工作、强化推进民族团结进步工作取得显著成果，也使我国的民族地区经济快速发展，人民生活水平稳步提升。因此，建立民族和谐的社会关系有益于民族地区发展与进步，从而也保障了中央与民族自治地方关系的整体建构。

（二）党政关系

在我国的政党制度中，中国共产党作为执政党的地位主要体现在对立法权、行政权、司法权与军队的领导，通过设立党组、实行党管干部原则和方式，实现了中共中央对各级国家机构和各级党组织的全面领导。虽然民族自治地方拥有广泛的自治权，但在中央与民族自治地方关系体系中还包含着特有的党政关系，即在纵向上表现为中共中央直接领导民族自治地方党委组织，在横向上反映出了民族自治地方党委组织直接领导民族自治地方政府。因此，中央与民族自治地方的党政关系是以中国共产党为领导的党政关系，主要体现在以下两个方面。

第一，中共中央直接领导民族自治地方的建设和发展。早在1949年中华人民共和国成立以前，中共中央对民族自治地方的建设和发展就起着领导作用。以内蒙古自治区为例，抗日战争胜利后中国共产党十分注重内蒙古地区形势的发展，1945年10月中共中央根据内蒙古地区的实际情况正式提出了实行区域自治的治理方针，明确定位了中共中央与内蒙古自治政府之间是

“大政方针由中央决定，实际工作由自治政府处理”❶的领导与被领导关系。中华人民共和国成立至今，中共中央继续加大对民族地区的指挥力度和领导强度，还先后召开了两次新疆工作会议和6次西藏工作会议。其中，2010年召开的第一次中央新疆工作座谈会制定出台了“推进新疆跨越式发展和长治久安”的战略目标，提出开创新疆特色道路，在发展新疆经济、政治、文化、社会、生态等过程中，始终坚持以科学发展作为一切发展的基础原则；2014年召开的第二次中央新疆工作座谈会根据新形势、新问题制定出台了新疆工作“社会稳定和长治久安”的新目标以及实施意见。这些都是中共中央领导民族地区工作的纲领性文件，充分体现了中央在民族地区发展中的领导地位。在中共中央召开的历次西藏工作会议上，也充分体现了中央对民族地区的建设和发展的整体领导。此外，中共中央还在领导的党委部门中设置了专门联系民族自治地方工作的工作部门。例如，中共中央统战部先后设立了统战七局和统战九局，七局直接对接西藏自治区，主要负责对西藏的统战、民族、宗教工作进行调研并提出政策性建议，协调西藏经济、社会、文化发展。2017年，中央统战部继设立八局之后新设增九局，直接与新疆维吾尔自治区对接，推动中央涉疆各项决策部署的贯彻落实，同时积极主动调查、研究涉疆重大敏感事件，推进中央关于新疆统战工作的一系列措施有效落实，保障新疆政治稳定与国家的统一。

第二，地方党委直接领导民族自治地方政府呈现出的关系内容也是我国中央与民族自治地方党政关系中的重要内容之一。自治地方党委是各级民族自治地方的领导核心，担负着对本地区经济、文化建设与社会发展等民族事业实施统领的责任，主要发挥“统筹全局、协调各方”的作用。而民族自治地方政府是自治地方党委在地方执政的载体，通过政府决策程序把党委的政策、主张、意愿转变成政府的政令并付诸实践。因此，自治地方党委与民族自治地方政府存在着明显的隶属关系。而我国党政关系在民族自治地方中得

❶ 邢野.党领导下的首个民族区域自治政府的诞生[EB/OL].(2017-08-03)[2017-12-02] http://www.rmzxb.com.cn/c/2017-08-03/1697466.shtml.

以体现的方式主要是在纵向上中共中央直接领导民族自治地方党委组织，在横向上民族自治地方党委组织直接领导民族自治地方政府，在这两者关系体系有机结合的基础上最终实现中央对民族自治地方的全面领导。在实际的政治工作中主要表现在无论是民族自治地方政府制定实施的经济、政治、文化、生态等各项建设的发展规划，还是政府作出的人事安排与调整决策，政府贯彻执行的路线、方针、政策等具体事宜，都是以执行自治地方党委的决定和指令为目的，最终实现并保持中国共产党的核心领导地位不动摇。

（三）人际关系

相比之前介绍的具有制度化和程序化特征的政治权力关系和法律关系而言，人际关系在中央与民族自治地方关系体系的建构中更具有相对灵活、动态的特点，也是处理两者关系的重要影响因素。建构中央与民族自治地方的科学发展关系不但要靠国家的制度规定和权力分配，而且更重要的是制定制度和执行权力背后的人。因为任何制度和规范都必须落实到实践层面，即都需要通过人际关系作为辅助去灵活执行命令或任务，特别是在协调中央与民族自治地方关系中，人际关系的重要性不容忽视。良好的人际关系有助于构建和谐的中央与民族自治地方关系，最终促进创建和谐稳定的社会环境。当前，我国形成了良好的中央与民族自治地方的人际关系，具体表现在以下两个方面。

第一，历任国家和中央政府的领导人都极其重视和关心民族自治地方的发展与建设。毛泽东将马克思主义民族理论与中国国情相结合，第一次明确了民族区域自治地方的建立原则，还对中华人民共和国成立后的中央与民族自治地方关系问题进行了初步探索。邓小平提出了遵循国家统一、民族团结与民族平等原则建设有中国特色的社会主义国家的民族区域自治思想。改革开放以来，以邓小平、江泽民、胡锦涛、习近平为代表的国家领导人高度关注民族自治地方的发展问题，分别召开了 1992 年以来的历次中央民族工作会议以及在这一时期的中央新疆工作会议和中央西藏工作会议。特别是党的十八大以来，以习近平为核心的中央领导集体非常重视民族区域自治制度在国家和民族自治地方共同发展进步中的重要作用，强调民族区域自治制度是历史必然的正确选择，不可置疑与消除，而应当坚持和发展。2014年，中央民族工作会议特别指出，中国的民族区域自治要“坚持统一和自治相结合、民族因素和区域因素相结合”的重大命题，对新时期我国中央和民族自治地方关系的科学发展提出了更高的要求。在这里需要提及的是，除以上历届国家领导人外，还有周恩来和李维汉作为中央政府领导人在我国民族区域自治制度的形成和民族自治地方的建立过程中曾做出过重要贡献。例如，在中华人民共和国成立之初，周恩来和李维汉共同领导起草的《中国人民政治协商会议共同纲领》将民族区域自治确立为我国的基本政治制度。中华人民共和国成立之后，周恩来和李维汉又共同领导制定了《中华人民共和国民族区域自治实施纲要》并成为现行《民族区域自治法》的基础。周恩来在广西、宁夏等自治区的成立过程中发挥了重要的领导作用，特别是广西壮族自治区是在周恩来的直接关怀下建立起来的，他提出的“合则两利，分则两害”的重要思想为当时广西壮族自治区的成立奠定了思想基础。中华人民共和国成立后，李维汉还代表中央政府负责同当时的西藏地方政府进行和平谈判，最后领导并促成了西藏的和平解放。

第二，我国已经形成了少数民族干部从民族自治地方到国家交流和任职机制。中华人民共和国成立以后，中央有针对性地将少数民族干部上调到中央政府、全国人大、政协任职。例如，内蒙古自治区早期领导人乌兰夫1947年任内蒙古自治政府主席，1954年调任到中央工作，任国务院副总理兼民族事务委员会主任，1978年后又任中央统战部部长。广西壮族自治区早期领导人韦国清曾任广西第一任政府主席，1969年后调任中央军委委员，1977年任中央军委常委、副秘书长。西藏自治区早期领导人阿沛·阿旺晋美在西藏和平解放后任西藏自治区筹委会副主任、国防委员会委员，1979—1993年上调中央任第五届至第七届全国人大常委会副委员长，1993—2009年任全国政协副主席；新疆维吾尔自治区早期领导人赛福鼎·艾则孜曾任新疆维吾尔自治区主席，1978—1993年先后任全国人大常委会副委员长、全国政协副主席。改革开放后，党和政府始终坚持少数民族自治地方主要领导干部从民族自治地方到中央交流和任职机制，之后陆续有5个自治区的领导人，如西藏自治区的向巴平措、内蒙古自治区的乌兰夫长子布赫和乌云其木格、新疆维吾尔自治区的司马义·铁力瓦尔地和阿不来提·阿不都热西提以及广西壮族自治区的李兆焯和马飚等，陆续到中央任职。近20年来，5个自治区主席等领导人到中央政府、全国人大、全国政协任职的情况非常常见，其中通过全国人大常委会副委员长和全国政协副主席升至副国级的就有11人之多。少数民族自治地方的高级官员上调中央的任职传统和机制一方面有助于加强中央与民族自治地方的沟通与联系，另一方面可以推动党和国家有关大政方针特别是民族政策的贯彻落实，较好地传达民族地区的声音。

因此，无论是国家和中央政府的领导人对民族自治地方发展的热切关注与支持，还是自治区领导上调中央政府、人大、政协等任职的传统和做法，不仅构建了从中央到民族自治地方的固定交流和任职工作机制，还在实际的民族工作中强化了双方的交流、实现了两者关系的良性互动，充分发挥了人际关系协调中央与民族自治地方关系的积极作用，最终推进两者整体关系体系的和谐构建。

第二节　我国中央与民族自治地方关系的运行机制

运行机制是指在各个层级有规律的运动环境中能够发挥功能作用的各种原理和方式及其之间的相互关系。打造良好的运行机制可以解决各个层级关系活动中出现的各种矛盾和问题，并使各种关系活动处于协调、有序和高效运行状态。毛泽东曾指出“从矛盾的观点看，中央与地方的关系也是一个矛盾”[1]，由此在这样的国家结构框架下具体到中央与民族自治地方而言，这两者也包含固有的矛盾关系，即两者既有对立的一面，又有统一的一面。通过什么样的运行机制维护中央与民族自治地方关系体系良性运转和和谐运行是当代中国进行国家治理过程中要考虑并解决的核心问题之一。在对我国中央与民族自治地方关系体系的核心要素分析的基础上，可以认定经过长期的摸索实践，我国已经从法律保障机制、权力分配机制和利益共享机制三个方面成功打造了当前中央与民族自治地方关系总的运行机制，充分体现了两者关系体系中“统一和自治相结合、民族因素与区域因素相结合”的运行特点，不仅维系了中央的政治权威和民族自治地方的自治权力，还有效保障了两者关系体系的总体稳定和科学发展。

一、多层次的法律保障机制

法律保障是由一定数量的法律、法规、命令、制度等构成的多层次的法制系统。对一个国家而言，法律保障机制既包括《宪法》等确立基本原则的国家大法，又包括各项专门法律；既包括中央政府及其职能部门制定的法律法规，又包括国家所属各级地方政府权力机关依法制定的各项法规规章。当前，民族区域自治制度之所以取得重大的发展成就，其中一个重要的表现就是通过国家和民族自治地方的共同努力构建了两者之间的较完备的多层次法律保障机制，不仅保障了国家的主权和领土完整，还有效保障了民族自治地方的各种自治权，最终使中央与民族自治地方关系体系纳入国家法制建设的范围内。

从国家层面而言，1954 年民族区域自治制度正式出现在国家《宪法》中，即通过宪法对中央与民族自治地方的法律定位作出正式规定，赋予两者关系的法律定位。1984 年《民族区域自治法》的颁布实施第一次将中央与民族自治地方的关系体系融入国家的法制建设中。《国务院实施〈中华人民共和国

[1] 毛泽东文集（第七卷）[M]. 北京：人民出版社，1999: 31.

民族区域自治法〉若干规定》是首部从中央政府层面贯彻《民族区域自治法》的重要行政法规，它的颁布实施标志着围绕中央与民族自治地方关系进行的配套法规建设取得重要进展。据统计，1979年以来，由全国人大及其常委会层面颁布实施的法律有近400部，涉及中央与民族自治地方在政治、经济、文化和社会生活等方面内容的法律和规定就有84部之多。从民族自治地方而言，各种内容的自治法规都是由其权力机关制定的具有法律地位的地方规范性法律文件。打造完备有效的自治法规体系是保证各级民族自治地方依法行使自治权的核心和关键，也是构建和完善中央与民族自治地方权力关系的主要内容。因此，确保民族自治地方自治权目标的实现，相关的单行法规特别是自治条例在其中将发挥重要的作用。我国从《宪法》和《民族区域自治法》层面都明确授予了民族自治地方制定自治条例与单行条例的特殊权力，目前“全国155个民族自治地方，制定了139个自治条例、696个单行条例”。随着围绕国家与民族自治地方之间形成的法律保障机制的不断完善，两者之间关系定位更加科学规范。一方面，明确了两者的归属关系，即在保证国家完整统一的基础上，中央代表整个国家，民族自治地方是国家不可分割的一部分，民族自治地方的自治权是中央授予的，是国家统一领导下的有限度的地方自治，而不是摆脱国家统一领导的地方独立；另一方面，明确了两者之间是绝对的领导关系，特别是5个自治区作为国家的一级行政区域，在政治、经济、文化等各方面都要接受中央机关的领导，并且积极配合上级国家机关完成本地区的工作任务。国家重视民族自治地方的经济发展，并将民族自治地方的发展纳入国家经济发展的整体规划。

总之，正是由于构建了两者之间比较完备的法律保障机制，所以在我国法律层面才对中央与民族自治地方的关系有了明确的法律界定，才能真正使民族自治地方在国家中的地位有法律保障，才能最终维护和保障国家的主权统一和领土完整。

二、科学的权力分配机制

权力分配是与集权相对的一种权力的存在形式。每一个国家都会借助固定的国家结构形式和体制对一定的国家权力进行纵向分配，进而实现国家统治的确立。中央与地方的关系建立就往往体现在从权力分配入手，即在纵向方面实现从中央到地方层层权力下放和分配。相比一般国家中央与普通地方之间形成的权力划分的原则和特点，我国中央与民族自治地方之间的权力分配则是在“国家统一”和“地方自治”两个基本点有机结合的基础上进行的，实现两者之间关系确立的最核心因素就是权力的分配。对于中央与民族自治地方而言，以权力分配、权力行使为主要内容的关系运行机制是两者关系体系中的首要表现形式和主要关系内容。当前，我国中央与民族自治地方关系发展中一个重要的表现就是在两者之间的权力分配中充分考虑了民族自治地方具有少数民族人口比例较大和地区经济发展相对落后等特点，并以此为基础建立了中央与民族自治地方之间科学的权力分配机制，从整体上呈现了集权与分权相平衡的特征。

首先，我国中央政府拥有国家的绝对控制权力，不仅表现为集全国的政治、军事、经济等权力于一身，还事关全国性事务范围，如边境安全稳定和民族自治地方的资源保护、生态安全等都由中央政府统一管辖处理，以确保国家的政令畅通，保证各项国家重大战略规划能够有效实施。中央政府还在权力分配中向民族自治地方进行一定的倾斜，如我国在民族自治地方实行分税制，就是要给予民族自治地方更多层面上和更大范围内的财政自治权。同时，中央政府将属于国家层面的部分行政权、立法权等依法授予民族自治地方掌控。这种适度的分权模式和权力运行特点是中央与民族自治地方之间实现权力科学分配最集中的体现。此外，民族自治地方的自治权必须明确源于《宪法》和《民族区域自治法》及其他法律的规定，即是中央政府权力授予的结果。其次，民族自治地方拥有高度的“自治权”，在内容上不仅有政治参与方面的自治权，还有经济和管理层面上管理本地方内部各项建设事业的权力。同时，与普通地方政府相比，民族自治地方政府与中央政府在日常关系上还具有多样性的特征，涉及国家的纵向结构上政府职能和政府管理体制等多种因素。民族自治地方政府是一级地方国家政权机关，处于国家政治体制的从属地位并接受中央政府的领导和监督，但其又作为民族地区自治机关政府而存在运行，因此在职权方面又高于一般地方政府机关，特别是在对本地方的社会公共事务进行管理时可以行使管理的自主权，依法自主管理本地方的各项社会公共事务。最后，民族自治地方还拥有国家授予的可以灵活贯彻执行国家法律和政策的自主权，也就是学界经常谈及的“变通权”。例如，一方面，我国法律明确规定允许和支持民族自治地方在不违背法律的前提下可以对上级具体的决议和指示等相关内容实施变通执行或停止执行；另一方面，这种变通权的使用目的必须是为了出于更好地照顾其特殊困难和促进其自身发展。简而言之，以上介绍的这些具体内容和实施细则都是对《民族区域自治法》的具体运用和有效补充。可以得出结论：已经形成规模和体系的自治法规不仅保护了民族自治地方享有自治的权利，还为国家与民族自治地方关系的良性运作发挥“助推器”的作用。

总之，正是在中央与民族自治地方关系中建立了科学有效的全方位权力分配机制，才在此基础上实现了对国家对民族自治地方自治机关享受职权的精准配置，最终依法保障了民族自治地方在国家政治生活中的地位，也充分保障了自治民族管理本地方内部事务的权利。这样的权力分配机制无论对中央与民族自治地方权力关系依法牢固确立还是对民族区域自治制度的实施和完善都具有非常明显的积极作用。

三、灵活的经济利益共享机制

利益共享机制是指通过一定的机制和手段使国家整体利益和社会公共利益公平地惠及不同层面和不同关系的所有利益主体。由于利益主体的多元化和利益关系的复杂化，对于一个国家而言其中就包括“中央与地方之间的利益共享”等多种利益共享机制的主体。中央与民族自治地方关系的构建从属于我国“央地关系”中的一般构建，但是由于民族自治地方在国家结构体系中具有的特殊地位和独特作用，实践中两者之间又具有超出一般“央地关系”体系的诸多现实内容。在两者的关系探讨中始终不能忽视的一个重要话题就是如何考察和考量两者间的利益关系问题，特别是在经济层面利益的平衡分享问题。

纵观当前我国中央与民族自治地方关系发展的主要内容和取得的成就，其中一个重要表现就是形成了两者之间灵活的经济利益共享机制。首先，国家重视经济利益分配机制在民族自治地方经济社会中的巨大作用。中华人民共和国成立以来，中央政府专门从经济层面等实施了多个涉及调整少数民族和民族自治地方利益分配关系的政策和措施，这些专项性的扶持政策和帮扶措施不但取得了较好的经济效益以及社会效益，而且已经成为有效协调处理涉及两者在多个层面关系问题的重要方式和手段。特别是前文介绍的中央政府将民族自治地方的发展纳入国家经济发展的整体规划，通过基础设施建设和专项建设资金落实等各种措施逐步加大对民族地区的支持力度，这些特殊的帮扶政策使国家经济层面的利益分配措施能够有效地向民族地区倾斜。其次，通过经济利益调节机制最大限度地实现国家与民族自治地方在公共经济利益层面的效益最大化。中央政府按照公平规范、适度激励、注重平稳的原则，通过各种形式的财政转移支付方式给予民族自治地方规模化的财政帮扶资金。大量的财政补助与转移支付不仅是协调国家与民族自治地方间财政关系的重要手段，还有效缓解了广大民族自治地方政府长期财政收支不平衡的经济困境，使民族地区能够利用充足的财力加快本地区内部各项事业的发展建设，最终推进5个自治区的发展。最后，充分发挥民族地区资源开发活动的利益保护机制。近年来，在我国民族地区开展的各种类型和形式的资源开发活动为国家带来了极大的经济效益，也带动了资源所在的相关民族地区的经济发展，但是一些资源开发活动不可避免地带来了诸如利益分配不合理和地方生态环境破坏等负面影响。因此，国家在具体社会管理层面开始特别注意保护民族地区的资源和环境，使民族地区获取更大的资源开发利益，较好地解决了资源开发权益归属与环境保护职责划分之间的矛盾，不仅保护了民族自治地方的生态环境与生态价值，还使其能够从资源开发中获取相应的经济利益与经济补偿，不仅从根本上保障了民族自治地方的合法利益和发展权益，还为民族自治地方的加速发展注入了动力。

综上所述，构建科学的经济利益共享机制是调节中央与民族自治地方利益关系的必然要求，协调平衡好民族地区局部利益与国家整体利益，不但关系到少数民族地区的发展稳定问题，而且能够有效地维护两者关系的总体和谐稳定。

第三节　我国中央与民族自治地方关系发展过程中面临的现实短板

当前社会各界对我国的民族区域自治制度已经有了高度统一的认识，几十年的实践证明这是一个伟大的创举，不但符合我国的根本政治制度，而且是基于现实基本国情的必然选择。但是我们必须认识到当前我国中央与民族自治地方关系的构建过程中还有一些突出问题依然存在，距离真正实现两者关系的科学发展目标还有一定的差距。目前，社会上对民族自治地方在国家整体结构中的角色和定位问题以及两者权利和义务的划分问题等，还存在种种思想认识上的误区。认识上误区的存在进一步导致了在这个关系体系的运转过程中还存在政策执行中事权和财权划分的偏差以及法律保障机制在两者关系体系中的缺位等问题。以上这些问题都是新时期我国中央与民族自治地方关系发展过程中还需要改进的方面。

一、对于中央与民族自治地方关系的思想认识亟待深化

2014 年中央民族工作会议强调“取消民族区域自治制度这种说法可以休矣”。同时进一步指出“民族区域自治不是某个民族独享的自治，民族自治地方更不是某个民族独有的地方”。但是目前社会和学界对两者关系的定位和发展等还存在种种认识上的误区，还没有真正处理好和实现将涉及两者关系的各种问题真正纳入“两个结合”有机结合的范畴，特别是还没有真正体现“国家治理现代化”的治理要求。总的来说，在思想认识上主要还存在以下认识误区。

（一）上级国家机关在完善和落实民族区域自治制度问题上的认识误区

1. 对民族自治地方和一般地方一视同仁，没有把两者区别开来

由于历史和自然条件等方面的原因，我国民族自治地方的经济、文化事业和东部地区相比暂时比较落后，如果没有国家层面的帮助和支持作为基础和前提条件，那么实现民族自治地方发展进步的目标将是异常艰巨的。但是上级国家机关在如何完善和落实自身职责问题上还存在认识上的误区，主要是在工作中对民族自治地方和一般地方一视同仁，没有真正将两者区分开来。其一，对于民族自治地方在国家政治结构中的特殊地位认识不到位，即单方面地认为不论是否是民族自治地方都是在中央政府统一领导下的地方行政区域，那么民族自治地方与其他多数普通地方相比就没有任何本质上的区别。这种思想导致了一些国家机关和部分工作部门在国家层面的工作中片面强调不同地方具有事务的共同性，进而忽视广大民族自治地方的特殊性，结果在自身分管的工作事务中不能切合实际地保护和照顾少数民族和民族地区的各种利益，而是一味地追求所谓的“绝对公平”，并出于方便自己管理的角度在国家层面政策的制定等方面实行单纯机械地“一刀切”。对此，早有

业内学者指出："有的上一级部门规定的具体政策与自治条例相悖，影响了民族区域自治地方依法行使自治权。"❶其二，片面认识民族自治地方具有的"特殊性"问题。一些上级国家机关和职能部门对少数民族和民族地区的实际情况考虑不够，这种思想认识是指虽然承认民族自治地方是作为国家范围内的"特殊地方"而存在的，但是对上级部门履行对民族自治地方帮助的职责等认识不到位，导致了在工作中虽然看到了民族自治地方和普通地方之间的区别，但认为国家机关中只有民族工作部门才涉及民族工作，看不到自身工作与民族自治地方的结合之处，结果就导致了把民族自治地方的发展事业看成只是民族地区的工作和中央民族部门的工作。其三，把民族自治地方的发展与国家的关系割裂开来。一些人认为，国家已经给予了民族自治地方很优厚的政策，两者关系不需要再有更好的发展。学界在谈及民族区域自治制度时，从各个方面梳理民族自治地方取得的成就，就容易导致让人认为，国家已经给予了民族自治地方优厚的政策，就导致了看不到民族自治地方和沿海发达地区相比存在的现实发展差距问题。更有甚者没有认识到民族自治地方发展的特殊性和艰巨性，片面地认为国家已经给予了很多优厚的扶持政策，如果再发展不起来，就是民族自治地方自身存在问题，也就和国家没有关系了。

2. 在关系处理的具体过程中出现"越位"和"缺位"的现象

在如何完善和落实国家机关的职责问题上存在认识的误区，容易导致部分上级国家机关和职能部门在帮助民族自治地方的具体过程中往往出现"越位"和"缺位"的情况。

一方面，通过审视我国中央与民族自治地方关系的发展历程与运行特点不难发现在国家层面总是习惯性地强调中央政府对民族自治地方在经济、教育、文化等领域的帮助和扶持职责，但是这种惯性的思维方式和工作方针容易使其忽略给予民族自治地方足够自治权也是国家的应有责任和义务。因为

❶ 李俊清．自治区政府管理[M]. 北京：人民出版社，2009: 499.

国家层面的帮助义务不能完全替代民族自治地方的自我发展权力，这两者对民族自治地方而言是缺一不可的。进一步而言，在具体实践中我国在中央与民族自治地方之间实施的权力配置方案还没有完全摆脱单一集权制的传统认知方式，主要表现为国家虽然认识到了民族自治地方的特殊性和给予其自治权的重要性，但在某些具体工作中往往忽视自治权在民族自治地方是否落实的问题和应该如何落实等具体细节问题。以社会管理自治权为例，我国《民族区域自治法》规定了各民族自治地方的事权职责以及在遵守宪法的框架下的自治权力范围等内容，在两者的关系体系里对民族自治地方的各项具体管理事务，中央政府应主要发挥监督与指导的功能和作用。但在具体实践中，两者之间的确存在部分事权范围划分不清晰的现象，在工作过程中经常会出现中央政府“干预多、手过长”和“监管空白、沟通不畅”的现象，直接导致了民族自治地方部分权力的行使基本停留在国家集权与放权前提下，这种现实情况也影响了其自治权的充分行使。因此，业内有专家直接撰文指出：“现实中民族自治地方自治权得不到充分行使，上级国家机关往往有着不可推卸的责任。”❶

另一方面，必须承认民族自治地方在行使一些自治权时不可避免地会出现与国家整体利益不一致的情况，特别是与部分国家机关的职权行使范围相抵触的情况，在这种情况下，一些国家机关和职能部门容易对民族自治地方的内部事务产生工作上的“越位”，特别对自治权行使的不恰当影响和直接干预的现象在某些领域比较突出，最终使其自治权缺乏应有的保障。以部分自治区自治条例的制定和出台工作为例，业内专家指出：“上级国家机关或有关部门往往进行不必要的干预，从而影响自治机关自治权的有效、充分行使。”❷以国家与民族自治地方的利益划分为例，由于两者所处地位的不同和利益代表上的不同，肯定会造成在各自利益诉求方面存在一定的特殊性和差异性。民族自治地方政府肩负着为本民族地区争取利益最大化的价值愿望，

❶ 戴小明．冉艳辉．论国家结构形式与民族区域自治 [J]. 中南民族大学学报，2014(5): 59.
❷ 戴小明．中国民族区域自治的宪政分析 [M]. 北京：北京大学出版社，2008: 181.

具有迫切改变本民族地区经济、社会等方面的利益诉求，代表的利益诉求更具有现实性、具体性和直接性，因而在追求利益关系方面就希望国家给予民族地区更直接的优惠政策和更多的自治权利。而中央政府作为国家整体利益的代表，其追求目标必须首先是实现国家利益和社会公共利益等的最大化，因此在国家层面出台政策与制定目标更多是从整体和宏观角度进行把握和定位，在这样的情况下对民族自治地方的特殊利益诉求不可能做到面面俱到，从而在一定程度上造成了双方在利益关系处理和协调上的难题。

（二）民族自治地方在认识和使用自治权上的思想误区

新时期坚持和完善民族区域自治制度就是要做到以保障民族自治地方的自治权和发展利益为基础，进而维护国家和中央政府的权威。但是目前在对中央与民族自治地方关系的认识方面，不仅中央政府作为上级部门存在思想认识上的误区和偏差，作为两者关系中的另一个核心主体的民族自治地方本身也存在一些思想认识上的问题，主要表现在民族自治地方对自身自治权的属性存在定位模糊不清的情况，进而导致了在如何争取和使用权利上也存在认识的误区。

1. 对自治权的属性定位模糊不清

众所周知，自治权是我国《宪法》和《民族区域自治法》等赋予民族自治地方的一项特殊且重要的政治权力。但在实际政治活动中民族自治地方的部分自治权往往得不到真正的体现和有效的使用，这个问题的存在也与一些自治地方缺乏足够的自治意识有很大关系。特别是对自治权的属性认识不清、定位模糊，最终导致了其自治权行使不到位。在现实的政治生活中存在以下两个方面的问题。

一是将“自治权”完全等同于“特权”甚至是“分权”。因为民族自治地方的权力来自国家的授予，所以一定要在法律的框架内行使自身的权力，同时受上级国家机关监督。当前，我国社会上特别是在一些民族自治地方还存在这样一个错误的认识：民族自治地方所拥有的“自治权”是国家授予的一种特殊的“地方特权”。反映在实际的工作中，由于在某种程度上和某些具体实践环节无法对自治权进行科学定位，一些民族自治地方的人自治意识不清晰，甚至把自治权当成了国家与民族自治地方分权的产物。

二是将“自治权”与“拥有国家帮助权”直接画等号。由于对自治权的属性定位和认识不清晰，有的民族自治地方的部分领导干部在工作中不知道自治权体现在哪里，更不清楚到底应该怎样才能用好自治权。有的甚至将“自治权”完全等同于“拥有国家帮助权”，认为拥有自治权就是可以向国家要权力，通过制定自治条例就是为了获得国家的无限帮助。有学者曾经这样形容一些民族自治地方的干部不能认清自身自治权的现象：“一谈到自治权就把手伸向上边，向上边要权，向上边要钱，当伸手派。”❶这个表述虽然有些偏激，但还是展现了一些民族自治地方由于不能够真正理解和使用自治权而造成的在工作中的尴尬局面。另外，笔者特别赞同郝时远教授曾专门撰文总结指出的“一些民族自治地方政府在要权受挫后甚至出现了宁要特区政策，不要区域自治的消极心态”❷，这种情况也必须引起我们的高度重视。

2.在如何行使自治权的问题上存在认识误区

自治权的充分行使在地方层面主要取决于自治机关发挥积极的能动作用，但是一些民族自治地方在实际工作中对如何行使自治权存在认识误区。

一是怠于行使自治权。民族自治地方政府在国家政治生活中同时占据着两个方面的职能定位，特别是比一般地方具有更多的发展自主权和国家授予的自治权。但即使是这样，一些民族自治地方在某些具体事务上也往往在地方国家机关和自治机关的双重身份之间难找准自身充分行使自治权的出发点和平衡点，造成部分自治地方行使自治权时出现“等、靠、要”等懈怠思想。特

❶ 李凤海．贯彻落实民族区域自治法几个问题的思索[J].延边大学学报（哲学社会科学版），2002(2): 17.

❷ 郝时远．中国的民族及民族问题[M].南昌：江西人民出版社，1996: 241.

别是因为不知道到底应该怎样才能用好、用足自治权，有的民族自治地方还存在机械地执行中央政府等上级部门的命令和指示的现象。当然，出现怠于行使自治权的现象也有外部因素的影响，业内专家曾经给出这样的形容："自治区自治条例上报审查过程中的屡屡碰壁，使自治区自治机关心灰意冷；担心上级机关认为行使自治权是'对抗中央'的潜意识。"❶由于怠于行使自治权，可以得出这样的结论："如果连自治地方自己都不重视对自治权的运用和实施，那么自治权的虚化和落空将在所难免。"❷因此，解决由于怠于行使自治权而产生的种种认识上的问题还必须从民族自治地方自身做起。

二是疏于行使自治权。民族区域自治意识不强和疏于行使自治权等不仅表现在中央国家机关层面，还表现在民族自治地方自治机关本身；不仅表现在汉族领导干部和公务人员身上，还表现在少数民族干部和公务人员身上。如果说5个省级自治地方的自治条例还没有出台是受到历史和现实地多种因素的制约，那么民族自治地方本身还存在疏于行使自治权的问题。一些民族自治地方的部分领导干部认识不到民族区域自治在促进本地方经济社会发展方面的重大作用，更没有认识到其是充分保障少数民族权利和民族自治地方发展权力的重要制度设计，因此缺乏积极行使自治权力的工作意识和工作方法。这导致在制定民族自治地方的自治法规时倾向于对中央的政策和国家的制度进行简单机械的模仿，而忽略了制定真正符合民族自治地方特色的政策和制度的大好机遇，以至于在如何行使自治权方面出现了必须依赖国家明确给予的思想偏差。例如，一些民族自治地方在制定或者修订本地自治条例和单行条例时没有真正结合本地实际情况，导致照搬照抄国家的自治法和其他民族自治地方自治法规的现象比较普遍，最终的结果是这些民族自治地方本应该充分行使的"变通执行或者停止执行"等自治权条款在现实中难以真正落实。例如，实行分税制改革以后民族自治地方在实现财政自治权的意识和探索方面曾一度比较滞后，这也是多年来一些民族自治地方没有充分利用好

❶ 潘红祥．民族自治地方自治权行使的阻却因素与调适对策——基于系统理论的分析[J]．中南民族大学学报（人文社会科学版），2014(6)：21．

❷ 宋才发．中国民族区域自治地方政府自治权研究[M]．北京：人民出版社，2008：323．

国家给予的财政自治权相关政策的根源之一，也是最终导致其自身财政自治权不能真正落实的主要原因之一。

二、政策执行过程中中央与民族自治地方事权和财权划分存在偏差

在中央与地方关系中所谓的各自所拥有的事权和财权经常有所交叉，它们分别指的是双方各自享有的权限和管理范围以及在此基础上各自财力使用权限。必须认识到中央与民族自治地方先是以中央和普通地方的关系而存在的，在这个关系的处理过程中最直接要面对的问题就是两者在事权和财权上如何科学地划分和配合使用的问题。需要指出的是，目前我国中央与民族自治地方在关系发展过程中特别是在政策的执行中还存在较为明显的部分事权和财权划分的偏差，进而影响到了两者关系的和谐发展。

（一）中央与民族自治地方的财权划分还有较大的改进空间

我国中央与民族自治地方在财政关系方面总体是和谐的，前文已经提到主要体现在国家注意从不同的政策层面给予各级民族自治地方政府更多的财政自治权和其他财政帮助等。但是，目前两者为财政关系的处理方面并不完美无瑕，在实际的政治生活中还存在较大的改进和发展空间。

1. 民族自治地方政府缺乏足够的财政自主权

由于历史和地理环境等多种因素的制约，我国的民族自治地方发展基础相对较差，特别是5个自治区的经济总量普遍较小，人均水平也低。这些问题反映到中央与民族自治地方的财政关系方面，集中体现为在现行的财政制度下国家层面存在一定的集权现象，相比之下，民族自治地方政府缺乏足够的财政自主权。

（1）民族自治地方政府自身财政能力不足，财政收支差额不断加大。因为民族自治地方经济基础比较薄弱，特别是工业生产占经济总量的比重较

小，因此对其他产业的带动和辐射作用也相对较弱。这些原因直接导致了民族自治地方自身的财政能力不足，即本地的直接经济收入少，从而提供给地方财政的直接经济数额也较小。与此同时，民族自治地方由于自身的经济、文化等相对落后，也在客观上决定了其用于发展本地各项事业特别是在基础设施等方面的财政投资绝对数要偏大。这样的经济情况反映在财政关系上就导致了如下情形：近年来，虽然大多数民族自治地方的财政收入绝对数在不断增加，人均财政收入绝对数也在不断增长，但是由于各个自治区的财政支出在不断扩大，最终的结果是大部分民族自治地方的实际财政支出始终高于其财政收入，并且财政收支的实际差额不断加大。

从表 3-17 可以看出：2015 年 5 个自治区财政收入绝对额的总和只有 5 321.07 亿元，从总量上来看，仅占全国财政收入的 3.5%；如果进行横向的对比，可以看出 5 个自治区的总和只能与上海市的财政收入（5 519.50 亿元）持平，仅占广东省财政收入（9 366.78 亿元）的 56.9%。要注意到的是：我国 5 个自治区面积达 430 多万平方千米，占到全国国土面积的 44.7%；5 个自治区总人口目前为 1.03 亿人，约占全国总人口的 7.9%；其拥有的少数民族人口高达 4 000 余万人，占到了全国少数民族总人口的 37% 以上。如果将 5 个自治区的财政收入情况与其所拥有的面积、人口等指标进行对比，这些现实情况都不符合广大民族自治地方的发展实际。与此同时，2015 年 5 个自治区无论财政收入总额还是人均财政收入的绝对额都在全国排名靠后。特别是财政收入绝对额这个反映地方财政状况的关键数据在全国排名几乎全部垫底。需要指出的是，由于 ,5 个自治区人口较少，所以在 2015 年的人均排名中内蒙古自治区才进了全国前 10 位。如果从横向比较，也可以发现存在的问题，即从表 3-18 的相关数据可以看出，从 2006 到 2015 年，5 个自治区总财政收入虽然一直在增加，但财政支出也在大规模增加，由于财政支出的增速是远远高于其自身在财政收入方面的增速，这样就直接导致了 2006 年至今 5 个自治区的财政收支的差额在不断扩大，特别是其中收支差额的绝对数已经从 2006 年的 1 632.19 亿元增加到 2015 年的 9 322.23 亿元，即近 10 年来 5

个自治区的收支差额增长率超过了500%。这充分暴露出当前我国5个自治区普遍存在财政收支矛盾这样比较尖锐的问题。

表3-17　2015年5个自治区财政收入情况、在全国所占比重以及排序

自治区	广　西	宁　夏	内蒙古	新　疆	西　藏
财政收入绝对额（亿元）	1 515.16	373.45	1 964.48	1 330.85	137.13
占全国财政收入比重(%)	1.0	0.2	1.3	0.9	0.1
财政收入排序	19	29	19	24	31
人均财政收入（元/人）	3 173	5 616	7 833	5 715	4 272
人均财政收入排序	29	13	7	11	21

资料来源：《中国财政年鉴》（2016年）。

表3-18　2006年以来5个民族自治区总财政收支情况

单位：亿元

年　份	2006	2008	2010	2012	2015
财政收入	981.34	1 650.05	2 535.75	3 978.31	5 321.06
财政支出	2 613.53	4 516.31	7 088.57	10 900.98	14 643.29
收支差额	–1 632.19	–2 866.26	–4 552.82	–6 922.67	–9 322.23

资料来源：《中国财政年鉴》（2016年）。

（2）税收制度改革对中央与民族自治地方关系产生的负面影响。前文已经介绍了中华人民共和国成立后国家在财政管理体制上一直对民族地区有所照顾。改革开放后，国家为了适应发展市场经济的需要，开始在全国范围实行分税制改革，必须承认分税制改革的实施大大增强了中央政府对整个国家经济社会运行的领导和掌控能力。但这个过程中出现的一个不良结果就是中央政府在相关财政政策的制定和执行过程中对民族自治地方的一些特殊情况和因素考虑不够全面，特别是在一些财政和税收政策的制定上将民族自治地

方和一般地方“同等对待”，不仅导致了之前在民族自治地方执行的特殊财政政策基本停止，还导致了两者在税收划分上存在一些较为突出的现实问题。

①关于国家对民族自治地方的税收减免问题。1994 年开始的全国范围内的分税制改革在共享收入的分成比例、税收增长返还系数等方面的改革措施都是实施全国统一标准，即不考虑民族自治地方的特殊因素而以行政区划为基础统一实行无差别的税收制度。5 个自治区与其他省、直辖市都没有任何区别，如在增值税的共享比例上与其他非自治地方一样按 25 ∶ 75 的比例与中央进行统一分配，税收增长返还系数也以全国同一标准按 1 ∶ 0.3 确定，由于民族自治地方在经济发展方面存在较多的困难和多种特殊性，显然这样的税收政策与民族自治地方实际情况特别是与其经济发展水平不相符，也就是说这项财税制度没有全面考虑和照顾到民族自治地方的财政困难情况。近年来，关于民族自治地方应酌情减免部分税收或将一些税收的调整和减免权下放的呼声越来越高。2015 年 7 月，全国人大常委会民族区域自治法执法检查组在内蒙古自治区调研时，内蒙古自治区人民政府建议国家“将一些具有地方特色的税种开征权、税率调整权和减免权逐步下放给民族自治地方，充分激活当地的经济优势和资源优势”。

②关于中央对民族自治地方的税收返还问题。目前，就我国而言，中央给予地方的财政支持资金主要通过一般性转移支付、专项转移支付以及税收返还三种方式来操作实施。在这三类资金中，税收返还对民族自治地方政府而言使用的效率最高，但是在中央给予地方财政支持资金中所占的比重最小。根据表 3-19 可以看出，2016 年 5 个自治区中获得税收返还总量最多的是广西壮族自治区，返回实际金额为 194.49 亿元，但也仅占该自治区中央给地方财政支持资金的 8.7%。新疆和西藏所获得的税收实际返还金额都没有超过中央给地方财政支持资金总量的 5%，所占比重最小的自治区是西藏，返回实际金额为 45.74 亿元，仅占该自治区获中央给地方财政支持资金总量的 3.45%。究其原因，主要是在我国现行的财政制度下，在税收返回的过程中一般上交中央的税收收入越多的省份，得到的国家税收返还越多，这也是每

年国家在公布的税收返还明细中东部沿海省份普遍高于西部民族地区省份的重要原因之一。由表 3-20 不难发现其中的问题所在。以 2015 年和 2016 年为例，中央对 5 个自治区税收返还资金分别为 392.93 亿元和 537.56 亿元，仅占全国税收返回总量的 7.8%。在这种情况下，5 个自治区由于自身经济总量不足而上交国家的税收也少，所以最终导致了中央财政相对于返还的税收比例更少了。总之，这样的税收返还方式和资金划分比例对经济发展相对落后的民族自治地方而言非常不利。

表 3-19 2016 年中央给予民族自治地方的财政支持资金

单位：亿元

自治区	一般性转移支付		专项转移支付		税收返还	
	金 额	比 例	金 额	比 例	金 额	比 例
广西	1 313.37	59.56%	705.85	31.74%	194.49	8.70%
宁夏	399.83	57.34%	258.59	37.03%	39.32	5.63%
内蒙古	1 064.88	49.55%	926.74	43.11%	157.86	7.34%
新疆	1 234.75	50.26%	1 121.90	45.67%	100.15	4.07%
西藏	762.87	57.49%	518.36	39.06%	45.74	3.45%

资料来源：中华人民共和国财政部官网《2016 年全国财政决算》。

表 3-20 中央对五大自治区税收返还决算表

单位：亿元

年 份	广 西	宁 夏	内蒙古	新 疆	西 藏	全国总量合计	5 个自治区所占比例
2015 年	144.22	21.22	115.65	72.10	39.74	5 018.86	7.8%
2016 年	194.49	39.32	157.86	100.15	45.74	6 826.84	7.9%

资料来源：中华人民共和国财政部官网《2015—2016 年全国财政决算》。

③资源型税收不能较好推动地民族自治地方财政发展的问题。我国的5个自治区都属于资源密集区，由于国家对资源进行统一开发，所以资源税收对民族自治地方的财政而言是一个重要的收入来源。以新疆维吾尔自治区为例，它是我国石油、天然气等资源储量最大的省级行政区。根据2015年国土资源部公布的动态评价结果，新疆维吾尔自治区内的石油资源储藏量预计为210亿吨，天然气储藏量预计约10万亿立方米，这两项指标都占到了全国陆上资源总量的30%。同时，根据《新疆统计年鉴2016》公布的相关数据，2015年新疆石油和天然气开采业工业增加值和工业总产值这两项重要经济指标分别是6 101 049.1万元和8 966 347.9万元，分别占到了全区工业企业工业增加值和工业总产值的23%和11%（2015年底新疆全区工业企业工业增加值和工业总产值分别是26 626 977.7万元81 325 512.3万元）。另外，2015年新疆石油和天然气开采业工业营业利润和利润总额分别达到了305 988.4万元和507 435.8万元，分别占到了全区工业企业营业利润和利润总额的12%和14.9%（2015年新疆全区工业企业营业利润和利润总额分别是25 411 058.3万元和3 409 656.9万元）。可见，以石油和天然气开采业为主的石油石化行业的发展状况对新疆维吾尔自治区自身经济能力的提升有着举足轻重的影响。

然而，作为资源大区的新疆对其石油等资源的开采与自身的税收收益回报这两项内容还不能保持一致的情况长期存在。根据2015年新疆维吾尔自治区发展混合所有制经济推进会上给出的相关数据，“截止到2014年底，中央驻新疆央企有80余家，其中以规模最大的中国石油、中国石化为例，两家央企的驻新疆企业共实现利税总额1 200亿元，但留归新疆本地的税费只有110亿元，仅占利税总额的9.17%”。如果深入探究新疆资源税在地方财政中的比重情况，就可以从表3-21中明显看出，2011年以来该自治区收缴的资源税增长幅度几乎停滞，并且远低于该自治区总税收收入的增长幅度，最终导致了资源税占新疆地方财政收入的比重持续下降的奇怪现象。例如，该自治区2011年的资源税是65.01亿元，占该自治区税收收入的10.95%；2015

年的资源税是66.36亿元，却仅占到了该自治区税收收入的7.70%。可以说，当前新疆的资源税税收状况真实地反映了我国民族自治地方所面临的国家层面的资源开采与自身获取税收收益回报不相称的尴尬局面。

表3-21 2011年以来新疆资源税在地方财政中的比重情况

单位：亿元

年 份	2011年	2012年	2013年	2014年	2015年
资源税	65.01	69.35	71.74	78.17	66.36
税收收入	593.41	698.93	826.34	887.79	861.73
所占比例	10.95%	9.92%	8.68%	8.80%	7.70%

资料来源：《新疆统计年鉴》（2012—2016年）。

2. 国家对民族自治地方的财政转移支付结构不够合理

根据《中华人民共和国民族区域自治法》，中央政府应通过财政转移支付、民族优惠政策等多种方式增加对民族自治地方的资金投入，最终用于助力民族自治地方经济发展。虽然国家已经从法律层面对民族自治地方给予区别性对待，当然现行的中央对民族自治地方的各种财政转移支付制度等对这一法律规定也已经有很多方面的体现，但是目前看来仍然不够深入。这主要表现在以下几个方面：

（1）一般性转移支付在总的转移支付中所占比例亟待扩大。众所周知，现行的中央对民族自治地方的财政转移支付制度主要包括一般性转移支付与专项转移支付两种主要方式，但是目前我国中央专项转移支付在整个转移支付总数中所占比重较大，导致了民族自治地方政府虽然获得了较多的中央财政专项拨款，但这些属于专项财政转移支付的项目需要地方财政拿出一定的配套资金，可以说中央安排配套资金数额越来越大，民族自治地方政府需要配套的数额也不断增大，这在很大程度上占用了民族自治地方大量的新增财力。另外，即使是现行的给予民族自治地方的一般性转移支付，也存在一些具有特殊用途和要求的转移支付项目，特别是由于其中的大量资金项目存在特定用途的限制要求，即必须做到绝对化的“专款专用”，这也在一定程度上导致了民族自治地方政府无法灵活、高效地使用中央财政拨款。例如，2012 年以来，中央对 5 个自治区财政转移支付决算中，虽然专项转移支付所占的比例一直在降低，但是整体降低的幅度较小,2016 年还保持在 40%(表 3–20)。此外，在 5 个自治区中，每个自治区所获得的一般财政转移支付总数所占的比例也不尽相同。以 2016 年为例，最高的广西已经达到了 65%，但是内蒙古和新疆分别是 53% 和 52%，几乎才占到了财政转移支付总数的一半（表 3–23）。

表 3–22　2012 年以来中央对 5 个自治区财政转移支付决算总表

单位：亿元

年　份	一般财政转移支付总数		专项转移支付总数	
	总数额	所占比例	总数额	所占比例
2012 年	3 984.97	55%	3 224.51	45%
2013 年	4 335.49	55%	3 475.37	45%
2014 年	4 589.35	55%	3 687.18	45%
2015 年	4 775.70	57%	3 531.44	43%
2016 年	5 295.75	60%	3 422.34	40%

资料来源：中华人民共和国财政部官网《2012—2016 年全国财政决算》。

表 3–23　2016 年中央对 5 个自治区财政转移支付决算分表

单位：亿元

自治区	一般财政转移支付总数		专项转移支付总数	
	数　额	所占比例	数　额	所占比例
广西	1 313.37	65%	705.85	35%
宁夏	399.83	60%	258.59	40%

续 表

自治区	一般财政转移支付总数		专项转移支付总数	
	数 额	所占比例	数 额	所占比例
内蒙古	1 064.88	53%	926.74	47%
新疆	1 234.75	52%	1 121.90	48%
西藏	762.87	58%	518.36	42%

资料来源：中华人民共和国财政部官网《2016 年全国财政决算》。

值得一提的是，近年来关于提高中央对民族自治地方一般性转移支付比例的呼声越来越高。比如，全国人大代表、广西壮族自治区民族宗教事务委员会原主任卢献匾在 2017 年的全国人大会上就提交了《建议进一步加大对民族地区财政转移支付》的提案。这份提案立足于 5 个自治区的现实情况，专门分析了现行转移支付中存在的一些客观问题，并建议“现行财政转移支付测算分配制度应多研究考虑测算分配对象的特殊因素和特殊需要，以便在财政转移支付方面更好地体现贯彻差别化政策的成效”。2015 年 6 月，全国人大常委会民族区域自治法执法检查组在新疆调研时，新疆维吾尔自治区人民政府在汇报中专门指出，新疆“目前各自治州、自治县在配套资金方面的压力较大。相当部分自治县的配套资金占其公共财政预算收入的 30% 以上，项目配套要求使民族地区财政难以根据自身实际情况自主安排资金解决急需解决的发展问题”等，同时基于以上问题的存在专门向全国人大提出了“中央有关部门应进一步赋予地方依法行使财政自主权”等相关意见和建议。

（2）“民族地区转移支付”占中央对民族自治地方转移支付总数的比重太小。“民族地区转移支付”是指中央政府对民族地区安排的专项性财力性转移支付，自 2000 年开始实施以来其主要用于民族地区在义务教育、医疗卫生和社会保障等方面的资金支出。从财政部公布的 2011—2015 年的全国财政决算和《中国财政年鉴》（2012—2016 年）给出的相关数据可以看出，近年来中央财政在民族地区转移支付资金的拨付总数是不断增加的，特别是 2011

年以来中央政府给予的转移支付的总量在持续增加，并且平均每年的增长量都在 10% 以上。但必须指出的是，作为唯一直接体现民族自治地方区别性待遇的制度安排——“民族地区转移支付”占中央转移支付总数的比重还是太小。通过表 3-24 可以看出，2011 年以来民族地区转移支付的绝对数额在不断增加，实际数额已经从 2011 年的 370 亿元增长到了 2015 年的 582 亿元，短短 5 年的平均增长幅度达到了 57%，但是同期中央对民族地区转移支付总数不断增加，这就导致了民族地区转移支付作为单独指标占中央转移支付总数的比例实际上增长非常缓慢，仅从 2011 年的 1.06% 增长到了 2015 年的 1.14%，也就是说民族地区转移支付虽然是一个好的财政调控政策，但是国家目前对这一制度的使用不够合理，也导致了其自身所拥有的推动民族自治地方经济社会发展的功能和作用不能充分地发挥和体现。

表 3-24　2011 年以来民族地区转移支付与中央转移支付总数

单位：亿元

年　份	2011 年	2012 年	2013 年	2014 年	2015 年
民族地区转移支付（亿元）	370	420	464	520	582
中央转移支付总数（亿元）	3 490	40 234	42 985	46 787	50 764
所占比例（%）	1.06	1.04	1.02	1.11	1.15

资料来源：中华人民共和国财政部官网《2011—2015 年全国财政决算》，《中国财政年鉴》（2012—2016 年）。

（二）中央与民族自治地方在事权划分上还有较多问题亟待解决

前文已经指出目前我国中央政府赋予了民族自治地方对本地区的事务进行自主管理的权力，中央政府对民族自治地方多数事务主要是进行指导和监督。但是，由于我国民族自治地方政府和一般政府相比在所承担的事权方面具有特殊性的特征等，当前中央与民族自治地方之间的这种理想关系状态没有完全实现。一方面，当前我国民族自治地方政府在很多事权的划分上还只能作为一级地方行政存在，在两者关系的具体实践中导致了民族自治地方政府所真正拥有的自治权的大小在一定程度上必须以中央政府层面的集权与放权为基本前提；另一方面，中央与民族自治地方关系中存在诸多特殊事权归属界定不清等问题，这导致了一些本应当属于国家和中央政府职能范围的事权却分配给了民族自治地方承担。相关专家也指出："目前在自治区政府与中央政府的权力关系上事权划分不清，权责不匹配。"❶

1. 中央与民族自治地方的诸多常规性事权界定不清晰，导致民族自治地方政府压力繁重

（1）民族自治地方用于经济建设和社会管理的支出比一般地区大。

目前，我国"民族地区协调各方面关系、承受各种风险、化解社会矛盾的压力呈现加大趋势"。❷我国民族自治地方由于经济社会发展起步晚、基础薄，除了本地政府基本运转、城市建设、公共服务等之外，在社会管理方面还面临许多亟待解决的问题，特别是安排和管理地方性的经济建设事业、发展本地的各种民族文化事业以及管理、保护和开发利用自然资源与改善地区生态环境等方面的工作很重，这就直接导致了我国广大民族自治地方用于自身经济建设和社会管理的支出资金绝对额与一般地区和非民族自治地方相比要大很多。

通过分析 2015 年 5 个自治区一般公共预算支出的各项数据（表 3-25），我们可以看出以下问题：5 个自治区的人口不足全国总人口的 7.9%，但是其各自的一般公共预算支出中的教育支出、社会保障和就业支出、医疗卫生与计划生育支出等都已经分别占到全国总支出的 9% 以上，特别是一般公共服

❶ 杨宏山．当代中国政治关系 [M]．北京：经济日报出版社，2002：238.

❷ 国务院．国务院关于印发"十三五"促进民族地区和人口较少民族发展规划的通知 [EB/OL].(2016-12-24)[2018-01-12].http://WWW.gov.cn/gongbao/content/2017/content_5168430.htm.

务总支出占到全国总支出的11%，住房保障支出更是占到全国总支出的13%。其中，2015年广西教育支出为789.69亿元（高于福建省同年的实际支出额），2015年内蒙古社会保障和就业支出605.26亿元（高于浙江省同年的实际支出额），2015年广西医疗卫生与计划生育支出413.87亿元（高于北京、上海同年的实际支出额），2015年内蒙古住房保障支出190.36亿元（高于浙江省同年的实际支出额）。但是，广西、内蒙古等自治区的财政能力与福建、浙江、北京和上海等省市是远不能相比的，由此可知民族自治地方用于经济建设和社会管理的财政支出负担之沉重。

表3-25　2015年5个自治区一般公共预算支出

单位：亿元

	教育支出	社会保障和就业支出	医疗卫生与计划生育支出	住房保障支出	一般公共服务总支出
广西	789.69	460.63	413.87	173.96	395.30
宁夏	145.21	146.23	74.11	72.25	67.09
内蒙古	536.53	605.26	257.15	190.36	299.14
新疆	647.93	371.90	244.01	209.19	366.41
西藏	167.27	103	62.8	54.53	205.92
5个自治区所占比例	9.2%	9.2%	9%	13%	11%

资料来源：《中国统计年鉴》（2016年）。

（2）中央与民族自治地方关系中诸多特殊事权归属界定不清。

目前，我国在中央与民族自治地方的具体关系中还存在两者所承担的诸多特殊事权归属不明和界定不清的问题，主要表现在四方面。一是我国的5个自治区普遍地域辽阔，但是人口相对较少，受交通和环境等因素的影响，造成了各个自治区中不同层级政府机构的财政供养人员相对较多，进而导致了地方政府行政管理成本较高。例如，5个自治区中仅新疆维吾尔自治区的国土面积就达160多万平方公里，由于地域辽阔，行政管理跨度很大，加上部分地区自然环境恶劣，因此设置的乡镇数量及需要配备的基层部门工作人员明显比其他省份多。二是我国的5个自治区在人口方面除了主体自治民族和汉族外，还有其他众多的少数民族同时存在。由于在不同的自治区内各个民族特性上的差异，所属的民族自治地方政府和一般地方政府相比还要在协调民族关系和维护民族团结方面承担更多的政府责任和管理义务。三是我国的5个自治区中有4个自治区都地处国家边疆地区，战略位置非常重要，特别是新疆和西藏的边境线较长，因此需要参与边疆安全稳定、公共安全等事务还延伸出边境管控和边民管理等特殊事务，而这是一笔很大的地方财政支出。四是5个自治区在地理位置上大多属于全国重要的生态环境区，因此其要承担的生态建设任务和环境保护工作不仅关系到本地区的发展，还对整个中国具有重要意义。例如，内蒙古自治区作为我国北方重要生态安全屏障，既是国家的资源、能源富集区，也是较为特殊的生态环境脆弱区，该自治区的生态建设工作更关系到国家生态安全。内蒙古自治区在实施风沙源治理、退耕还林、大气污染区域联防联控中有繁重的工作任务。总之，中央和民族自治地方在很多特殊事权范围内存在交叉或者是重叠的现象，这直接造成了两者在责任、权利和义务等划分和归属方面不统一、不协调的情况。有关专家指出："自治区政府的法定权限与实际所承担的职责不一致，担负了部分超越其权限范围的管理任务。自治区政府承担的事权缺乏相应的财力保证，因而显得力不从心，难以支撑。"[1]

2. 国家在民族自治地方资源开发中政策执行不到位的问题

中国的资源虽然丰富，但分布不均衡，如矿产、油气、煤炭和水能资源等主要集中分布在西部地区，特别是5个自治区。据不完全统计，5个自治区的常规水能资源蕴藏量及可开发量分别占全国的82.5%和84%，矿产资源占全国的65%以上。油气资源方面仅新疆就占全国油气资源储量总量的三分

[1] 李俊清．自治区政府管理[M]．北京：人民出版社，2009：483.

之一。世纪 90 年代以来，为了加快民族地区的发展，国家采取了一些新的政策和措施加快对民族地区资源开发和利用的进度和力度。同时，《中华人民共和国民族区域自治法》还专门规定："国家在民族自治地方开发资源、进行建设的时候，应当照顾民族自治地方的利益……对输出自然资源的民族自治地方给予一定的利益补偿。"[1]但在实际中，这个规定落实不够到位，使民族地区资源权益流失过多，使民族地区的资源优势无法变成经济优势，成了影响当前中央和民族自治地方关系实现和谐发展的一道明显障碍。2006 年，时任全国人大常委会副委员长的司马义·艾买提指出："在民族地区进行资源开发，耕地占用、环境污染、地质灾害、移民安置后的扶持都由民族地区承担，而所得补偿却很少，民族地区干部群众反映强烈。"在本书写作过程中，笔者专程走访了相关自治区、自治州和自治县，着重梳理了近年来国家在民族自治地方资源开发中政策执行不到位的两个典型案例。

（1）案例一：广西的水电站问题

①基本概况。大化瑶族自治县位于广西壮族自治区红水河流域，隶属于河池市，全县面积 2 716 平方千米，有人口 46.15 万人，其中瑶族 95 623 人，占全县总人口的 20.72%，此外，还有壮族、苗族、彝族等 26 个少数民族。由于自治县内水资源非常丰富，先后建设有两座国家大型水力发电站——1985 年建成竣工发电的大化水电站和 1992 年投产发电的岩滩水电站。这两座国家大型水力发电站的建成投产为国家创造了很大的经济效益，其中岩滩水电站还是全国"五大电站"之一，已经累计发电达 1 317 亿千瓦时，实现工业总产值 142 亿元，累计给国家缴纳税费总额超过 60 亿元。另外，这个因水电而诞生的自治县为两大水电站的建设付出了巨大牺牲，但是在该自治县长期存在着国家在资源开发中相关政策缺位和执行不到位的问题。

②出现的问题。第一，库区移民工作影响自治县经济发展，进一步影响民族自治地方的社会和谐。在大化瑶族自治县建立 30 多年的时间里，虽然

[1] 全国人大常委会．中华人民共和国民族区域自治法 [G]// 法律出版社法规中心．中华人民共和国常用法律大全，北京：法律出版社，2006: 21.

大化瑶族自治县的经济有了较大规模的增长，但是这种增长远远不能满足当地经济发展的需要。建县之初，包括地方政府和当地百姓在内都认为可以通过国家层面在本地的资源开发促进当地的经济发展，希望大化瑶族自治县成为河池乃至整个广西地方经济发展的标杆。30 多年来，伴随着两大水电站的建成和投产使用，大化瑶族自治县经济社会发展的面貌已经发生了很大的变化，但是在水资源的开发过程中又带来了一些新的问题和矛盾。从表 3-26 可以看出，通过分析 2015 年全国、广西、河池和大化瑶族自治县的国民经济和社会发展有关指标，大化瑶族自治县的人均国内生产总值、居民人均可支配收入（特别是城镇和农村居民人均可支配收入）等核心指标与全国、全区甚至是与其所属的河池市相比，差距非常明显。例如，2015 年大化瑶族自治县人均国内生产总值 14 591 元，是全国平均水平的 21%；全自治县居民人均可支配收入 9 603 元，还不到全国平均水平的 40%；特别是农村居民人均可支配收入 6 228 元，仅是全国平均水平的 19.73%。

表 3-26　2015 年全国、广西、河池、大化国民经济和社会发展有关指标

	人均国内生产总值（元）	居民人均可支配收入（元）	城镇居民人均可支配收入（元）	农村居民人均可支配收入（元）
全国	53 980	23 821	33 616	31 554
广西	37 876	18 305	28 324	10 359
河池	18 842	13 175	23 660	7 509
大化	14 591	9 603	19 207	6 228

资料来源：《中华人民共和国 2016 年国民经济和社会发展统计公报》《2016 年广西壮族自治区国民经济和社会发展统计公报》《2016 年河池市国民经济和社会发展统计公报》《大化县 2015 年国民经济和社会发展统计公报》。

目前，大化瑶族自治县内的库区移民人口还有 10.7 万，占全县总人口的 23.2%，即全县每 4 人中就有 1 个是库区移民，其中绝大多数都是尚未脱贫的农村人口。大化瑶族自治县在《岩滩处遗规划》中给出的数据显示，“岩滩

水电站水库库区淹收实物耕地、水田、旱地、开荒地和河滩地等共计 85 524 亩（5701.6 公顷），涉及 5 个乡镇 12 067 户，约 54 011 人的移民人口”。很多移民在后期出现了失去耕地后增收难度较大、居住环境亟待改善、移民子女上学难以及不同库区移民之间享受国家政策不一致等突出的问题，这给地方政府带来了太多的困难和压力。特别是后期开发的岩滩水电站带来的相关问题较多，调研中大化瑶族自治县的地方领导谈道：“大化有‘电都’的美誉，有人说我们坐在‘金山’上，但只有我们自己清楚实际是坐在‘火山’上。”还有人说，当时的大化瑶族自治县面对现实情况只能选择将维护移民稳定作为地方政府工作的重点工作，甚至出现了“一心一意搞稳定，三心二意搞发展”的尴尬局面，本地的经济发展项目却经常是由于现实条件的制约而关注不够。由于库区移民导致整个自治县人民生活水平较低，甚至出现过群体性事件，进而影响到了民族自治地方的社会和谐。例如，在 2010 年“岩滩库区移民因对生活补助、经费赔偿不满，加之二期扩建工程土地纠纷，库区移民不断酝酿到岩滩电站聚集上访。”[1]在20世纪90年代各地经济开始发展的黄金期，大化瑶族自治县的主要任务就是维护库区的稳定，由于库区移民的工作量太大，给当地政府带来较大的压力。当地政府工作人员在受访时坦言：“在国家对民族自治地方的资源开发过程中不是国家和民族自治地方真的有矛盾，而是国家在地方建了水电站后遗留的一系列问题与地方经济社会发展之间出现了矛盾。”

第二，水资源费的缴纳问题一度导致央企与民族自治地方政府的矛盾凸显。1988 年颁布的《中华人民共和国水法》明确了征收水资源费问题，规定：“对城市中直接从地下取水的单位，征收水资源费；其他直接从地下或者江河、湖泊取水的，可以由省、自治区、直辖市人民政府决定征收水资源费。”1993 年，广西壮族自治区人民政府还专门印发了《水资源费征收使用管理暂行办法》，这个管理暂行办法作为地方性规章也明确规定了水力发电用水要缴纳水资源费的问题，即水电厂（站）要按照大、中、小三种规模分

[1] 河池市年鉴编纂委员会．河池年鉴 2010[M]．南宁：广西人民出版社，2011：126.

别按照每千瓦时 0.003 元、0.002 元和 0.001 元收取，逾期不缴纳的地方水利部门要加收滞纳金并处罚款。

自大化水电站和岩滩水电站发电以来，大化瑶族自治县内的红水河及其支流河岸塌方情况比较严重，直接影响到了当地少数民族群众的生活。为了解决大化瑶族自治县库区移民的生产生活难题，大化瑶族自治县水利部门在 20 世纪 90 年代曾按照《中华人民共和国水法》等向大化水电站征收水资源费。大化水电站 1985 年竣工发电，1994 年实行股份制改造后直属中央企业中国大唐集团公司。1993 年，大化水电站的上级公司、大唐集团旗下的广西桂冠公司在上缴了 3 个月的水资源费后开始拒交。在多次协商无果的情况下，2003 年大化瑶族自治县水利部门又下达了行政处罚决定。大唐集团旗下的广西桂冠公司不服当地政府部门的行政处罚决定，向河池市中级人民法院提起诉讼。河池市中级人民法院于 2005 年对该案件进行开庭审理，并作出了维持地方水利部门下达的行政处罚的决定。广西桂冠公司不服河池市中级人民法院的一审判决，继续上诉至广西壮族自治区高级人民法院。广西桂冠公司称，《广西壮族自治区水资源费征收使用管理暂行办法》对其并不适用，在国务院水资源费征收管理办法尚未出台前，大化水力发电总厂作为中央直属水电厂确实不应该向所属地方政府交纳水资源费。一直到了 2007 年，双方的诉讼请求由广西壮族自治区高级人民法院作出终审判决，即撤销河池市中级人民法院的判决和大化县水利部门的行政处罚决定。自此，大化瑶族自治县内的两座国家级水电站便正式开始不再向当地政府缴纳水资源费。

大化瑶族自治县政府与中央企业这一场历时 5 年之久的对簿公堂事件反映了民族自治地方政府是否应向中央直属电厂征收水资源费的问题，但也深刻反映了国家与民族自治地方的关系走向等诸多问题，在当时的社会上曾引起了强烈的舆论。时任河池市市长的杨才寿作为全国人大代表还专门在 2006 年的全国人大会上提出了因不能征收水资源费的问题而对民族地区带来了困境等相关议案。一直到了 2009 年，随着国家逐步调整水资源费分成比例及有关政策的相继出台，广西壮族自治区财政厅联合财政部驻广西壮族自治区财政监察专员办事处连续出台了《关于水资源费征收管理有关问题的通知》等文件，不但明确规定了自治区及自治县水利部门征收水资源费的权力，而且明确规定了水资源费的分成比例问题，即“自治区和自治县水行政主管部门负责征收的水资源费均按照中央10%、自治区63%、县27%的三层比例分成并征缴入库”。至此，包括大化水力发电总厂在内的在桂中央直属水电厂才开始向企业所在地的民族自治地方政府交纳水资源费。

第三，电价和电量使用等没有优惠，直接影响了地方的经济社会发展。国务院国发〔1984〕13号文件规定：国务院国发（1984）13号文件规定：从一九八四年起，国家投资建设的新投产发电机组的电量，地方留成比例应根据各个电网实际情况区别对待，但最高不得超过当年新投产机组所提供电量的10%。国发〔1990〕34号文件也规定：“由中央投资的新机电量给予地方的留成比例不得超过10％。”20世纪90年代末，为了做好水电站所在民族自治地方的经济发展工作，广西壮族自治区人民政府专门下发文件规定了“在保证正常供电外，大化、岩滩电站每年将电站发电量的10%按综合价划给当地县掌握”。[1]但是，大化瑶族自治县的留成电量和电价优惠补偿政策在此后的20多年里一直不能得以兑现。为了解决这个问题，大化瑶族自治县在1991年制定实施的《大化瑶族自治县自治条例》中还专门增加了相关方面的内容，其中就有“自治县享受国家兴建的大化、岩滩电站的地方留成电量”。

2002年底，岩滩水电站成为中国大唐集团公司最大的水力发电企业后，大化瑶族自治县政府也曾多次联系中国大唐集团公司，正式提出要求解决长期存在的“电量留成和电价优惠”等问题，但双方多次沟通协商后始终没有结果。后来，随着国家电力体制改革的深入以及电力工业“政企分开”和电力行业的“厂网分开”“统一上网电价”等政策的实施，大化瑶族自治县关于电力和电价的诉求更是无从谈起。“由于水电低价上网高价购用（平均上网每度电价0.28元，本地工业用电每度平均价格0.63元），缺电时期本地工业用

[1] 广西壮族自治区人民政府《关于批转河池地区红水河以水电为主的综合开发带开发总体方案的通知》（桂发〔1992〕40号）。

电得不到保障。”[1]在调研中，大化瑶族自治县的一个政府部门工作人员回忆：在20世纪80年代到2010年近30年的时间里，大化电力供应不足的情况非常突出，拉闸限电的情况经常发生，群众生活用电都有困难，更别谈大规模的招商引资发展地方经济了，特别是20世纪90年代该县发展较好的几个民营企业也因为拉闸限电等原因导致用电不足无法继续生产。2015年9月，全国人大常委会民族区域自治法执法检查在广西调研时，中共河池市委、河池市人民政府在贯彻实施《民族区域自治法》情况汇报的关于请求上级部门给予支持的事项中，就先汇报了“建议上级部门出台合理开发民族地区丰富资源的政策措施”的问题，即“资源开放中：电力方面，价格应该优惠；电量方面，应留给地方足够的电量”。[2]

③结语。大化瑶族自治县因为水电站建设产生的移民情况和经济社会发展压力是整个广西壮族自治区的一个缩影。根据有关资料统计，广西108个有大中型水库农村移民的县（市、区）中共聚居着壮、苗、侗、瑶、京等少数民族移民人口约112万人，超过了全区大中型水库移民后期扶持人口总数的65%。为此，2012年广西专门确立了“十二五”期间要进一步加强库区和移民安置区基础设施和经济社会持续发展等目标任务。作为央企的大唐集团所属的岩滩水电站也承诺从2006年开始每发出1度电就从电费中抽出2分钱作为库区维护和移民专项款使用。对于广西壮族自治区来说，由于水电站建设带来的国家与民族自治地方经济利益的划分和民族自治地方民生权益的保障等问题要想得到真正的解决，还需要国家和民族自治地方的共同努力。

（2）案例二：新疆油气开发问题

①基本概况。众所周知，新疆维吾尔自治区是我国油气资源最富集的地区之一，塔里木盆地、吐鲁番盆地、准噶尔盆地三大盆地油气资源储藏丰富。根据《新疆统计年鉴2016》中的数据记录，1978年以来，新疆的天然气在全区能源生产总量中持续增长，由1978年的占比2.4%增长到了2015

[1] 河池市人民政府贯彻实施《民族区域自治法》情况汇报，2015年9月12日。
[2] 河池市人民政府贯彻实施《民族区域自治法》情况汇报，2015年9月12日。

年的19.7%，其中最高的年份为2006年达到了26%。巴音郭楞蒙古自治州位于新疆维吾尔自治区东南部，全州行政面积482 665平方千米，是中国面积最大的民族自治州。“全州总人口1 393 812人，少数民族人口567 749人，占40.73%。其中，维吾尔族440 283人，回族64 979人，蒙古族50 091人。”❶由于地域广阔，巴音郭楞蒙古自治州境内石油和天然气资源非常丰富，如全国三大气田之一的塔里木天然气田约一半的面积就在巴州境内，2015年新疆油气资源开采量的三分之二也来自该自治州。目前，在塔里木盆地从事油气勘探开发的企业主要为中石油塔里木油田分公司和中石化西北油田分公司，它们都集中在巴音郭楞蒙古自治州。

②存在的问题。随着近年来新疆境内油气产量的迅速提升，油气开采和相关的石化工业发展速度很快，特别是油气开采曾一度成为新疆本地经济发展的支柱产业和领头产业。但是，新疆的经济社会事业和东部省份相比，发展依然相对缓慢，其中巴音郭楞蒙古自治州在新疆特别有代表性。学界有专家甚至疑惑：“新疆为什么会出现‘富饶的贫困’的窘境？”❷

第一，资源优势没有转化成有效的经济优势，油气资源开发拉动地方经济增长动力不足。以巴音郭楞蒙古自治州为首的南疆地区油气、煤炭等资源丰富，是国家资源勘探开发的核心地带和西气东输的重要气源地。早在西部大开发正式实施前，新疆就提出了“振兴南疆计划”，计划通过油气资源开发来促进地方经济社会发展。特别是2000年制定的新疆第十个五年计划能源工业发展重点专项规划提出：“集中力量推动石油天然气勘探开发等重大基础产业项目的建设，为自治区经济发展提供充足的动力和能源保障，保障国家能源安全。”在这个过程中，新疆地方政府为全力支持中石油、中石化等企业集团在新疆各项工作的开展，为确保国家油气产量的稳步增长等做出了大量的工作和贡献，但本地资源优势并没有转化成有效的经济优势，特别是

❶ 新疆维吾尔自治区统计局．新疆统计年鉴2016[M]．北京：中国统计出版社，2016：104-105.

❷ 潘红祥，戴小明．新疆油气资源开发收益分配机制现状分析与对策研究[J]．北方民族大学学报（哲学社会科学版），2012(5)：24-32.

出现了油气资源开发拉动地方经济增长动力不足的问题。

首先，民族自治地方政府从石化产业中获得的直接财政收入相对有限。在调研中笔者发现，尽管近年来作为央企的石化企业为国家贡献了巨大的产值和利税，但是作为资源输出地的新疆地方政府从庞大的石油开采业中获得的直接财政收入不多，这直接导致了能源生产开发的速度与本地区经济发展速度不相符的现象出现，也成为影响当地经济社会事业发展相对滞后的主要原因之一。从表 3–27 可以看出，2010 年以来新疆能源的生产比上一年都保持着 20% 以上的高速增长，在 2013 年甚至达到了 40.40%。但是与此同时新疆的生产总值的增长却保持着稳定，没有与本地方的能源生产增长保持同步，这与地区经济增长的进度和水平非常不相符。从表 3–28 列出的巴州国有石油和天然气企业 2011 年以来的主要经济指标可以看出，作为本书调研点的巴州内的石油和天然气企业在 2011 年以来工业总产值虽然一直在增加，如已经从 2011 年的 5 523 752.5 万元增长到 2015 年的 7 782 797.8 万元，即 5 年内的增长幅度高达 41%，但是相关企业的营业利润和利润总额增长幅度非常小，甚至在 2015 年由于多种原因的影响出现了降低，结果导致了近年来国有石油和天然气企业给新疆地方的利税总额增长幅度几乎是停滞的。在调研中，有巴州政府工作人员直言不讳地对这个问题提出了自己的看法：“目前，在国家层面对资源开采的收益是偏向油气企业，地方政府对石油、天然气开采的收益却非常有限，仅仅依靠能源开发带来的税收收入根本无法满足新疆长期经济发展的需要。”

表 3–27　2010 年以来新疆能源生产弹性系数

单位：万吨标准煤

	2010 年	2011 年	2012 年	2013 年	2014 年	2015 年
能源生产比上年增长（%）	21.40	28.80	35.80	40.40	25.40	18.50

续 表

	2010 年	2011 年	2012 年	2013 年	2014 年	2015 年
新疆生产总值比上年增长（%）	10.60	12.00	12.00	11.00	10.00	8.80

资料来源：《新疆统计年鉴》（2016 年）。

表 3-28　巴音郭楞蒙古自治州国有石油和天然气企业 2011 年以来主要经济指标

	2011 年	2012 年	2013 年	2014 年	2015 年
工业总产值（万元）	5 523 752.5	6 484 265.6	7 035 288.2	7 410 752.0	7 782 797.8
营业利润（万元）	2 141 494.9	2 198 472.7	2 267 547.6	2 497 337.6	1 801 216.1
利润总额（万元）	2 161 347.3	2 216 548.7	2 281 685.4	2 500 192.7	1 899 072.2
利税总额（万元）	2 801 460.4	2 894 651.8	3 067 542.9	3 638 208.4	2 711 430.1
从业人数（人）	45 258	40 519	36 322	38 436	53 032

资料来源：《新疆统计年鉴》（2012—2016 年）。

其次，民族自治地方的油气资源优势还没有真正转化为地方特有的产业发展优势。近年来，在新疆进行的油气资源开发，中石油、中石化等国家央企除了不断建设采油基地和一定的炼油厂外，始终没有在新疆建立起大规模的油气化工产业。由于油气开采后没有在当地实现深加工，导致了伴随油气开采而生的化学工业、冶金工业、机械制造业等行业未能在当地出现。油气开采业需要工人少，而可以大规模促进地方居民就业的油气加工等相关业务在当地非常少。新疆政府工作人员也坦言："由于油气开发的相关产业链在新疆本地几乎没有任何起步，导致了开采的大量资源没有实现就地加工；巴州虽然拥有石油资源却不能从中得到应有的利益。”

在调研中，笔者专门选取了库尔勒经济技术开发区作为调研点之一。在国家以及新疆维吾尔自治区政府的支持下，巴音郭楞蒙古自治州2000年建立了库尔勒经济技术开发区，并于2011年升格为国家级经济技术开发区，也是新疆南部首个国家级开发区。建立这个经济技术开发区的目的之一是要依托国家在当地开采开发资源的有利时机，发展当地的石油石化及天然气产业。库尔勒经济技术开发区成立以来已经有近600家企业陆续进驻，包括石油天然气化工业、棉纺化纤、农副产品深加工、新型建材、机械制造加工等多个产业，这个经济技术开发区确实也为巴州乃至整个南疆地区的经济发展和产业升级等形成了较大的引领和推动力量。但在调研中笔者也发现，在该经济技术开发区规模较大的企业有塔里木油田公司石化分公司、美克化工工业园和新疆惠森生物技术有限公司等20余家单位，但是伴随着油气开采而应有的油气加工和化工行业还不足该经济开发区企业总数的15%。这说明仍是没有真正形成从石油天然气开采到下游产品的产业链，即开发的油气资源不能做到就地加工和产业转化。其中，库尔勒经济技术开发区的一位领导在受访中进一步指出了这个问题的症结所在：“目前看似大规模的油气资源勘探开发却不能对新疆的经济进行很好的拉动，原因主要是油气资源没有按一定的比例留给当地发展使用，特别是国家的油气开发企业没有直接在当地投资发展石化产业。”

第二，油气资源的开发在拉动当地劳动力就业和人才发展方面的作用不明显。曾经有新疆的地方干部指出：“油气资源的开发不仅是弱化地方利益的问题，还存在重视经济利益而忽略社会效益的问题，特别是促进新疆民族团结和社会稳定的作用弱化了。”近年来，国家的众多央企在新疆特别是在巴州油气勘探、开采业务不断扩大，也在一定程度上开始扩大吸纳本地居民就业。同时，自治区为此做了大量的工作，如2015年自治区人民政府与国务院国资委共同确立了推动驻新疆的央企“把吸纳本地少数民族群众就业比例平均水平提高到25%”，但是在新疆人民所期盼的国家央企拉动当地劳动力就业和人才发展方面的作用依然不明显。

从表3-28可以看出，虽然2011年以来巴州石油和天然气企业的从业人员在总体是增长的（中间也出现过减员的情况），但是总的石油和天然气企业从业人数占全州人口的比例太低，还不到该自治州各行业在岗人员的10%（2015年末巴音郭楞蒙古自治州各行业在岗人员数约为275 000人）。另外，通过对比2010—2016年巴州城镇登记失业率可以发现，虽然失业人口的绝对数从2.57万下降到了2.20万人，但是目前失业人数占该州城镇人口的5%以上（2016年末巴州的城镇人口40万人）。在巴音郭楞蒙古自治州和巴州内的塔里木油田的调查中，笔者发现原因有以下几个方面。

首先，工作性质的要求制约了本地居民就业。即使在当地完成的油气勘探、开采等业务，由于其技术含量较高，也要求必须系统培养一支固定的专业技术队伍和一线生产队伍。在调研中，笔者也发现在新疆的中石化公司、中石油公司的作业工人主要是由总部统一招收、培训，然后分配到下属的各个分公司工作。因此，在石油系统开始的一段时间内几乎不需要当地劳动力。例如，以中石油塔里木油田分公司为例就可以看出原因所在，该公司目前设置勘探事业部、油气生产技术部、工程技术部、油建管理项目部和质量检测中心等23个二级单位，拥有员工1.23万人。但是这些二级单位中绝大多数岗位的设置技术要求较高，以拥有员工最多的勘探事业部为例，勘探事业部下设了生产科、经营科、测录井科、钻井工艺科、固井工艺科、钻井液工艺科等8个科室和4个项目经理部，整个勘探事业部新疆籍的员工仅占到15%。在调研中，笔者发现即使是从事一线生产并且专业技术要求相对不高的钻井、固井等部门的一线工人也主要来自湖北和四川，而不是新疆当地居民。

其次，工作环境和地理条件的限制制约了本地居民就业。在调研中，中石油塔里木油田分公司的相关负责人介绍：之前公司总部和一线采油基地也一直想多招收本地居民工作，在招收本地居民工作时还担心有语言障碍，但是现在的工人多是“80后”和“90后”，都可以用普通话沟通，因此已经几乎不用担心语言障碍的问题。但为什么还是招收本地居民少呢？因为目前中石油公司和中石化公司在新疆的主要业务仍然是以油气勘探、开采为主，这些业务活动主要集中在偏远的沙漠地区，不但远离当地居民区，而且要经常进行流动作业。以塔里木油田公司为例，公司总部虽然库尔勒市，但所属的油田作业区域遍及巴州以及周边多个县市的边远地区，其中最远的作业区位于距离库尔勒市总部达 1 200 余千米的沙漠地带，导致从事这样工作的工人的生活成本和时间成本都很高。这也成为本地很多居民宁愿选择在家务农或者进城务工也不愿远离住所选择到当地油气企业工作的原因之一。

第三，国家油气资源开发对民族自治地方生态环境破坏的现象成为双方关注的焦点问题之一。在过去很长的一段时间里，资源开发与环境保护这两者之间总是存在一定的矛盾。国家在民族地区进行资源开发，民族地区最担心的就是国家在自然资源税收和价格方面没有给地方带来经济实惠，却把开发中出现的环境问题和生态问题等留给了当地。以新疆为例，油气资源的开发确实一度为本地的经济快速发展注入了强劲的动力，但随着时间的推移一系列潜在的环境污染甚至是生态破坏问题也随之而来。自 20 世纪 70 年代以来，伴随着油气开发的大规模兴起，巴音郭楞蒙古自治州内的自然环境却遭到了破坏，如该州内的沙尘暴发生次数不断提高，特别是多条河道出现干涸，中下游两岸胡杨林等植被大面积退化和死亡，并且一度有恶化的趋势。

尽管在调研过程中笔者能感受到新疆地方政府和多个央企的油田环保意识的提高。例如，在地方政府层面，2014 年 7 月地方政府制定、实施了《新疆维吾尔自治区煤炭石油天然气开发环境保护条例》，第一次为了本地的石油和天然气等开采保护工作专门立法；在央企层面，如中石油塔里木油田分公司和中石化西北油田分公司等都注重清洁生产与勘探开发同步，在生产过程中将环境保护、节能减排、绿化建设等列入本单位绩效考评；在国家层面，2002 年国家实施了总投资 107 亿元的塔里木河流域近期综合治理项目，其中在巴州项目共计 37 个，总投资额为 13.49 亿元，主要目的就是使塔里木河下游绿色走廊生态系统显著改善，为整个流域的社会、经济、环境及水资源可持续利用创造良好的条件。但石油开采行业本身就存在污染环境的种种风险，特别是在技术不够成熟的时期，石油开采各个环节都会对当地的环境特别是对周边的大气、地下水、土壤和植被带来不同的影响和污染。例如，在20世纪90年代，新疆多个地区就曾发生过因石油管道意外泄漏等危害到当地生态环境的安全事故问题，一度引起了当地社会的广泛关注和人民群众的不满。即使到了现在，在巴音郭楞蒙古自治州甚至整个新疆地区，如何实现油气资源的开发与当地生态环境保护相结合、相一致的问题仍然是当地居民广泛讨论的话题。巴音郭楞蒙古自治州环保局的一位领导在受访时指出："从长远的目标来看，我们需要的不仅仅是经济上的利税问题，更需要家园的持久美丽。如果从国家层面不把对新疆资源的开发同对新疆的地方开发统一起来，那么因为资源开发而形成的经济建设与生态保护之间的问题在新疆就会一直存在。"巴音郭楞蒙古自治州政府也明确指出了当前该州"节能减排任务艰巨，资源开发和生态环境保护之间矛盾凸显，亟待转变发展方式"。

③结语。2014年，中共中央政治局召开会议研究进一步推进新疆工作，明确了"在新疆进行资源开发利用转化过程中提高地方参与程度，加快新疆对外开放步伐"的改革方向。巴音郭楞蒙古自治州公布的"十三五"发展规划也提出要"在全力支持中石油、中石化油气稳产增产的同时，推动油气资源勘探开发改革，深度拓展油地共建和产业合作模式"。可见，对于新疆而言，这条关于民族自治地方经济发展和环境保护的可持续发展道路任重而道远。

三、中央与民族自治地方之间全方位法律保障机制尚未完全建立

完善的法律法规体系是一个国家政治体制良好运行的前提条件，更是一个国家中央与地方关系系统建构的保障条件。中央与民族自治地方之间只有依法进行顶层设计和系统规划，才能走上法治化和现代化的道路。在当前我国中央与民族自治地方关系体系的法律保障机制中，作为基本法的《中华人民共和国民族区域自治法》居于最高核心地位，并通过制定行政法规、规

章、自治条例和单行条例形成完整规范的中央和民族自治地方权力机关、行政机关的权力与责任关系。需要指出的是，在我国中央与民族自治地方关系发展过程中，由于相关的配套法律、法规尚不健全等，当前我国在两者关系发展过程中还存在法律保障上的缺位问题。具体来说，主要表现在以下几个方面。

（一）国家层面《民族区域自治法》的配套法规不足

《民族区域自治法》作为一部国家的上位法主要是规范中央与民族自治地方的上下级关系，所以其规定多为也只能为原则性较强的内容，需要相应的法律法规加以配套。但是，目前还存在以下两个问题。

1.《民族区域自治法》的实施细则急需制定出台

前文已经介绍了最新修订的《民族区域自治法》在“上级国家机关职责”章节中对国家在多个层面支持和帮助民族自治地方都有明确的条款规定，但目前学界已经普遍认识到由于这些条款规定大多是一些原则性的法律条文式规定，不可能在法律层面进行具体展开和细节量化。这在客观上决定了需要制定和出台相关切实可行的配套的法规和实施细则来将其转化为易于操作的中央与民族自治地方之间的具体行为规范。韦继松曾经指出，“《民族区域自治法》在一些具体问题上可操作性不强，使该法的实施贯彻受到影响”，并呼吁国家应尽快研究、制定和出台《民族区域自治法》的具体实施细则。虽然国务院已经在2005年率先出台了《国务院实施〈中华人民共和国民族区域自治法〉若干规定》（以下简称《若干规定》），但是需要指出的是仅仅一部《若干规定》还不能在现实生活中发挥全面的规范性作用，即还需要中央政府从国家层面出发进一步充实完善，特别是尽快研究和出台关于自治法的完整实施细则，从而才能从根本上进一步规范中央和民族自治地方在关系处理中出现的责任与义务的双向定位问题，才能真正规范和理清两者在具体事权和财权上的权力分配和责任担当问题。

2. 中央政府相关部门实施《民族区域自治法》的系列规章仍不完善

部门规章和相关法律条文相比更具有设计专业、内容具体和规范性强等特点,《民族区域自治法》的实施在国家层面离不开中央相关部门的规章予以配套，也需要中央政府各部门在职能范围层面的具体业务支持和统一协调管理。随着自治法的修订完成，中央层面不仅有国务院牵头制定了专门的行政法规，中央政府的相关部委如教育部、人社部、民政部和国务院扶贫办等有关部门此后也陆续制定了相应的规章或办法进一步补充、细化和完善自治法的原则性规定。但是需要指出的是已经制定出台相关部门规章和政策性文件的还只是少数中央部委，截至目前财政部、国家税务总局、国家能源局等掌握国家经济、财税等权力的中央职能部门还没有全部完成清理各自的部门规章中与自治法相悖的内容等相关工作，也还没有出台实施这方面的专项部门规章，这就使5个自治区“在制定贯彻落实民族区域自治法和国务院实施民族区域自治法若干规定的地方性法规时，因缺少上位法的支持，而影响地方性法规的制定和出台”。❶当然这个问题也已经引起了中央有关部门的高度重视，全国人大常委会副委员长向巴平措曾指出：“截至2015年年底，我国现行有效的法律和行政法规有117件法律、50件行政法规包含涉及民族方面的内容条款。但总体来看，与中央要求，与贯彻实施民族区域自治法的要求，还有一定差距。”❷

（二）民族自治地方层面的自治条例缺失问题

宪法和自治法都明确规定：“民族自治地方的人民代表大会有权依照当地的政治、经济和文化的特点，制定自治条例和单行条例。”当前我国在民族自治地方层面的配套立法还很不完善，其中一个重要的表现就是5个自治区尚无自治条例出台。

❶ 毛公宁. 制度自信是坚持和完善民族区域自治制度的重要保证——学习党的十八大报告的几点体会 [J]. 中南民族大学学报（人文社会科学版），2013, 33(3): 6-11.

❷ 向巴平措. 在关于国务院及其有关部门制定实施民族区域自治法配套法规情况专题调研组第一次会议上的讲话 [J]. 中国人大，2016(9): 9-11.

以广西壮族自治区为例，广西是全国最早启动自治区自治条例立法的少数民族自治区。早在 1957 年 9 月广西省第一届人民代表大会第五次会议就通过了制定《广西壮族自治区自治条例（草案）》的决定，1958 年 3 月广西壮族自治区第一届人民代表大会第一次会议决定“将《广西壮族自治区自治条例（草案）》提交全自治区各族人民进行广泛的讨论，报请全国人民代表大会常务委员会批准后实行”❶，后此项工作受到影响并一度停滞，随着改革开放的开始，广西壮族自治区第五届人大常委会于 1980 年决定重新起草广西壮族自治区自治条例，并于 1981 年草拟完成了第一稿。在 1984 年《民族区域自治法》正式颁布后广西又根据自治法的相关精神将拟定中的自治条例进一步修改和完善，并于 1987 年 3 月正式上报中央。从 1988 年至 1990 年在全国人大民族委员会等部门的具体指导之下，《广西壮族自治区自治条例（草案）》历经近三年的征求意见和修改后于 1990 年底再次呈报中央审定，后在 1993 年再次完成了一次修改工作，但由于种种原因却未报送中央。其他如内蒙古自治条例的制定工作也是经历了较长时间的努力却始终没有得以颁布实施。截至目前 5 个自治区的自治条例始终未能出台实施，总结起来其中的主要原因有以下两个方面：一是“审批难”，即自治区自治条例（草案）报送国务院审批但始终未能得到部分国家机关部委的许可与认同；二是“定稿难”，即 5 个自治区在制定自治条例时因多种客观因素制约大多仍处于“相互观望”和与中央“讨价还价”的工作阶段中。也有专家总结了其中的深层次原因即“自治区自治条例难以出台，实质上涉及了现行体制中深层次的问题，即中央与地方的分权和利益方面的合理配置问题”。❷因此，业内专家也指出“由于自治条例调整的对象主要是中央与民族自治地方的关系，对于这个问题我国迄今主要是靠政策而不是靠法律来调整的，这基本上是一个不争的事实”。❸

❶ 广西壮族自治区民族事务委员会．广西民族区域自治文件资料汇编 [R].1988: 254.

❷ 毛公宁．关于深入贯彻落实民族区域自治法的思考 [J]. 广西民族研究，2014(3): 6-11.

❸ 宋才发，马琴．自治区自治条例的立法困境与路径选择 [J]. 河北法学，2014, 32(4): 10-16.

（三）民族自治地方的变通权行使有限，地方立法质量有待提高

1. 单行条例覆盖面不够广，没有体现民族特色和地方的特点

民族自治地方在享有立法自治权方面的表现形式之一就是可以自主制定内容多样且切实有效的单行条例。由于“单行条例可以灵活高效地调整民族自治地方的政治、经济、文化及民族关系等事务，在保障少数民族权利、促进民族团结、维护民族地区的社会稳定方面发挥着重要作用”。❶因此，单行条例应该是对自治法的具体运用和有效补充，但是从目前的实施情况和效果看还存在以下两方面问题。

第一，目前5个自治区所颁布的单行条例数量较多，但是存在内容覆盖面不够广的问题。目前相关自治区已经颁布实施的单行条例主要集中在教育、科技、文化等领域，特别是在关于保护少数民族语言、照顾少数民族风俗和发展少数民族人口等方面的规定较为集中和完备，如目前5个自治区都已经颁布实施了诸如传统文化保护条例和语言文字工作条例等。当然，近年来5个自治区在关于少数民族地区生态环境保护方面的立法也在不断加强，与此同时涉及本自治区财政、税收和基础设施建设等方面的单行条例数量还是相对较少，但是上述这些方面的专项性自治法规却是民族自治地方经济发展的法律保障之一。这种情况说明了调整中央与民族自治地方在经济、财政、税收等方面具体关系的法律法规特别是地方性法律法规仍然不完备、不充分，这个问题需要引起国家和民族自治地方的高度重视和共同关注。

第二，已经出台的一些单行条例在内容上没有充分体现民族特色和地域特点。不同民族自治地方制定的自治法规所涉及的内容肯定有诸多共性之处，但肯定也有其特殊性的一面。纵观目前5个自治区已经制定出来的一些单行条例，从内容上来看存在一些照抄照搬宪法或自治法现成条文的现象，更有甚者是简单地模仿其他自治区的自治条例和单行条例的具体条款和内

❶ 吴大华．民族法学[M]．北京：法律出版社，2013：148.

容，这就导致了不同的民族自治地方出台实施的一些自治法规在内容上总是较为相似，这样的结果之一是不仅没有真正形成本地方民族法规自身的特点和个性，而且不能很好地利用单行条例的法律效用解决本民族自治地方在政治、经济和文化等方面的问题和诉求，使民族自治地方法规的权威性和有效性难以彻底显现，即通过单行条例保障民族自治地方各项权利的功能性作用不能很好发挥。例如，1993年颁布实施的《新疆维吾尔自治区语言文字工作条例》和2005年颁布实施的《内蒙古自治区蒙古语言文字工作条例》是由两个不同的自治区分别制定的，出台时间也相差了十多年，但是两个单行条例中很多条款的规定内容都很相似。

2. 在立法过程和实施过程中的变通权行使仍很有限

早有业界学者指出："民族自治地方应根据本地区、本民族的特点及经济社会发展的具体情况，充分行使自治权，而不是怠于行使自治权"。[1]5个自治区在立法过程和实施过程中的变通权行使仍很有限，主要表现在以下两个方面。

第一，我国民族自治地方对国家法律法规进行变通的范围有限。归纳起来近年来民族自治地方主要是集中在对国家层面的《中华人民共和国婚姻法》《中华人民共和国计划生育法》《中华人民共和国土地管理法》和《中华人民共和国森林法》等进行法律变通，特别是集中在少数民族地区婚姻法的变通、计划生育法的变通、继承法的变通以及义务教育法的变通等。变通的内容也主要集中在少数民族群众在计划生育政策和民族语言文字使用等方面所能够享受的特殊权利。民族自治地方的立法内容中除少部分结合地域和民族特色变通外，其余相当多的一部分照抄国家法原则或规定。正如前文所指出的对涉及本自治区财政、税收、基础设施建设以及生态和自然资源保护等方面的内容变通的数量还是偏少。这一问题的缘由除了政治体制的因素外，还

[1] 李剑，王允武．完善民族区域自治法制的若干思考[J]. 西南民族大学学报（人文社会科学版）2011，32(6):94-98.

有就是一些民族自治地方对国家法的变通跟实际出现了脱节，未能真正解决实践中的法律需求，间接导致自治法律法规贯彻不到位，不能在立法环节发挥其真正的变通作用。

第二，在具体操作环节变通权实施不顺畅。能够真正科学合理地对国家法进行变通是民族自治地方充分行使自治权的重要保证和体现。民族区域自治法已经规定了“上级国家机关的决议、决定、命令和指示，如有不适合民族自治地方实际情况的，自治机关可以报经该上级国家机关批准，变通执行或停止执行”。但是在现实的政治生活中，在涉及中央与民族自治地方之间有关财政和经济关系方面的国家政策时候，依然很难实现变通的情况仍然比较普遍。例如，一些民族自治地方曾经呼吁要拥有与自治权相适应的地方税收立法权，但是目前这项改革工作仍然进展缓慢。究其原因，其中一个深层次的根源问题就是因为我国的税收立法权和税收政策制定权长期高度由中央政府单方面掌握。因为现行的这种税权划分格局下国家在税收方面的立法权主要集中在中央政府，结果无论是在共享税收的分成比例方面还是在税收增长返还系数的确定方面，都非常不利于民族自治地方在具体操作环节因地制宜地实施其变通权。

第四章　国际视野下中央与民族自治地方关系的不同模式分析

业内专家明确指出："在解决民族问题方面，中国虽然形成了符合国情特点的制度，法律和政策，但是绝不排斥吸收和借鉴国外的成功经验（理论、政策、措施等）。"❶放眼世界，无论是联邦制的多民族国家还是单一制的多民族国家，由于本国国情不同以及不同国家民族问题的特殊性和差异性，因此所呈现出的中央与民族自治地方关系的模式也表现出了较大的差异性。这其中有联邦制国家中以加拿大为代表的行政联邦主义模式、以俄罗斯为代表的民族联邦制模式和以埃塞俄比亚为代表的民族联邦主义模式；而在单一制国家中则有以西班牙为代表的自治共同体模式、以英国为代表的权力下放模式以及以丹麦为代表的区域自治模式。本章通过将世界主要不同多民族国家所特有的自治政体和自治制度进行对比分析，可以梳理出国际视野下不同国情和政治体制的国家中所呈现出的中央与民族自治地方关系的不同模式特点，进而为我国中央与民族自治地方关系的发展走向提供借鉴经验。需要指出的是，在本章中所提及的"中央"概念指的是所介绍的联邦制国家或单一制国家中的国家政府。

❶ 郝时远.美国是中国解决民族问题的榜样吗？——评"第二代民族政策"的"国际经验教训"说[J].世界民族，2012(2):1-15.

第一节　联邦制国家中央与民族自治地方的主要关系模式

联邦制的国家制度是由两个或两个以上的政治实体（如共和国、州、邦）结合而成的一种国家结构形式。20世纪以来联邦制作为统一多民族国家的一种重要的政治制度和组织手段而被广泛使用。苏联、南斯拉夫、捷克斯洛伐克以及加拿大、瑞士、比利时等国都采取了联邦制的国家结构形式。在联邦制的多民族国家中，由于本国国情不同以及不同国家民族问题的特殊性和差异性，因此所呈现出的中央与民族自治地方的关系模式也表现出了较大的差异性。纵观世界范围内联邦制多民族国家中央与民族自治地方的具体关系模式特点，其中最具代表性的是以加拿大为代表的行政联邦主义模式、以俄罗斯为代表的民族联邦制模式和以埃塞俄比亚为代表的民族联邦主义模式。

一、行政联邦主义模式

行政联邦主义模式是联邦制国家中联邦中央政府和省级政府之间的一种制度模式。该关系模式的一个重要特征是省政府经常性地向中央政府提出权力诉求，而联邦中央则倾向于借助行政上的分权解决两者之间的权力分配问题，在这个过程中国家权力逐步由中央集权向地方分权演变。业内学者指出行政联邦主义模式下“联邦政府与省政府权力关系的变化取决于经济、社会的变迁。当整个社会面临大的挑战时，联邦权力总是能得到加强。而在和平稳定时期，省权要求总是很强烈”。[1]在行政联邦主义模式当中反映在中央与民族自治地方关系方面，以北美洲的加拿大最为典型。

加拿大于1931年从英国独立成为一个主权国家，其国家行政区划以省为

[1] 储建国．当代各国政治体制——加拿大[M]．兰州：兰州大学出版社，1998：78.

主，目前拥有阿尔伯塔省、不列颠哥伦比亚省和魁北克省等10个省，同时建立了第一总理会议来专门处理中央政府和省级政府之间的各种事务问题。独立以来，加拿大联邦政府与各个所属省之间的关系经历了“中央联邦主义阶段、省权联邦主义阶段、合作联邦主义阶段和行政联邦主义阶段四个阶段”。❶在这个发展过程中，行政联邦主义模式逐渐成为加拿大联邦中央与各省进行权力分配的主要手段，这也是加拿大联邦从中央集权到地方分权演变的结果。北京大学加拿大研究中心在《加拿大掠影》中曾这样评价其行政联邦主义模式：“随着行政联邦主义的发展，进一步削弱了联邦内阁和议会的地方代表功能；不仅改变了大危机和二战以来联邦权力一度加强的趋势，而且有部分省开始公开对抗联邦中央政府”。❷截至目前，加拿大的各种省权运动还一直处于波动的状态，特别是近年来联邦政府在各种压力之下开始与各省重新分割相关的联邦政府权力，其中由于部分省权的急速扩张产生的一个直接威胁性后果就是造成了加拿大国内的一些极端民族分裂主义势力迅速发展壮大。这其中以魁北克省表现最为明显，曾一度把加拿大推向了国家分裂的危险边缘。

魁北克省作为加拿大最大的省份和第二大的一级行政区，最初是单一的法国移民聚集省，在第一次世界大战后大批英美商人进入加拿大后开始选择移居魁北克。目前该省人口823万，其中接近650万的人口为法国后裔演变而来的本地土著居民。由于历史的原因，魁北克省在语言和风俗习惯方面与加拿大其他省份有很大的差别，从20世纪70年代开始，由魁北克省法裔人士和极端民族主义者牵头发起成立的魁北克政团开始正式提出了魁北克省脱离加拿大联邦并成为一个独立主权国家的政治主张。加拿大在与魁北克省要求独立的政治博弈中呈现出联邦中央政府与民族自治地方政府关系的3个特征。

第一，民族自治地方政府通过独立公投的方式迫使联邦中央政府给予更

❶ 储建国．当代各国政治体制——加拿大[M]．兰州：兰州大学出版社，1998：75.
❷ 北京大学加拿大研究中心．加拿大掠影[M]．北京：民族出版社，2002：28-29.

大自治权。从 20 世纪 70 年代开始，魁北克省的民族主义思潮逐步高涨，为了谋求更高的政治地位，魁北克省不顾加拿大联邦中央政府的反对，于 1980 年举行了全省的第一次独立公投，虽然这次公投以失败结束，但迫使联邦政府开始注意调整联邦与省之间的权力关系，也使魁北克获得了比其他省更大的自治权力。例如，目前魁北克省在经济上拥有了扩大本省的税收份额和建立本省福利与发展项目的特殊权力，并可以获得联邦中央政府的额外财政预算支持，在语言问题上国家也明确同意授予其提高法语在魁北克的地位的各项权利。但即使是这样，由于加拿大在 1982 年通过的第一部国家宪法——《联邦宪法》没有满足魁北克省提出的全部特殊要求，因此魁北克省作为民族地方政府始终不承认这部国家宪法，并数次要求联邦中央在法律上直接确认魁北克在加拿大的特殊地位。特别是在 20 世纪 90 年代初由于联邦政府与魁北克省政府共同制定的《米齐湖协议》和《夏洛特城协议》等基于多种原因先后被废止后，导致魁北克分离运动再度走向高潮，1995 年魁北克省不顾联邦政府的反对和警告再次组织进行全省独立公投，最后因 1% 的选票之差再遭失败。

第二，国家政策倾斜成为平衡二者关系的重要手段。近年来和平谈判并给予极大的政策倾斜是加拿大联邦中央与魁北克省关系处理中呈现出的一大特点，特别是在魁北克省的两次独立公投过程中，为了应对国家分裂危机，加拿大联邦政府先后出台了“允许其有权退出联邦政府设立的分摊项目；有权扩大本省的税收份额；扩大本省的财政自治；具有独立的养老金计划”等措施。[1]以上这些在财政、民生甚至是政治层面的政策倾斜均是魁北克省以外的其他加拿大地方省享受不到的国家特殊优惠政策。通过以上这些在国家层面上的政策倾斜措施得到了部分魁北克人的拥护，也在一定程度上牵制了魁北克省的分离活动，最终也成为促使魁北克两次独立公投运动都遭失败的原因之一。同时必须指出的是，魁北克省内一些独立组织和领袖特别是一些极端民族主义者对联邦政府给予的国家倾斜政策还是不满足，认为没有满足

[1] 姜芃．加拿大民主与政制[M]．北京：社会科学文献出版社，1993：112.

魁北克省在国家中“特殊地位”的利益诉求，并表示仍保留采取公投行动的权利。

第三，法律手段的约束在二者关系维持中的作用愈加明显。加拿大联邦政府对魁北克省的公开分离活动始终采取温和克制的态度来缓和双方激烈紧张的态势，并期望能够改善联邦中央与魁北克省的关系。但是在魁北克第二次独立公投失败之后，为了避免再次出现类似的分离活动，加拿大联邦政府开始注意通过借助宪法和法理对二者关系进行约束。一方面加拿大联邦政府就魁北克省是否有权单方面宣布其脱离加拿大联邦等问题正式向加拿大联邦最高法院提出裁决申请，而加拿大最高法院最终裁定包括魁北克在内的任何一个省所提出的独立问题必须由联邦政府和其他省份共同决定，从而从法律角度彻底废除了魁北克所要求的单独决定独立问题的诉求；另一方面加拿大联邦议会于2000年5月正式通过了《公决明确法》法案，其中明确规定加拿大联邦中任何一个省如果从联邦主体分离出去，所有的公投活动必须在提交给联邦议会评判并得到同意后才能正式启动，与此同时明确规定了如果联邦议会认为所提交的公投问题不明确就拥有直接宣布不应进行公投的权利；如果强行进行公投，则公投的结果也不被联邦政府所接受，也即被视为严重的违宪行为。可以说近年来加拿大联邦中央政府通过借助法律的约束性逐步将魁北克的分离运动予以限制，并在此基础上开始加大控制对民族地方所谓“分离”或“独立”问题的话语权。

二、民族联邦制模式

民族联邦制模式是联邦制国家中处理中央政府与地方政府关系的另一种制度模式。该模式的主要表现形式是联邦中央政府承认国内民族差异性，并通过实行“民族区域自治”与“地方自治”并行的国家治理体制明确联邦中央与地方的关系，也可视为是在“国中有国”的政治大背景下对中央与民族自治地方关系的一种系统建构模式。实行民族联邦制模式的典型联邦制国家是俄罗斯。

俄罗斯位于欧亚大陆北部，是一个聚集了亚洲民族与欧洲民族的多民族国家。目前有鞑靼、乌克兰、巴什基尔等少数民族人口近 3 200 万人，占全国总人口的 23% 以上。在联邦中央与地方的关系处理和权力划分方面，俄罗斯联邦保留了苏联时期划分民族自治共和国、自治州和自治区的做法，一直实行以民族为主要特征的地区划分方式，如在俄罗斯当前的 89 个行政区划中就有阿迪格、阿尔泰等 21 个民族共和国，另外还有涅涅茨、汉特—曼西等 4 个自治区以及一个犹太自治州，这使这个联邦制国家的国家体制结构呈现出民族自治和地方自治相互交叉的特征，也使联邦中央政府与众多民族自治地方的关系结构呈现出“民族区域 + 行政地区”的显著特点。在苏联解体之初，俄罗斯面临着所属的多个自治共和国要求脱离联邦中央并谋求独立的挑战，同时俄罗斯由于地域辽阔使各地区之间在经济发展水平、人文风俗习惯和民族关系结构等方面存在显著差异，特别是多个自治共和国与联邦中央的关系也是纷繁复杂。此处主要论述联邦中央政府在应对所属的多个自治共和国的独立挑战和其他利益诉求过程中两者之间呈现出的关系特点。

第一，联邦宪法对自治共和国与联邦中央政府的关系定位不规范。1993 年，俄罗斯联邦举行全体公民投票，通过了第一部联邦宪法。虽然该联邦宪法规定各民族自治共和国是俄罗斯联邦不可分割的一部分，民族自治共和国不享有主权以及民族自治共和国在联邦中央领导下行使一定限度的权力和管理本地区的事务等。但同时该部联邦宪法也规定了各民族自治共和国都是俄罗斯联邦权利平等的行政主体，并且有权制定自己的官方语言和宪法，也就是明确了“民族共和国的地位由俄罗斯联邦宪法和民族共和国宪法确定”。在这样的法律背景下，一些民族自治共和国漠视联邦中央宪法的权威和规定，出现了诸多的民族独立运动，甚至是违宪行为。例如，近年来俄罗斯联邦所属的印古什、鞑靼斯坦等多个民族共和国都先后在本国宪法中将自己定位为拥有绝对主权的国家，并对外宣称本共和国法律和联邦法律的地位相当。这其中违宪行为最为典型的就是车臣共和国，在 1991 年宣布退出俄罗斯联邦后又在 1992 年单方面宣布成立完全独立的车臣共和国。面对车臣的分裂行为，俄罗斯曾数次对其采取军事行动并最终在 1999 年取得胜利。车臣在独立失败后才被迫在 2003 年修改了《车臣共和国宪法》，即第一次公开承认“是俄罗斯联邦内的民主法治国家”“车臣领土是俄罗斯联邦疆域内统一的不可分割的一部分”，这些原则规定与《俄罗斯联邦宪法》保持了一致。

第二，缔结条约在维系联邦中央与民族自治共和国关系中的作用愈加明显。苏联解体后，俄罗斯的国内经济在很长一段时间都处于低迷期，特别是近年来在经济发展过程中，由于各地在自然资源、经济结构和制度政策方面存在差别，呈现出地区间经济发展上的极大不平衡和贫富差距。为了维护国家的统一，保证国内有一个和平稳定的发展环境，针对国家发展中遇到的棘手问题，联邦中央政府逐渐与民族自治共和国通过签订条约的方式予以解决。例如，鞑靼斯坦共和国的石油和水资源丰富，工业和农业都很发达，但是在 20 世纪 90 年代其独立要求也很高涨。1994 年，俄罗斯联邦中央政府就与鞑靼斯坦共和国签订了一系列相关条约，这些条约的签订实施不仅使鞑靼斯坦在税收和财政方面享有特权，还允许其可以独立处理对外经济关系事务，最终使鞑靼斯坦成为虽然在俄罗斯联邦内却具有特殊地位和特权的国家。此后联邦中央又陆续与包括自治共和国、自治州等在内的 40 多个联邦主体签订了双边条约，一方面在这些签订的协议中有相当一部分的条款内容都与联邦宪法和国家法律存在冲突，另一方面这些条约在形式上维护了俄罗斯国家的统一，也在一段时间里维系了联邦中央与民族自治共和国的和平发展关系。但是这些条约的直接危害是对联邦宪法和中央权威的漠视，也为国家内部不同地区间的矛盾和日益对立埋下了隐患。

第三，加强地方管控成为处理联邦中央与民族自治共和国关系的主要手段。由于俄罗斯联邦主体类型多，行政区划复杂，给协调联邦中央与各联邦主体之间的关系造成极大的困难。进入 21 世纪后，联邦中央逐渐采取加强对地方的管控来抑制民族共和国和其他联邦主体的主权化倾向和各种分离运动，主要有以下三个方面：①审查共和国宪法。2000 年 6 月，俄罗斯联邦宪法法院开始了全国范围内审查共和国宪法的工作，对与《俄罗斯联邦宪法》相冲突的地方法律给出宪法解释，同时逐步废除或者终止与联邦法律相抵触的地方法律，特别是不允许民族共和国的“主权”概念变为任何接近国家层面的权利。所以民族共和国宪法中违反联邦宪法的条款均被修改，“主权”字样基本被删除，即必须承认是俄罗斯联邦的组成部分。②划分联邦区和派驻总统代表。为了加强联邦中央政府对地方的管理，2000 年俄罗斯总统普京颁布总统令，规定将全国划分为中央区、西北区、远东区等 7 个联邦区（后扩展到 8 个），每个联邦区下辖若干联邦主体，同时俄罗斯中央政府向每一个联邦区派驻总统全权代表，总统全权代表负责协管辖区内的所有联邦机构，向联邦区的民族自治共和国派驻联邦监察员，其职责是保证总统全权代表的任务和使命在所驻民族自治共和国内得以实行。同时，2014 年中央开始向各联邦区派驻审计代表，主要任务是监督和审查民族自治共和国执行中央预算和财政的情况。③调整联邦中央与民族自治共和国的分权情况。主要是颁布实施了修订后的《俄罗斯联邦主体立法机关和执行机关组织原则法》，从提名民族地方的立法机关和执行机关官员等层面做出了有利于联邦中央的规定。此外，联邦政府还专门重新划分了中央与民族自治共和国的财权关系，最终不断加大联邦财政在全国总财政的比重，在财政预算上联邦中央也加强了对民族自治共和国的控制。

三、民族联邦主义模式

民族联邦主义模式是联邦制国家中联邦中央与地方关系的又一种制度模式。该模式的主要内容是强调国家议会的横向分权以及中央与地方之间的纵向分权，其中反映在中央与民族自治地方关系方面则是强调中央政府“统合”与民族地方“分权”相结合以及国家对民族地方的“主导”与“制衡”相结合。民族联邦主义模式是对多民族国家中以民族为依据的政治分权体系的另一种制度模式，这种制度模式与以苏联为代表的民族联邦制模式相比，具有更加突出联邦中央政府权威的特点和优势，是在“国中无国”的政治大背景下对中央与民族自治地方关系的一种系统建构模式，目前实行民族联邦主义模式的最典型的国家是埃塞俄比亚。

埃塞俄比亚是位于非洲东北部的一个内陆国家，也是一个集多民族、多语言、多宗教信仰和多元文化于一体的联邦制国家，由奥罗莫族、阿姆哈拉族、提格雷族等 80 多个民族组成。1991 年，埃塞俄比亚人民革命民主阵线（以下简称“埃革阵”）上台执政后开始实施全新的国家行政区域建制体系和以民族为依据的政治分权体系。一方面联邦中央政府按照各民族发展历史和聚集状况对全国行政区划进行了重新划分，目前全国有亚的斯亚贝巴市和迪雷达瓦等 2 个自治行政区和阿姆哈拉州等 9 个民族州（其中 6 个是单一民族州、3 个是多民族聚集州）。另一方面实行以“民族区域自治”为基础的联邦制制度，9 个民族自治州在平等、自治和自愿的基础上结成联邦，联邦中央政府允许各民族拥有自决权和分离权。埃塞俄比亚的民族联邦制模式在中央与民族自治地方的分权上有着其独特的处理特色和制度选择，主要呈现出以下三个特点。

第一，在联邦中央与民族地方关系上强调“制衡”与“分权”原则。埃塞俄比亚在设计中央与地方的分权原则时主要根据两个平衡点：一是联邦中央的权威与民族地方的政治地位都要维护与保障，二是联邦中央政府对全国的“控制力”与民族地方对国家管控的“制约力”都要显现。所以，目前联邦中央政府拥有的权力是整个国家层面的核心权力，包括金融、税收、国防、外交和交通以及领导和处理国家与各民族州关系等方面的权力等，都牢牢控制在联邦中央政府手中。在分权方面埃塞俄比亚也进行了一系列的探索和实践，如联邦中央政府代表国家也授予了各个民族州享有制定实施州法律、征收州税、管理土地与自然资源、以本族语言为州工作语言及包括分离权在内的民族自决权等一系列的自治权力。特别需要指出的是，埃塞俄比亚在中央政府与 9 个民族自治州的财权划分上实行的是联邦中央与民族州政府收入分成制，一方面联邦中央政府占国家税收比重的大多数，另一方面各民族州财政来源是地方税收和联邦中央的专项拨款或者财政资助，由于各民族州在经济发展上还处于不发达状态，所以自身的税收来源比较匮乏，因此目前各个民族州对联邦中央的经济依赖程度比较严重。

第二，通过民主宪法稳定联邦中央与民族自治地方的关系。“埃革阵”在1991年上台执政后认识到国内民族问题的复杂性，为了稳定局势、最大限度地团结各民族并平衡各民族州的权力分配，主要采取了通过制定民主宪法来稳定联邦中央与民族自治地方的关系的施政措施。例如，在临时政府建立后率先制定了国家《过渡宪章》，该部具有国家临时宪法作用的《过渡宪章》一方面要求从国家层面成立宪法委员会，负责起草新宪法，以约束各民族自治地方的行为权利；另一方面在国家宪法层面明确了给予民族自治地方充分的自决权。学术界曾评价“在这份相当于临时宪法的文件中，日后埃塞俄比亚民族自治的所有基本原则已现雏形”。[1]在国家政权稳定后“埃革阵”政府又于1994年制定通过了联邦国家新宪法，这份新宪法对各个民族州的权力及其与联邦中央政府的关系进行了明确规定，即民族州不仅拥有建立自治政府的权利，还被授予了独立行使立法、行政、司法等权利以及完全的分离权，而民族州享有的这些权利有一个基本前提，那就是要绝对拥护联邦中央政府权威与宪法权威。

第三，通过严格的法定程序杜绝民族地方的分离行为。虽然赋予了各民族州充分的自决权和民族分离权，但《埃塞俄比亚联邦民主共和国宪法》对其使用有着极其严格与细致的规定。例如，联邦国家宪法明确规定：民族州如果试图从埃塞俄比亚分离并谋求独立，必须同时满足两个方面的要求。一是要求独立的民族州必须得到2/3的州议会代表的赞成票，之后州议会将决议呈递联邦中央，联邦中央在收到决议后的三年时间内在该州举行全民公投，只有全民公投通过才能启动修改国家宪法的程序。二是民族州的分离与独立必须经过国家宪法，而宪法的修改又必须得到多数民族州的同意，所以要求独立的民族州必须同时完成与其他民族州的谈判工作并取得绝大多数的赞成票才能开始修宪工作。在这样严格的法定程序下，各个民族州拥有的所

[1] 钟伟云．列国志·埃塞俄比亚·厄立特里亚[M]．北京：社会科学文献出版社，2006：106.

谓“分离权”在事实上是难以实现的。总之，埃塞俄比亚强调“制衡”与“分权”的民族联邦制模式使各民族州和联邦中央的关系维持在比较平稳的状态，也在一定程度上杜绝了民族独立运动的发生。业内专家曾评价“富含社会主义民族治理思想和中国民族区域自治民族治理经验，并且在非洲本土进行了创新性实践，在特定条件下取得了良好效果”。❶

第二节　单一制国家中央与民族自治地方的主要关系模式

单一制国家是与联邦制相对立的一种国家结构形式。作为一种国家结构形式，单一制是指由若干个不享有独立主权的地方行政区域共同组成统一主权的国家的制度。采用单一制的多民族国家，为了更好地解决国内民族问题，往往会在少数民族聚居的地区建立民族自治体系，实行民族自治制度。但是，由于各国国情不同以及不同国家民族问题的特殊性和差异性，单一制国家范畴内所呈现出的中央与民族自治地方关系模式也表现出了较大的差异性。纵观世界范围内单一制多民族国家中央与民族自治地方的具体关系模式特点，可以发现其中最具有代表性的分别是以西班牙为代表的自治共同体模式、以英国为代表的权力下放模式以及以丹麦为代表的区域自治模式。

一、自治共同体模式

自治共同体是单一制多民族国家处理中央与地方关系的一种政治体制和关系模式。在这种体制和模式下全国划分为数量不等的自治区，中央政府对各个自治区实行垂直领导，在强化中央政府权威的同时给予自治区一定的自

❶ 施琳.应对民族多样性的“非洲思路”——“多维度”视域下的埃塞俄比亚民族治理模式[J].黑龙江民族丛刊，2016(3): 59.

治权。另外，即使自治区是多民族聚集地，国家也以地区而非民族划分自治单位。因此，在这种体制和模式下的单一制国家的国家和地方的关系往往比较牢固，被称为是形成了“由地方自治机构共同组成的治理体系——自治共同体”❶，而在中央与民族自治地方关系方面实行自治共同体模式的典型国家是西班牙。

西班牙位于欧洲西南部，是一个民族成分相对单一的国家，该国的主要民族是卡斯蒂利亚人，国内的少数民族主要是加泰罗尼亚族、加利西亚族和巴斯克族等。西班牙在 1979 年通过的《区域自治法》将全国划分为了 17 个自治区，即 17 个自治共同体，其中加泰罗尼亚、加利西亚和巴斯克这三个地区在历史上就一直是以上 3 个少数民族聚居的地方。从近年来西班牙中央政府与自治共同体政府之间的权力划分来看，其自治共同体制度的创建进程始终是沿着地方自治与中央集权并存的道路发展的，中央权威与自治共同体对权利的博弈成了西班牙国家政治发展的重要组成部分，尤其是以加泰罗尼亚等 3 个民族自治共同体作为少数民族进行自主管理的自治区，实际上享有许多其他自治共同体所没有的自治权。在西班牙中央政府应对加泰罗尼亚等自治共同体更多的自治利益诉求过程中，呈现出两者关系的以下三个特点。

第一，国家通过宪法在中央与地方之间实现较为均衡的权力配置。第二次世界大战结束后西班牙一方面建立了具有本国特色的单一制政治体制和区域自治制度，另一方面同其他的多民族国家一样，西班牙中央政府也试图借助法律制度解决本国的民族问题和潜在的地区分裂问题。1978 年，西班牙废除了之前的 1931 年宪法，经全民公投制定了新的国家宪法。这部全新的国家宪法为自治区的成功建立奠定了法律基础，也在西班牙中央政府与各个自治区之间实现了较为均衡的权力配置。国家宪法承认并保证各自治地区的自治权，对中央政府和自治共同体政府的职权划分问题也有明确规定。首先，中央政府统一管理国防、外交、海关与关税、对外贸易、外汇管理、财政、

❶ 刘泓．自治共同体与自治权利：西班牙地区自治制度解读[J]．黑龙江民族丛刊，2015(6)：49.

司法、劳工、知识产权及医药等事务，自治共同体在公共建设、医疗卫生、环境保护、旅游、文化教育、交通运输等方面享有自治权。其次，自治共同体政府在保证中央政府权威的情况下享有对关乎自身利益的法律裁量权。再次，在中央与自治共同体的专属权力、一般权力的效力问题上，地位最高的是自治共同体的权力，其次是中央的国家权力，最后是自治共同体的一般性权力。最后，自治共同体和所属的地方机关可根据宪法及相关法律规定拥有征收各种形式税赋的权力。总之，西班牙通过宪法维护了国家的权威，特别从法理层面杜绝了任何自治体的分裂行为。这主要表现在“当全国法律和自治区法规发生冲突时，国家规范在所有未划为专属自治区职权的问题上优于自治区”。[1]具体而言，《西班牙宪法》第155条和第161条规定：“如果某自治区未能承担宪法或法律赋予它的义务，或其行为对国家整体利益造成重大危害，中央政府可以采取一切必要手段，保护国家整体利益。”

第二，财政权独立成为民族地方与中央政府争权的核心。西班牙目前对国内不同地方实行的是双重标准的财政管理方式。一方面，针对巴斯克和纳瓦拉等经济落后地区实行特定的地方税收政策。地方税收是由自治共同体政府收缴的税费，除去支付给国家提供的非本地区职权范围的各种服务费用外，剩余的可以自由支配。另一方面，继续执行国家统一的财政税收政策，要求自治共同体政府将收缴的税费上交国家，国家再对其进行转移支付，自治共同体政府根据收到的转移支付去进行本地区建设，目前在加泰罗尼亚实行的就是这种国家统一标准的财政制度。由于加泰罗尼亚是西班牙最富裕和工业化程度最高的地区之一，其认为对国家的贡献和得到的回报之间是不平衡的，而且担负着地区间的互助义务，特别是从20世纪90年代开始西班牙中央政府要求其将10%的GDP用于补助贫困地区，加泰罗尼亚自治政府对中央的不满情绪逐渐增强，并在2006年正式提出了要求修改国家财政制度的要求。对于加泰罗尼亚的财政独立诉求，中央政府通过法院判决的方式予以驳回，认

[1] 屠凯．西方单一制多民族国家的未来——进入21世纪的英国和西班牙[J]. 清华法学，2015(4)：141.

为只有国家有权力确定和分配税收。这也导致了加泰罗尼亚自治政府与中央对财政争夺的激烈化程度日益加剧，双方之间的矛盾升级，最终助长了加泰罗尼亚的独立势力，他们认为脱离西班牙统治而成为独立自主的国家是解决本地区经济问题最合适的道路。

第三，“独立公投”逐渐成为民族自治共同体对抗中央政府的主要方式。加泰罗尼亚位于伊比利亚半岛东北部，2016 年人口约为 752 万，占西班牙总人口的 20%，是加泰罗尼亚族的主要分布区。加泰罗尼亚作为民族自治共同体并入西班牙享有相当高的自治权，但其境内的分离主义运动并没有因此停止。从 20 世纪末开始，加泰罗尼亚境内的少数民族民众对本自治共同体的自治诉求逐步升级，其标志是向中央政府提出重新调整 1979 年制定的《加泰罗尼亚自治条例》的要求。西班牙宪法法院在 2010 年 6 月指出该自治条例属于“《西班牙宪法》的下位法”。这个结果也导致加泰罗尼亚分别在 2010 年 7 月和 2012 年 9 月举行了大规模的群众运动以示反对西班牙中央政府的决定，并在 2013 年 1 月 22 日发布《加泰罗尼亚人民主权及自决权利宣言》，声称西班牙中央政府在阻挠加泰罗尼亚的民主进程，加泰罗尼亚的前途命运应由加泰罗尼亚人民决定，而不是西班牙中央政府，他们准备以独立的方式来对抗中央政府。加泰罗尼亚分别在 2014 年和 2017 年举行了两次“独立公投”，这也成为其在扩大自主权尤其是财政权的需求得不到满足的情况下以此来与中央政府进行博弈的一个筹码。2017 年 10 月 27 日，加泰罗尼亚自治区议会单方面宣布“独立”，西班牙宪法法院在 11 月 8 日正式宣布加泰罗尼亚自治区议会此前单方面宣布“独立”无效。截至目前双方在相关问题上仍未达成一致。

二、权力下放自治模式

权力下放自治模式是单一制国家处理中央与地方关系的另一种制度模式。权力下放自治模式指的是为了缓和多民族国家中出现的诸如地方独立等矛盾和危机，中央将立法权或者行政权下放给地方，地方通过行使这些权力来治理本区域。英国是一个典型的实行权力下放自治模式的国家。

英国的行政区划以英格兰、苏格兰、威尔士和北爱尔兰 4 个地区为基准，基于历史的原因，这四个地区与中央政府存在着某种程度的冲突，为了缓和这种关系，英国中央政府采取了权力下放自治模式。其主要标志是英国国会在 1998 年通过了《权力下放法案》，该法案使英国的权力下放模式表现出了两个特点，一是权力下放模式的前提是维护国家的主权完整，同时在这种制度模式下，地方政府仍然要受到中央政府多方面的管理和控制。二是权力下放的前提、原则和具体范围等内容是和这个国家的基本国情密切相关的，如目前苏格兰、威尔士和北爱尔兰的历史背景存在很大的差异，因此反映在权力下放的落实上也就有三种不同的类型，即呈现出了中央政府在苏格兰、威尔士和北爱尔兰之间比较明显的“非对称”的权力下放模式。需要指出的是，北爱尔兰的问题相较其他几个地区更为尖锐，曾经涉及国家主权争端问题。英国的中央政府在应对北爱尔兰的主权诉求和处理与其关系中呈现出以下三个特点。

第一，地方自治问题交织着历史殖民主义问题、民族问题和宗教问题。北爱尔兰位于爱尔兰岛的东北部，2001 年人口约 160 万，其中约 60% 是英格兰和苏格兰移民的后裔，约 40% 是古代凯尔特人的后裔即爱尔兰人。英国从 17 世纪开始在爱尔兰进行殖民活动，并于 1800 年使爱尔兰正式成为其殖民地。残酷血腥的殖民统治加上长期的宗教对立使爱尔兰社会逐渐产生了分化，英国人与爱尔兰人、新教徒与天主教徒以及联合主义者与民族主义者从此开始了长达三百多年的冲突和对抗。第一次世界大战后爱尔兰民族独立运动进一步高涨，并于 1919 年 1 月宣布成立爱尔兰共和国，组成临时政府。1919 年英国议会虽然宣布同意在爱尔兰实行区域自治，但是要求将爱尔兰所管辖的北方六郡作为一个独立单位仍然属于英国。这直接导致爱尔兰出现了南北分治的局面，此后围绕着爱尔兰所属北方六郡到底是实现独立还是归属于新成立的爱尔兰的问题争论不断。因此，学界目前所指的“北爱尔兰问题”就是指围绕北爱尔兰归属的争端及由此引发的英国政府与北爱尔兰对立以及所交织的各种民族宗教冲突。该问题一方面是英国殖民主义遗留下的极为复杂的历史问题，另一方面也涉及北爱尔兰乃至整个英国的民族、宗教、政治、文化、社会等诸多方面，因此也成为曾经长期困扰英国历届政府的一大难题。

第二，权力共享机制在双方关系协调中正在发挥重大作用。自北爱尔兰自治政府成立后，主张北爱尔兰脱离政治的群体与愿意留在英国的群体以及英国当局之间的各种矛盾问题一直比较严重，甚至逐步演变为局部暴力冲突活动并不断加剧升温。据统计“自 1969 年以来的 30 多年中，北爱暴力冲突造成了 3 500 多人死亡，40 000 多人受伤，暴力冲突给英国造成的财产损失超过 11.15 亿英镑”。❶在这样的复杂情况下，英国政府一直奉行使用和平方式解决冲突和分离问题，并坚持主导和搭建双方友好协商的各种和平环境，在这个过程中权力共享机制在双方关系协调中发挥了重大作用。具体而言，其主要表现在英国政府从 1972 年开始正式启动了与北爱尔兰政府以及所属各派政治力量的协商工作，从 1973 年英国与爱尔兰就北爱尔兰的前途问题签署《森宁代尔协议》到 1985 年双方再次签署涵盖了英国对北爱尔兰拥有主权的《英爱协定》，再到 1993 年双方签署的《唐宁街宣言》中明确规定爱尔兰是否统一将完全由北、南爱尔兰人民自行“协商决定”，长达 20 余年的谈判始终将权力共享机制贯穿其中。特别是 1998 年 4 月，北爱尔兰 8 个党派的领袖及英国政府达成了关于北爱尔兰和平的《贝尔法斯特协议》，从北爱尔兰的主权归属、享有国家议会的席位数量以及爱尔兰地方议会的立法权和管制权等方面进行了明确规定，以保证共享权力照顾各方利益。“《贝尔法斯特协议》一方面得到了各政党的支持，另一方面也在 1998 年 5 月的全民公决中得到了广泛的支持。这一支持较之人们在 1973 至 1974 年间对前一协议的支持要广泛得多”❷，最终将两者的关系暂时维系在了一个相对稳定且和平的状态。

❶ 邱显平．当代世界民族冲突问题研究 [M]. 南昌：江西人民出版社，2009：84.

❷ 王铁志，沙伯力．国际视野中的民族区域自治 [M]. 北京：民族出版社，2002：441-442.

第三，权力下放模式下自治地方仍然受到中央政府的诸多管控。虽然1998年《北爱尔兰法》的颁布和实施最终将英国联邦政府与北爱尔兰地方政府的关系纳入了法治化轨道，也为整个爱尔兰地区的和平发展局面奠定了一定基础，而英国政府从1999年开始也给予北爱尔兰地区一定限度的自治权利，实行权力下放管理模式。但是在这种制度模式下北爱尔兰地方政府受到了英国中央政府多方面的管理和控制，主要表现在以下几个方面。在立法管控上，通过制定宪法性文件来规范北爱尔兰的运作，如2006年、2007年、2009年重新修订了《北爱尔兰法》，牢固确立了通过对地方性立法的批准或备案等内容来加强对北爱尔兰的立法控制。在财政控制上，首先是在财政预算和拨款法案的立法上进行控制；其次因为地方政府的财政来源是地方税、贷款、各种收费和中央政府的拨款补助，而中央政府的拨款补助占据较大比例，中央政府通过逐年提高的方式控制了地方财政；再次是中央政府对补助经费的拨付精心谋划，对其用途也严加检查，通过各种办法限制地方的开支和基本建设费用。在行政管控上，北爱尔兰事务大臣由中央政府任命，北爱尔兰地方政府部门的大臣、北爱尔兰人权委员会和北爱尔兰平等委员会委员都必须由英国国务卿任免或任命；联邦中央政府直接督促事务大臣和北爱尔兰地方政府部门依法开展工作。总之，英国联邦中央政府通过具体的议会法案、人事任命、财政拨款等多种方式形成对了北爱尔兰地方的权力制约，从而使二者在一定程度上保持动态均衡。

三、区域自治模式

区域自治模式是单一制国家处理中央与地方关系的又一种制度模式。区域自治模式属于典型的地域性自治体制。它指的是国家为了地区的发展而给予自治权的一种方式，如一些主权归属问题不清晰的特殊地区（诸如之前是殖民地），在这样的情况下国家就会给予这些地区充分的自治权，而这种自治权又以地区自治而不是民族自治的方式表现出来。可以说“自治”与“整合”是区域自治模式下处理国家与地方关系的常用方式，具体到国家与民族地方的关系，丹麦就是典型的区域自治模式。

丹麦位于欧洲北部，全国人口 564 万人，其中丹麦人约占 95%，此外还有因纽特人和纳维亚人等少数民族主要集中在格陵兰群岛和法罗群岛上。目前，全国设 5 个大区和格陵兰、法罗群岛 2 个自治领地。其中，格陵兰是丹麦的海外自治领地之一，但与国家本土相距甚远，一度是丹麦的殖民地，二战结束后双方通过谈判协商正式成为丹麦的一个省。从 1979 年起丹麦通过国家宪法正式允许其实行“内部自治”，设有地方自治议会和内部自治政府，同时规定格陵兰外交、防务等仍由丹麦掌管。随着自身的经济发展和自治权力的获得，格陵兰自主独立的意识逐渐增强，其与丹麦中央政府的关系也更为尖锐。丹麦中央政府在应对格陵兰政府的自治与独立诉求过程中呈现了如下三个特点。

第一，政治经济的发展催生了地方自治政府对自治权的争夺。格陵兰在历史上由于环境恶劣曾不归属于任何国家的管理，直到二战后的 1953 年经过丹麦修改宪法才正式成为丹麦的领土。一方面，格陵兰虽然面积较小但处于连接大西洋与北冰洋的核心地带，其独特的地理位置对丹麦甚至整个欧洲而言都有其重要的政治和军事战略价值。另一方面，格陵兰地下的油气、矿产等自然资源储量十分丰富，经勘探发现“仅格陵兰岛东北部就蕴藏着相当于 314 亿桶石油的油气资源，约为丹麦所属的北海地区储油量的 80 倍”。[1]从 20 世纪 50 年代开始一直到 20 世纪 70 年代，丹麦为了促进格陵兰的经济社会发展对其进行了大规模的经济帮助和国家投资；而另一方面随着格陵兰自身经济的快速发展，其谋求自身自治的呼声也越来越高，并于 1975 年开始正式筹备自治事宜，经过双方近 4 年的谈判和博弈，最终在 1979 年 5 月 1 日丹麦议会通过了格陵兰自治政府提交的《格陵兰内部自治法案》，即同意在格陵兰实行内部自治，同时该自治法确立了格陵兰的自治机构是格陵兰议会以及执行机

[1] 张乐磊．格陵兰与丹麦关系的历史演进与现实挑战 [J]. 南通大学学报社会科学版， 2016(5): 83.

构——格陵兰自治政府。其中，格陵兰的税收、教育、文化和社会福利等事务均由自治政府独立负责，但格陵兰在军事防务、外交和司法事务方面仍由丹麦政府直接掌管。

第二，“格陵兰化”使从内部自治到国家独立的行为愈加明显。随着格陵兰自治权的获得和自治事务的有序推进，其地区的独立意识也渐渐苏醒，特别是在格陵兰行使自治权力受到诸多束缚的时候，其要求脱离丹麦成为一个独立自主的国家的呼声也越来越高。在1992年的格陵兰大选组成的自治政府开始形成了以脱离丹麦而独立的目标，第一次提出了“格陵兰化”的政治主张，“并进一步完善了从经由普遍选举产生的立法机构格陵兰议会——执行机构格陵兰自治政府等格陵兰的自治机构”。[1] 尤为明显的是，在2002至2009年间，实际执政的埃诺克森自治政府积极推行“格陵兰化”政策和民族独立运动，通过强化格陵兰语的法律地位和建立格陵兰民族博物馆与档案馆以及在报纸、电视和广播中大范围的使用格陵兰语等措施使当地民众的独立意识逐渐被唤醒。为了进一步扩大自治权，格陵兰在2008年举行了本地区的全民公决，通过与丹麦中央政府的博弈迫使其同意了格陵兰政府提交的全新的自治法案，最终从丹麦政府手中获得了更大的自治权。根据新的自治法案，丹麦从2009年开始向格陵兰自治政府移交了绝大部分权力，其中就包括了司法权、自然资源管理权以及部分外交事务权，格陵兰语也成为格陵兰官方语言，而格陵兰的自治范围也扩大到了司法、自然资源等领域，这些行为引起了国际社会的广泛关注，学界评价格陵兰目前“正不可逆转地走在通往独立的道路上”。

第三，国家采取了“支持自治”与“有限自治”并行的政策措施。由于格陵兰对丹麦的重要战略地位，学界有专家指出“一旦格陵兰独立，自然会冲击丹麦在北极的话语权，从而失去在北极问题上参与国际博弈的机会。”[2] 所以，丹麦政府不期望也不允许格陵兰真正的独立。为了确保丹麦的国家统

[1] 王铁志，沙伯力．国际视野中的民族区域自治[M]．北京：民族出版社，2002: 347.

[2] 郭培清，王俊杰．格陵兰独立问题的地缘政治影响[J]．现代国际关系，2017(8): 58.

一，一方面丹麦通过国家宪法专门对格陵兰的自治范围进行了规定，即“格陵兰的主权仍归丹麦王国中央政府所有；由格陵兰代行的各项权力必须以法律的形式加以明确的界定；不得将所谓国家事务移交格陵兰自治当局管理”。[1]另一方面，丹麦政府为了避免格陵兰的独立行动再次升级，还从国家政策层面出发将其自治运动牢牢限制在“自治”的有限范围之中，即通过“支持自治”与“有限自治”并行的灵活政策措施来实现丹麦与格陵兰之间的分享利益和分担责任。特别是在2011年发布的《2011—2020年丹麦王国北极战略》中虽然承认了格陵兰和法罗群岛在丹麦的自治地位，但也再次明确了格陵兰是作为丹麦的一个自治领地而存在的，其主权必须归属丹麦所有，同时其防务和外交事权必须由丹麦中央政府负责。

第三节　国际视野下中央与民族自治地方关系模式分析

“在多民族国家，解决国内民族问题的一个主要政策是允许少数民族实行某种形式的自治，如民族自治或地方自治，或者两者兼而有之”。[2]通过梳理和分析国际视野下中央与民族自治地方的不同关系模式，可以认定无论是联邦制的多民族国家还是单一制的多民族国家，由于本国国情的不同以及不同国家民族问题的特殊性和差异性，所呈现出的中央与民族自治地方关系的模式也表现出了较大的差异性。随着我国经济社会的发展与社会结构的进一步变化，实现中央与民族自治地方关系和谐发展的目标还需要不断做出相应调整和改进。国际视野下国家与民族自治地方关系不同模式的共有经验可以成为我们值得研究和借鉴的国际经验，即使是不同国情和政治体制的国家，其在处理国家与民族地方关系的过程中还是呈现出了一些共同特点和发展经验，为我们带来了启示和思考。

[1] 王铁志，沙伯力．国际视野中的民族区域自治[M]. 北京：民族出版社，2002: 347.

[2] 吴萍．从国际视野看民族区域自治制度[J]. 西藏发展论坛，2004(4): 32.

一、“民族区域自治”在协调国家与民族自治地方关系中效果明显

“在世界范围，‘自治’是普遍存在的一种维护国家统一、实行区域或族别自我管理的政治实践。选择或设计什么样的‘自治模式’，不同国家有不同的具体实践和特点”。[1]从国际视野下不同国家的中央与民族自治地方关系来看，更加可以发现两者关系的形成不仅有国家层面的安抚与妥协，还包含了地方层面的博弈和分离等诸多内容。当前，多个国家的中央与民族自治地方关系存在较多的现实问题亟待解决。无论是联邦制的多民族国家还是单一制的多民族国家，其当前的中央与民族自治地方关系都不是尽善尽美的，有的国家民族独立运动和分离活动此起彼伏，此时此刻仍然存在着严重的社会动荡和民族冲突问题，有的国家甚至还面临着国家分裂的危机。例如，2017年西班牙加泰罗尼亚自治区的独立公投事件至今仍未解决，特别是由于公投事件引发“西班牙首次启动宪法第155条”，并由中央政府接管加泰罗尼亚自治区事件给西班牙本国民众带来了极大的恐慌，也引起了世界各国的普遍关注。

无论什么样政治体制和国家结构形式的多民族国家，要处理解决本国的中央与民族自治地方关系问题就不可能离开本国的民族问题而单独存在。特别是在国家层面，无论是埃塞俄比亚通过民主宪法来稳定联邦中央与民族自治地方关系的国家政策，还是俄罗斯实行着以民族为主要特征的地区划分方式，抑或英国实行权力下放自治模式下所突出的权力共享机制，这些国家都通过法律形式来明确少数民族的平等权利和民族地方的平等地位的，即使是加拿大、西班牙的联邦政府实施的平衡两者关系的国家倾斜政策也包含照顾民族自治地方财政政策的核心内容。纵观并对比世界多民族国家对民族自治地方的施政经验，既有“民族自治”的多种形式，又有“地方自治”的多样方法，其中“民族区域自治”模式在协调国家与民族自治地方关系的“功能性”和“优越性”已经显现出来，无论是联邦制的多民族国家还是单一制的

[1] 郝时远．中国民族区域自治不是单纯的“民族自治”[N]．中国民族报，2011-4-22(5).

多民族国家，立足本国国情建立起来的“民族区域自治”不仅是保障少数民族权利的一种重要机制，“还可以在相当大的程度上满足少数民族群体对自己与传统居住地域特殊关系的情感与利益诉求”❶。例如，前文所介绍的埃塞俄比亚的民族联邦主义模式就是根据平衡各民族权益的现实需要，以法律明确规定和保护各民族的平等地位与权利，其中反映在中央与民族自治地方关系方面则是强调中央政府“统合”与民族地方“分权”相结合以及国家对民族自治地方的“主导”与“制衡”相结合，因此最终在国家与民族地方自治关系的处理上获取得了相对较好的效果。

二、盲目追求脱离实际的“国际经验”不可借鉴

由于不同类型国家中所呈现出的中央与民族自治地方关系模式表现出了较大的差异性，可以认定，世界不同国家的中央与民族自治地方关系模式源于各国特殊的历史背景、民族构成、文化环境和现实状况等多种因素，因此没有固定的模式可言。每一个多民族国家的中央与民族自治地方关系模式的选择必须与本国的国家结构、政治体制、民族问题等现实国情相结合。近年来，我国一些学者置中国的具体国情于不顾，套用美国等西方国家的民族政策，对我国的民族识别和民族区域自治政策提出质疑，笼而统之地将中国的民族区域自治在学理上归结为“联邦制”范畴，其中一个主张就是否认中国是一个统一的多民族国家的基本国情，主张直接借用所谓的“美国经验”（即“大熔炉”政策）在行政区划改革中废除民族区域自治制度，通过“国族一体化”政策一劳永逸地解决民族问题，被称为“第二代民族政策”。这些学者认为美国等西方国家是“大熔炉”国家的典型代表，其民族政策的核心内容是“不容许任何一个族群生活在一块属于自己的历史疆域内”❷，“因此，即使发生族群矛盾和族群冲

❶ 彭谦．民族区域自治与和谐社会 [J]. 西南民族大学学报（人文社科版）， 2015(8): 16.

❷ 胡鞍钢，胡联合．“民族大熔炉”和“民族大拼盘”：国外民族政策的两大模式 [N]. 中国社会科学报，2011-10-20(7).

突，也不会演化成民族分裂问题”[1]，在此基础上“第二代民族政策”的倡导者甚至提出了以行政规划管理体制改革的名义肢解面积大的自治区的主张。

美国是一个兼有“移民大国”和“多民族国家”等双重性质的联邦制国家。回顾和研究美国历史不难发现，一方面其现行的“大熔炉”政策是基于美国“非民族聚居式”的联邦制特点建立起来的，美国作为一个联邦制国家其国家结构形式中的一个重要特点是“非民族聚居式”的联邦制，即将“地域”作为划分和区分不同联邦的唯一标准，在这个过程中完全没有“民族”和“民族聚集区”等因素纳入其中。另一方面，美国现行的民族政策更是其在历史上形成的印第安人的保留地模式以及殖民时代遗留下来的种族灭绝、种族同化和种族隔离政策失败后的一个无奈的选择。需要指出的是，美国一直奉行歧视性的民族政策。例如，不仅对黑人实行奴隶制和种族隔离政策、对印第安人实行驱赶和屠杀政策，还对亚裔和其他民族实行排斥政策等。美国的民族发展史其实就是一部美国人民反对民族歧视政策的斗争史，尤其是从1960年开始美国国内出现了大规模的民权运动和反歧视运动，对美国的民族政策造成较大的冲击和影响。正是在外部和内部的共同压力下，美国政府才被迫对民族政策进行了调整，也促成了目前所谓的“大熔炉”政策的出台并上升为国家政策的一部分。需要指出的是，该政策的核心内容是“反对将民族聚落模式地域化，以及任何试图以民族单位为基础建立政治实体的努力”。[2]即“不允许外来移民族群建立不同的民族政体或实行政治上的自治，是美国族裔政策的基石”[3]。国际视野下国家与民族自治地方关系不同模式的共有经验可以成为值得我们研究和借鉴的国际经验，但通过分析美国的历史发展和民族问题的由来与现状就可以认识到中国与美国等西方国家的国情和民族问题的族情完全不同，照搬和借鉴所谓“美国经验”的“第二代民族政策”的做法是绝对不可取的。

---

[1] 胡鞍钢．胡联合．第二代民族政策：促进民族交融一体和繁荣一体[J]. 新疆师范大学学报（哲学社会科学版），2011(5): 4.

[2] 杨恕，李捷．当代美国民族政策述评[J]. 世界民族，2008(1): 25.

[3] 刘泓．美国的族裔格局与族裔政策刍议[N]. 学习时报，2005-1-17(3).

三、具有中国特色的中央与民族自治地方关系模式必须长期坚持和不断完善

通过对比国际视野下国家与民族自治地方关系不同模式不难发现，真正实现中央与民族自治地方关系的科学发展模式必须是维护国家统一和保障民族自治地方的自治权的双重统一，还必须是要实现解决民族问题和促进各民族发展的有机结合。而当前具有中国特色的中央与民族自治地方关系模式和国际视野下联邦制或单一制体制下国家与民族自治地方关系模式相比，最大的不同点是基于单一制的国家结构民族区域自治制度为中央与民族自治地方关系的建构提供了制度保障。

一方面，单一制的国家结构是具有中国特色的中央与民族自治地方关系模式的基础。当代中国建立单一制而不选择联邦制是基于历史传统与现实国情的考虑。众所周知，中国自古以来就是一个统一的多民族国家，“大一统”精神是中华民族凝聚力核心精神的重要体现。特别是近代以来，面对内忧外患的现实，救亡图存、建立独立自主的现代统一多民族国家成为中华儿女的共同任务和目标。当代中国的单一制不仅体现了中央与地方行政区的关系，而且体现了中央与民族自治地方以及中央政府与特别行政区的关系。这三种关系充分体现了中央处理地方普通行政区问题、民族问题以及国家统一问题上的“特色”和“优势”。可以认为，这种具有中国特色的单一制模式能够极大地维护社会稳定与国家的统一局面。另一方面，民族区域自治制度是具有中国特色的中央与民族自治地方关系模式的制度保障。纵观国际视野下多民族国家发展的历史与现实发现，“一个国家采取什么样的国家结构形式，不能照抄照搬别人的模式，而必须在民族性与时代性基础上坚持自己的‘特色’”。[1]进一步而言，无论是自上而下的高度集权体制还是多种形式的分权体制，国家的高度统一与稳定都是一个国家中央与地方关系的核心因素。和

[1] 沈其新，田旭明.坚持中国特色国家结构 增强当代中华民族凝聚力——兼论“联邦制”不适合中国[J].马克思主义研究，2011(7):142.

世界其他国家的各种所谓的“区域自治”和“民族区域自治”相比，“中国的民族区域自治制度无疑是一种‘在国家指导下’的自治制度”。[1]

总之，通过分析我国的民族区域自治制度不难发现，中国当前的中央与民族自治地方关系模式之所以被认为是科学的制度选择，就是因为这种全新的关系模式的制度设计指向中既不是单纯的“民族自治”，又不是绝对的“地方自治”，而是要求在国家统一的前提下实现两者关系真正的有机统一。在我国，着重要求无论是中央层面还是民族自治地方层面都应首先遵循“国家统一”和“宪法至上”的基本原则和政治方向，然后通过严格遵照宪法和民族区域自治法等法律法规去调整和完善中央与民族自治地方所包含的各种关系内容，从而实现对两者的地位和职权依法进行清晰的界定和分配。特别是从法律的高度将广大民族自治地方真正定位于国家统一整体内的重要组成部分，也要求其必须坚定地将维护国家统一完整的义务和贯彻落实国家法律和政策的义务作为首要的政治责任，从法律层面杜绝了将民族区域自治篡改为无原则的“高度自治”或“绝对分权”等恶意分裂行为，从根本上保证了作为一个多民族国家实现真正的主权统一和领土完整。总之，具有中国特色的中央与民族自治地方关系模式不仅在实践上证明了我国民族区域自治制度的巨大优越性，而且是统一多民族国家实现发展进步的重大命题，需要长期坚持并不断完善。

[1] 关凯．多元文化主义与民族区域自治——民族政策国际经验分析（下）[J]．西北民族研究，2014(2)：47.

第五章　国家治理现代化视域下我国中央与民族自治地方关系的建构

国家治理现代化视域下的理论体系和实践内容是民族区域自治制度的核心，也是中国政治体制的特点和优势，还是我国中央与民族自治地方关系体系中的核心内容与追求目标。本章立足于国家治理现代化的基本研究视角，从历史与现实、国内和国际两个维度总结建构我国中央与民族自治地方关系的价值意义。在此基础上从两者之间的整体与局部关系、统一与自治关系和权利与义务关系入手，深入剖析我国中央与民族自治地方关系的建构目标，并以此提出不断调整和完善两者关系体系的政策建议和建构方案，使之真正朝着和谐发展的正确方向不断前进。

第一节　国家治理现代化视域下建构中央与民族自治地方关系的价值意义

国家治理现代化视域下建构我国中央与民族自治地方关系要求把两者视为一个相互联系、相互促进、有机结合的完整统一体，以最终实现这个关系体系的科学、长远和可持续发展。国家治理现代化视域下建构我国中央与民族自治地方关系的价值意义具有历史、现实和未来的三重维度。从历史维度上看是对我国传统中央政权与民族自治地方关系模式的超越；从现实维度上看是国际视野下中央与民族自治地方关系不同模式的优势体现；从未来的维度上看是实现我国国家治理体系和治理能力现代化的客观要求。

一、对我国传统中央政权与民族自治地方关系模式的超越

我国自古以来就是一个多民族国家，民族问题历来在中国政治社会生活中占据着重要的地位。上起秦汉，下迄明清，历代王朝都从巩固王朝政权的实际出发，总是以“因俗而治”的统治观念和方式去处理中央政权与民族自治地方的关系问题。从隋、唐、宋时期形成的羁縻州府制度到元明以后的土司制度再到清朝的盟旗制度和政教合一制度等，中国古代王朝在解决民族问题的过程中形成了以“羁縻怀柔、和平交往”为主要特点的中央政权与民族自治地方的关系模式。我国传统中央政权与民族自治地方的关系模式主要有以下两个特点：一是中央与地方的整体统一观。中国历代王朝都把中国的各个民族和民族自治地方看作一个整体，即都视中国为一个整体，而自身则是这一整体的当然“天下主”，治理着东南西北中“五方之民”。这种思想观念贯穿和体现在历代王朝的民族政策中，在此基础上维系并不断加强中华民族不可分割的统一局面。二是“因俗而治”的统治治理观。为了维护在民族自治地方的统治并解决民族自治地方的各种社会问题，历代王朝都根据其政治经济发展特点和社会环境的差异对这些地区实施特殊的管理政策和治理措施。这种带有自治色彩的管理制度和历史文化传统，也是在几千年的历史长河中“中华民族多元一体”观念得以形成并不断发展的一个重要原因，但以“羁縻怀柔、和平交往”为主要特点的中央政权与民族自治地方的关系模式有着明显的历史局限性。一是历代封建王朝中央政权与民族自治地方的关系模式是建立在民族压迫和不平等的基础上的，封建王朝安抚、利用的是民族自治地方的实际统治者，而对广大少数民族民众采取的仍然是统治和压迫。

二是历代封建王朝建立中央政权与民族自治地方关系模式的前提是不改变民族自治地方本身的管理秩序和统治模式，这不仅是中央政府对少数民族自治地方怀柔与妥协的基本政策体现，而且导致了其中央集权的政治体制在少数民族自治地方无法真正实施。

中华人民共和国成立以来，我国以“单一制”和“民族区域自治”这两个核心原则来实现“国家统一”的国家结构形式，这不仅是对马克思主义民族观和国家观的合理运用和充分借鉴，而且实现了结合中国历史与国情的超越和发展。中国当前的中央与民族自治地方关系模式之所以被认为是科学的制度选择，就是因为这种全新的关系模式既包含了历代封建王朝所发展形成的“天下一统”等合理政治因素，又体现了民族区域自治制度的科学制度设计，即从本质上超越了我国传统治理体制和一般意义上的“央地”关系模式。2014 年中央民族工作会议暨国务院第六次全国民族团结进步表彰大会强调“要坚持统一和自治相结合、民族因素和区域因素相结合”，再次表明民族自治地方的自治不是绝对自治，而是在宪法范围内坚持中国特色社会主义道路和坚持维护祖国统一的必然选择。这是国家立足于新的历史时期，在国家治理现代化视角下对实现两者关系的发展进步而做出的顶层设计与切实要求。可以得出结论，国家治理现代化视角下对我国中央与民族自治地方关系的建构，其最基本的目标指向就是将两者的关系定位在“统一和自治相结合、民族因素和区域因素相结合”的范围之内。

二、国际视野下中央与民族自治地方关系不同模式的优势体现

“在世界范围‘自治’是普遍存在的一种维护国家统一、实行区域或族别自我管理的政治实践，选择或设计什么样的‘自治模式’，不同国家有不同的具体实践和特点。”❶纵观世界多民族国家对民族自治地方的施政经验，既有“民族自治”的多种形式，也有“地方自治”的多样方法，其中关于自治

❶ 郝时远．中国民族区域自治不是单纯的“民族自治”[N]．中国民族报，2011-4-22(5).

形态的选择既受到国家体制因素的影响，又受到本国民族结构因素的制约。涉及中央政府与民族自治地方关系的层面，前面已经介绍了以加拿大为代表的行政联邦主义模式、以俄罗斯为代表的民族联邦主义模式、以埃塞俄比亚为代表的民族联邦制模式、以西班牙为代表的自治共同体模式、以英国为代表的权力下放模式以及以丹麦为代表的区域自治模式。

自中华人民共和国成立以来，我国的中央与民族自治地方关系发展模式之所以表现出了强大的生命力，其中一个重要原因是我们始终坚持了将“统一和自治相结合、民族因素和区域因素相结合”作为两者关系发展的基本定位和追求目标，并从思想观念、法律法规、制度和相关政策等方面进行了一系列的科学探索和系统创新，促使民族自治地方快速走向社会主义现代化的发展道路，为我国国家发展进步提供了政治保证，这是我国在国际视野下中央与民族自治地方关系体系中不同模式比较下的集中优势体现。一方面，在民族地区建立以当地主体民族为基础的民族区域自治，5个自治区的地方政府是一级地方国家政权机关，处于国家政治体制的从属地位，接受中央政府的领导和监督；另一方面，民族自治地方政府作为自治机关政府在拥有职权方面高于一般地方政府，特别是在对本地方的社会公共事务进行管理时可以行使管理的自主权，即依法自主管理本地方的各项社会公共事务，在此基础上更好地保障了少数民族应有的各项自治权利，同时在国家生活中的政治、经济、文化和教育等各个领域兼顾各个少数民族的地位和利益。

三、实现国家治理体系和治理能力现代化的客观要求

推进国家治理体系和治理能力现代化是党的十八大以来党和国家在探索建设中国特色社会主义道路和社会治理过程中所取得的最新成果，也是全面深化改革背景下党和国家关于国家和社会治理战略的重要组成部分。众所周知，推进国家治理体系的现代化是一项规模宏大的国家治理工程，涵盖了本国的政治制度、经济制度和法律制度等诸多内容，需要处理好其中所包含的

各种复杂的关系问题。在这个纷繁复杂的治理过程中，以构建“科学完备、和谐运行”为主要特征的中央与民族自治地方关系问题是推进国家治理体系现代化在民族工作中的客观反映，这个工作能否完成决定了这个体系中其他多种问题能否得到切实有效的解决。学界专家指出：“我国的民族工作是立足于统一的多民族国家这一基本国情确立的重要工作，是国家治理体系和治理能力的有机组成部分。”❶在我国，中央与民族自治地方关系问题是中央与地方关系建构模式中的一种特殊而又重要的表现形式，国家治理过程的长期性和治理问题的复杂性等多重现实因素客观地决定了中央与民族自治地方关系处理是国家治理过程中所必须要解决的一项系统工程，也在客观上决定了成功构建中央与民族自治地方关系体系对一个国家而言意义非常重大，可以说中央与民族自治地方关系构建问题在一定程度上决定了这个国家治理体系现代化目标能否真正实现。

统一和自治相结合、民族因素与区域因素相结合，这两个结合视角下中央与民族自治地方关系的整体建构从本质上体现了国家治理体系现代化中对象和手段的高度统一。一方面，治理体系的现代化在治理对象上体现了“整体”与“局部”的统一，国家治理的对象反映在民族地区层面，就是要实现国家和民族自治地方的协同共治，两者之间是辩证统一的关系。要实现两者协同共治的目标必须要发挥从中央到民族自治地方的共同积极性，最终达到的理想关系状态不仅是自上而下的关系，还要有自下而上的关系，更重要的是要从两个主体出发同时实现双向和谐互动的新型关系，这和立足于新的历史时期在“国家治理现代化”视角下中央与民族自治地方关系的整体建构方向是根本一致的。另一方面，国家治理体系现代化在治理手段上体现着“完善”与“创新”的统一，这是一个长期追求和探索的过程。国家治理手段的现代化反映在中央与民族自治地方关系层面上，不仅要在治理手段上坚持和完善中国特色的民族区域自治制度，更需要结合我国国家治理具体实践中不断出现的新问题和新情况，不断丰富和扩展两者关系体系的研究对象和发展

❶ 郝时远．国家治理体系建设与民族工作[N]．中国民族报，2013-11-22(5).

空间，还需要从政治、经济、文化等方面建立和完善这个体系中所包含的沟通调节机制。这就要求具有中国特色的中央与民族自治地方关系必须以“统一和自治相结合、民族因素与区域因素相结合”为前提和基础，不仅要构建辩证统一、密不可分的利益关系整体，还需要在长期的历史进程中不断调整和规范两者之间的各种关系问题，最终达到两者之间的体系完备和科学有效的理想状态，从而真正地推进国家治理体系在民族地区的现代化。总之，立足于新的历史时期在“国家治理现代化”视角下，中央与民族自治地方关系的整体建构在很大程度上体现了国家治理体系中手段和对象的高度统一，这也是两者关系体系发展完善过程中的重要价值追求。

第二节　国家治理现代化视域下我国中央与民族自治地方关系的建构目标

立足于新的历史时期在国家治理现代化视域下，中央与民族自治地方关系的建构与发展必须要综合考虑到两者之间在国家层面的整体与局部的关系、在政治层面的统一与自治的关系以及在法律层面的权利与义务的关系等。具体而言，必须要把实现国家统一和保障民族自治地方的自治权的双重统一、实现解决民族问题和促进民族自治地方发展的有机结合以及实现国家与民族自治地方各自权利与义务的不可分割等作为中央与民族自治地方关系的建构目标，这样才能真正解决两者之间存在的整体与局部关系、统一与自治关系和权利与义务关系等，最终充分体现两者关系体系科学发展的要求和特点。

一、实现维护国家统一和保障民族自治地方自治权的双重统一

对一个统一的多民族国家而言，如何实现维护国家统一和保障民族自治

地方的自治权这两个层面的有机统一是其所追求的重要政治目标。落实到中央与民族自治地方关系的处理方面，其核心问题是解决在维护国家统一的大原则下如何真正实现民族自治地方拥有“自主地管理本民族内部事务”权力的问题。中华人民共和国成立以来实施的民族区域自治制度之所以被称为具有创造性的“科学的制度设计”，其中一个重要原因就是其能够立足于中央与民族自治地方关系发展的实际情况并从本质上超越了我国传统治理体制和一般意义上的“央地”关系模式。

自中华人民共和国成立以来，特别是民族区域自治制度在全国范围内推广以来，我国的国家与民族自治地方之间所形成的关系体系在传统意义上的国家与地方的关系基础上得到了极大的丰富和发展。展望我国中央与民族自治地方的关系发展的方向和路径，其中最为主要的目标就是要真正实现两者之间关系发展的制度化、法律化、规范化，即实现“维护国家统一”和“保障民族自治地方自治权”这两个目标任务的双重统一。一方面，在我国无论是民族自治地方的建立、自治机关的组建还是其自治权的行使都要以国家统一和领土完整为前提，这也在客观上要求民族自治地方行使各方面的自治权时都必须把维护国家的整体利益放在第一位。我国的国家权力配置中心必须是中央，民族自治地方政权机关是作为中央政府的下属机构而存在的，其权力来自中央的授予或者下放，因此各级自治机关所行使的也是宪法和国家赋予的自治权。从具体的实践来看，在国家的统一主导下真正实现在两者之间的行政关系、财政关系和法律关系等方面的科学构建目标，不仅要使中央政府的领导权威得到巩固和维护，还要充分保障5个自治区政府所特有的自治权能够全方位、深层次的落实和发挥。另外，国家层面必须把保障民族自治地方自治权的充分有效行使作为自己的重要责任和使命。因此，我国中央与民族自治地方的关系发展特点体现在从国家层面颁布实施宪法和自治法。在此框架之下最大的目标任务就是要赋予民族自治地方依法制定自治法规的权力，因此我国中央与民族自治地方之间所形成的权力配置方案的目标指向必须是使广大民族自治地方真正享有不同于一般地方的自治权，通过完善的法律体系来明确和规范两者各自所享有的权利以及各自要承担的义务，使两者在法律体系框架内真正形成权利和义务共同体，最终不仅要依法保障民族自治地方在国家政治生活中的地位，更要充分保障自治民族管理本民族自治地方内部事务的权力。

二、实现解决民族问题和促进民族自治地方发展的有机结合

不同的历史环境和发展特点决定了同一个国家内部的民族问题具有不同的特定内容和关注重点。在历代封建王朝，我国的民族问题主要表现为民族压迫、民族歧视、民族不平等，而当代中国的民族问题则主要是解决历史遗留下来的各民族经济、文化发展水平上的差距而造成的部分民族在发展道路上的不均衡和不平等问题。这种以发展问题为主要内容的不均衡和不平等问题也被认为是在中华人民共和国成立后的较长时期内民族自治问题依然存在的一个重要原因。因此，我国解决民族问题和促进民族地方发展必须是有机结合在一起的，在未来我国中央与民族自治地方关系的构建和发展中也必须要解决好这一问题。

近代以来，中国遭到帝国主义列强的瓜分，国内民族矛盾激化。中国共产党成立伊始就意识到民族自治地方对实现国家和平统一的重要性。因此，使用什么样的国家结构形式来维护国家统一，保持国家不被分裂并解决当时国内存在的突出民族矛盾问题是中国共产党必须要解决的重大政治问题。解决国内的民族问题也就成为具有中国特色的中央与民族自治地方关系体系形成和发展的出发点与落脚点。自中华人民共和国成立以来，中国共产党深刻认识到采用民族区域自治的方法不仅能够解决国内长期遗留下来的民族矛盾问题，还能够有效实现少数民族和民族地区的长期稳定发展。不可否认的是，民族地区的巨大发展成就为我国民族团结和国家稳定奠定了坚实的政治、经济基础，但必须认识到社会主义时期的民族问题依然长期存在，主要是以“民族发展问题”，特别是以“民族自治地方的发展问题”等多种形式

呈现出来。其主要表现为因发展基础薄弱，直接导致部分偏远民族地区与其他地区的发展差距不断拉大，同时在经济建设中出现了各种经济利益上的矛盾和纠纷。因此，我国对中央与民族自治地方关系无论是从宏观的构建目标还是到具体的实施原则上都必须要充分考虑到当前广大民族自治地方的发展问题，即瞄准解决民族问题和促进民族自治地方发展的有机结合这一核心原则，特别是在发展中不仅要加强中央政府对民族自治地方政府在宏观领域的领导和监督，同时要进一步真正授予民族自治地方政府依法自主管理本地方各项社会公共事务的权力。在这个过程中不仅要使中央政府的领导权威得到巩固和维护，还要充分保障民族自治地方政府的自治权能够全方位和多领域的“落地生根”。在此基础上，我国政府还要进一步将民族自治地方的发展纳入国家经济发展的整体规划，从基础设施建设和专项建设资金落实等方面逐步加大对广大民族地区的支持力度，从财政关系入手进一步给予民族自治地方比一般地方更多、更大的财政自治权，最终使我国中央与民族自治地方经济关系整体上呈现出和谐良好的局面。

三、实现国家与民族自治地方各自权利与义务的不可分割

作为国家治理体系结构中的双重主体和政治发展中的两大行为主体，中央与民族地方这两者既是权利主体，又是义务主体，即在两者之间的关系体系中双方不仅拥有各自所属的权利，还要承担相应的义务和责任。因此，实现两者关系的良性运作并达到和谐发展目标还必须要认识和准确定位双方各自应有的权利和义务，并且在两者的关系体系中做到相互统一、不可分割。

展望我国未来中央与民族自治地方关系的发展目标，其中一个核心原则就是实现两者之间各自拥有权利与承担义务的统一。在国家层面，要深入落实中央政府代表国家行使统一领导全国地方各级国家行政机关的工作等权力，在具体的实施过程中事关全国性事务范围，如边境安全稳定和民族自治地方的资源保护、生态安全等都应由中央政府统一管辖处理，以确保国家的政令

畅通以及保证国家重大战略规划能够有效推进。同时，要严格落实《民族区域自治法》专门用一整章和19条具体内容明确规定的上级国家机关的职责问题，即在民族自治地方的发展过程中中央政府始终责无旁贷，必须充分发挥自身的领导责任和帮扶义务。民族自治地方政府虽然作为一般地方性的国家行政机关而存在，但是在中央政府的领导和管理方面表现得更为具体和细化。涉及民族自治地方教育、社会保障、医疗卫生等公共服务事务应由民族自治地方自主管理，中央政府主要发挥监督与指导作用。同时，注意必须要将国家对民族自治地方的帮扶责任和义务深刻体现在两者政治权力关系、行政关系、财政关系和法律关系的方方面面之中，真正实现国家层面在两者关系体系中的权利与义务的不可分割。从民族自治地方层面而言，不仅要代表本自治民族行使权力，更要代表本民族自治地方行使权力。在两者关系体系的权利与义务划分中，民族自治地方要深刻认识到自身不仅拥有法律所赋予的各项权利，特别是自治权利，还要肩负坚决贯彻执行国家各项法律、法规的多重义务与重大责任，即民族自治地方在拥有广泛权利的同时，要承担相对应的义务、担负自身应有的责任。从权利与义务相互关系上看，民族自治地方无论地域大小，都是祖国大家庭中的重要一员，民族自治地方的自治机关和各民族群众在民族自治地方行使自治权的同时，特别要承担自觉维护国家统一和民族团结的义务，敢于和善于同民族分裂势力、宗教极端势力和暴力恐怖势力做斗争，最终共同承担维护国家统一和民族复兴的责任与义务。

第三节　国家治理现代化视域下我国中央与民族自治地方关系的坚持与完善

中央与民族自治地方关系的科学发展不仅是统一多民族国家实现发展进步的重大命题，还在实践上证明了我国民族区域自治制度的巨大优越性，更是在新的历史时期实现我国国家治理体系和治理能力现代化的客观要求。由于当前我国中央与民族自治地方关系的建构过程中还有一些突出问题，两者关系体系的构建以及最终科学发展目标的实现都是一个系统的治理工程，更是一个动态的调整过程。需要指出的是，立足于新的历史时期在国家治理现代化视角下，实现中央与民族自治地方关系的完善与发展需要在思想观念、法律法规、制度和相关政策等方面进行一系列的科学探索和系统创新，使之真正朝着和谐发展的正确方向不断前进。

一、国家和民族自治地方共同确立构建两者关系的指导思想和行动观念

中央与民族自治地方关系的科学发展过程中要最终实现从中央到民族自治地方同时具备高度统一的正确思想认识。作为这个关系体系的双重主体，缺少任何一个环节就不可能实现中央与民族自治地方关系良性运行和科学发展目标。具体而言，从中央国家机关到下级地方政府和普通公民在内都要深刻认识到实现两者关系体系整个建构的重要性和紧迫性，真正确立中央与民族自治地方科学发展关系的基本指导思想和行动观念。

（一）中央政府和上级机关要充分认识、尊重和强化自治地方的自治权

必须承认自治权不仅是作为民族区域自治制度的核心要素而存在，更是保障这个特殊关系体系实现和谐发展的重点内容之一。进一步来说，如果没有自治权的充分行使为前提和基础，就不可能有这个特殊关系体系的良性运行和和谐发展。中国有着两千多年的中央集权制的历史，在这个历史过程中已经确认了中央集权始终是实现国家政治稳定的一个重要的制度保证，同时必须认识到权力结构的合理调整对一个国家的治理活动来说也是十分重要的问题。业内学者特别指出“讲自治地方自治机关的自治权，既包括自治机关本

身应有的自治权，也包括上级国家机关应当尊重和保障他们的自治权”❶。前面已经指出目前社会上还存在将中央权威“绝对化”和将自治地方的自治权“绝对化”等错误认识倾向，特别是中央政府和上级机关还存在对待民族自治地方和一般地方片面的“一视同仁”，没有把两者真正区别开来，在关系处理的具体过程中又出现“越位”和“缺位”等认识误区。为此，中央政府作为上级机关必须从认识自治权、尊重自治权和强化自治权等几个方面进一步转变思想和观念。

1.增强政治意识，高度认识“自治权”在中央与民族自治地方关系中的重要地位

若要高度认识落实民族自治地方的“自治权”首先要从国家层面的中央政府做起。作为国家政权的领导机关，国务院各部门必须要首先树立和强化民族自治地方的“自治权”意识，要严格落实《宪法》《民族区域自治法》等法律关于给予民族自治地方自治权的各项内容，自觉维护宪法和法律的严肃性，特别是要站在维护国家统一和贯彻落实国家法律的政治高度来切实尊重和充分保障民族自治地方的各项自治权并以此来开展相关工作。同时，中央政府各部门要树立“民族工作无小事”和“民族自治地方发展无小事”的思想，不仅将“自治权”意识落实到国家机关工作的方方面面，还要认识到自治权弱化或者虚化带来的不良后果，辩证地认识到“自治权是国家根据统一和自治的原则赋予民族自治地方的权利，也是自治民族根据平等自治的原则应该享有的权利。它并不是恩赐，也不意味着特权”❷。要以高度的政治意识去认识自治权是中国民族区域自治制度的核心内容，同时自治权的内容、范围、大小等直接关系自治地方自治程度的高低，而自治地方自治程度的高低以及自治权行使的好坏最终直接中央与民族自治地方关系科学发展目标能否实现。

❶ 毛公宁．关于深入贯彻落实民族区域自治法的思考 [J]．广西民族研究，2014(3)：18.

❷ 金炳镐．自治机关建设与自治权行使 [M]// 沙伯力，王铁志．国际视野中的民族区域自治．北京：民族出版社，2002：77.

2. 树立全局意识和责任意识，在实际工作中尊重和维护民族自治地方的“自治权”

在高度认识“自治权”在中央与民族自治地方关系中的重要地位的基础之上，中央政府等上级国家领导机关更要在实际工作中转变传统观念，特别是改变片面、狭隘认识和定位民族自治地方的错误工作观念，坚决克服将涉及民族自治地方的工作机械等同于单纯是少数民族干部的工作和中央民族工作部门的事情，要在自身实际工作中和职权范围内尊重和维护各级民族自治地方和所属自治机关的“自治权”。一方面，要从维护国家整体经济发展和全局稳定的高度开展工作，在具体的工作中注意将民族自治地方和非民族自治地方区别对待，在制定相关的国家政策和推进具体工作时不搞所谓的“一刀切”，特别是涉及民族自治地方的国家政策和工作措施等，在制定前既要通盘考虑全国不同省区市的共同情况和总体特征，又要兼顾不同民族地区的特殊情况及发展诉求，特别是在具体的政策和措施设计上要保障多方利益的共同实现。另一方面，不仅要充分注意到民族自治地方有根据本地方的实际情况来变通执行或停止执行中央政府和上级部门相关决定和指示的权力，还要高度重视和保护这些特殊权力，在实际工作中真正做到坚决不向下“越权”和“侵权”。特别是上级国家机关和职能部门在实施核准民族自治地方变通权的工作时，应当在严格依照宪法和法律的基础上慎重、准确做出结论和回复。还要注意在上级国家机关关键岗位和与民族自治地方进行工作对接的一线岗位上选拔任用一批对民族自治地方和民族工作具有全局意识和责任意识的领导干部。

3. 强化法治意识，从顶层设计出发切实保障民族自治地方的“自治权”

中央政府等上级国家领导机关要认识到在全面依法治国的背景下，法律关系是协调处理中央与民族自治地方的主要手段和内容，要认识到在国家治理体系现代化的进程中，中央与民族自治地方之间只有依法进行顶层设计和系统规划才能走向法治化和现代化的道路。一方面，中央政府和国家职能部门要从顶层设计出发通过采取有力措施为保障和维护自治权创造良好的政治环境和社会环境，从而保证民族自治地方的各项自治权能够在国家政治体制中予以牢固确立并充分行使。特别是中央政府首先要认识到自治条例在中央和民族自治地方关系中的重要作用，鼓励和领导民族自治地方制定出台相关的自治法规，并应当在民族自治地方条例的制定过程中充分发挥自身应有的指导责任和作用。另一方面，中央政府要积极探索从法治环节来进一步明确中央与民族自治地方关系中各自的权力范围和地位，要严格按照宪法和自治法等法律法规去调整和完善两者关系的具体内容，积极主动从国家层面完善实施《民族区域自治法》的配套法规和相关的部门规章，使两者的地位和职权能够依法进行清晰界定和科学分配。

（二）民族自治地方政府和少数民族公民要正确认识和强化自治意识

确立定位和发展中央与民族自治地方关系的基本指导思想要从国家机关和民族自治地方两个层面出发同时强化。除了中央政府和上级机关进一步转变观念，充分认识、尊重和强化自治地方的自治权外，民族自治地方层面也要做到从自身出发来认识自治权的具体内容和强化自身的自治意识。具体而言，需要从充分认识到自身法律地位和政治地位的特殊性、切实提高自治机关的主观能动性、引导和强化民族自治地方公民的国家意识和自治意识等方面入手开展工作。

1. 树立大局意识和法治意识，充分认识民族自治地方法律地位和政治地位，坚决维护国家统一

确立和发展中央与民族自治地方关系的基本指导思想首先要求民族自治地方必须树立大局意识和法治意识，充分认识自身的法律地位和政治地位。要认识到民族自治地方是国家不可分割的一部分，要切实维护国家的统一。

我国宪法和自治法不仅规定了民族自治地方在国家的地位和政治属性，还对民族自治地方如何设立、民族自治地方的区域界线如何划分以及民族自治地方名称的组成等问题都有明确的规定。业内学者指出“民族自治地方是由各少数民族行使自治权的各少数民族聚居的行政区域，具有确定性、法定性和国家全力扶持的宪法优势”❶。因此，必须认识到我国的民族自治地方不仅具有鲜明的民族性和地域性等特征，还具有国家强制性与授权性等特征。在这个基础上，一方面要认识到坚决维护国家统一和主权完整的重要性，切实认识到“自治不是独立”，必须坚决与任何形式的分裂活动作斗争。另一方面，应该认识到自治权属于国家赋予权力的一部分的法律地位不容动摇。正如业内专家早已明确所指出的“自治权是国家权力的一部分，与民族自决权或者民族独立权的性质又是完全不同的”❷。必须认识到民族自治地方的自治权与一般地方的普通职权一样都来源于国家授权，因此在行使权力时首先要做到的是服从国家和中央政府的统一领导和监督，特别是自治权也具有对国家权力的从属性特征，必须认识到拥有和行使自治权的前提是担负对维护国家统一与稳定的根本义务。

2. 增强紧迫意识和担当意识，切实提高自治机关行使自治权的自觉性和主动性

民族自治地方除了应该认识到自身的自治权是国家权力的一部分外，还要高度认识到这种自治权是国家赋予民族自治地方的一种特定权力。《民族区域自治法》系统完整地规定了自治机关的 27 条自治权，这些具体的权力内容充分体现了这不仅是国家赋予民族自治地方的合法权力，更是民族自治地方需要发挥自身积极性来主动行使的宝贵权力。民族自治地方一方面要树立紧迫意识和自主管理意识，认识到授予自治权的真正目的就是让民族自治地

❶ 马玉祥．民族区域自治制度和民族自治地方在宪法中的地位 [N]. 中国民族报，2012-2-10.

❷ 宋才发．论中国民族区域自治制度的作用和特色 [J]. 广西民族研究，2002(4): 4.

方充分实现自主管理，必须转变之前出现过的“等、靠、看”等错误思想观念，不能一味地依靠国家和中央政府的帮助和所谓的“授权”，要认识到本民族自治地方发展的艰巨性和紧迫性，积极研究如何发挥自身的独特优势以及通过自力更生来不断发展经济、文化和社会事业。另一方面，要进一步增强自身的担当意识，认识到民族自治地方发展的关键还是要看民族自治地方本身的努力程度，民族自治地方政府就是本地方发展的“领头羊”和“主力军”。特别是要认识到在自治权履行上的种种“不作为”就是对少数民族地区和少数民族群众的不负责任，要彻底改变之前的一些消极的工作态度和错误的工作方针，不断提高自身行使自治权的自觉性和主动性。

3. 培养主人翁意识和参与意识，正确引导和强化民族自治地方公民的自治意识

民族自治地方的自治权归根到底是通过民族自治地方的各族人民来实行自治的权力。因此，自治观念的树立以及自治权的行使除了要考虑少数民族地区外，还要考虑少数民族群众这个关键因素。自治意识的培养首先要针对民族自治地方政府的工作人员，尤其是少数民族干部，因为他们不仅是民族自治地方的代表群体，更是确保自治权能够充分发挥效用的行动主体。只有少数民族干部树立了发展本民族自治地方事业的主人翁意识，才能更好地带领广大少数民族群众依法形成广泛的参与意识和自治权意识。另外，要着力引导和强化民族自治地方大多数公民的自治意识和主人翁意识。5 个自治区和各级民族自治地方不仅要宣传和普及民族区域自治制度以及相关的政策法规，还要通过学校、家庭、社会与新媒体平台的有机结合进行全方位的宣传教育工作，不仅要增强民族自治地方广大公民的自治意识，还要不断促使各民族群众建立起正确的民族认同和国家认同的思想观念，从而从思想认识层面切实保障自治权的贯彻落实。

二、完善民族区域自治法规体系，建立健全两者关系的法律法规

现代化国家中的中央与地方的关系需要靠法律来规范，中央与民族自治地方之间亦是如此。因此，建构中央与民族自治地方关系需要从根本上完善和筑牢涉及两者关系的法律法规，通过完善的法律体系来明确和规范两者各自所享有的权利和各自要承担的义务，使两者在法律体系框架内真正形成权利和义务共同体，才能真正使民族自治地方在国家中的地位有法律的保障，才能维护和保障国家统一和领土完整，才能真正实现立足于新的历史时期在实现国家治理现代化中的目标要求。

（一）国家层面要完善立法体系，在完善中央与民族自治地方关系中发挥主导作用

1.注重顶层设计，做好组织协调和立法规划工作

在中央与地方的关系的基本类型中，无论是政治权力关系、行政关系还是经济关系等，能够衡量这些关系的基本准绳是法治化关系的构建问题。在国家层面制定和修订有关涉及中央与民族自治地方关系的相关法律法规时要注重顶层设计和全面指导，在国家总体立法规划下开展工作，一方面要把我国的民族立法工作作为一个独立的立法体系进行统筹构思，另一方面要将涉及不同内容和领域的相关法律和法规做一个通盘的考虑，最终实现各个方面的统一与协调。其中，全国人民代表大会作为最高国家权力机关要领导和把握民族自治地方立法机关的工作重点和立法范围，使其在国家法制建设和具体的民族工作中发挥更大的法律效用。特别是应当站在国家的战略高度，从认识和把握协调国家与民族关系的极端重要性的高度认识我国制定民族自治地方自治条例的重要性。同时，要重视国家立法的规划工作，要做到短期立法有规划，长期立法有纲要，最终真正做到从国家到民族自治地方所建立的多层次立法体系充分达到科学高效立法的状态，特别是将自治条例的制定出

台纳入国家立法规划的重要位置。业界专家指出“制定自治区自治条例是一种国家行为，是国家意志的具体体现”[1]，中央政府和各部委应高度重视自治条例的制定工作，建议从国家层面由全国人民代表大会牵头成立自治条例指导委员会，组成人员不仅要有国家民委、国家发改委、财政部等国家机关和国务院组成部门，还要将5个自治区的人大常委会和人民政府全部纳入其中，通过上下协商联动的方式来共同领导和推动自治条例的制定出台工作。同时，在具体的工作思路上还应坚持“重点突破与整体推进”相结合的原则，中央政府应鼓励条件相对成熟的自治区在制定和出台工作上先行一步。例如，广西在自治条例制定工作上已探索近60年，拥有着丰富的立法经验与基础，中央政府可以以广西壮族自治区为试点开展自治条例的制定工作，以此来实现该项工作的整体推进与实施。

2. 从国家层面完善《民族区域自治法》实施的配套法规

前面已经指出国家层面自治法的配套法规不足是新时期我国中央与民族自治地方关系发展过程中面临的一个现实问题。完善《民族区域自治法》实施的配套法规必须要由国家层面从制定新的法规和修订旧的法规两个层面入手。一方面，国务院要在充分调研和科学论证的基础上尽快制定自治法实施细则，将宪法、自治法等关于民族自治地方的自治权的规定通过相关配套法规进一步具体化，特别要注意把改革开放以来特别是近年来中央和国务院给予民族地区的成功的优惠政策和宝贵经验都纳入实施细则中去，以便更好划清中央与民族自治地方的权限和责任，更好地解决自治法配套不强的问题，进而为中央与民族自治地方关系的科学发展创造良好的法治环境。另一方面，国务院所属的有关领导部门要着手修订旧的法规和规章，特别是要通过在国务院的统一领导下要求中央政府各部门认真清理出各自部门规章中与自治法相悖的条款内容以及部门与部门之间的规章中相抵触的相关内容，最后由国务院统一牵头并制定修改完善方案，以实现首先在国家层面相关法律规

[1] 宋才发．自治区自治条例的立法困境与路径选择[J]. 河北法学，2014(4)：16.

章效用一致的目标。同时，在完善配套法规的过程中，中央领导机关和国务院职能部门应该注意与5个自治区政府充分沟通和密切联系，充分了解和吸纳民族自治地方在立法和经济发展中的特殊要求和利益诉求，使制定和修订的相关法律条文能够真正在促进少数民族自治地方经济与社会的发展中发挥作用。

3. 做好全方位的立法和执法监督检查工作

相关法律明确规定了自治区的人民代表大会制定的自治条例和单行条例，要报全国人民代表大会常务委员会批准后生效。因此，要认真把握国家层面领导立法的这个中心环节，国家层面要从事前、事中到事后全程参与民族自治地方的立法工作并予以指导。一方面，全国人大及其相关的专门委员会要密切关注和主动参与相关自治区的自治条例制定工作，不仅要协助自治区在起草过程中掌握宪法、自治法和其他法律的有关规定精神，更要深入调查各个自治区在政治、经济、文化等方面的不同特点，了解自治区自治条例所作规定的实际依据，为后期的审议自治区自治条例工作等做好充足的准备。另一方面，根据《立法法》规定，如果有关自治条例和单行条例存在违背《宪法》的事实，则全国人大有权进行撤销。因此，全国人大常委会要继续深入开展全国性的执法检查工作，特别是对5个自治区的执法检查工作应该形成常态化，执法检查工作的主体不仅要包括全国人大常委会和专门委员会，还要吸纳国务院及其组成部门，更要注意邀请相关民族问题专家和法律专家。执法检查的内容不仅是民族自治地方拟定提交的相关立法条文，还要对已经审批实施的自治法规进行检查。检查结束后，相关执法检查工作组还要对不同自治区制定实施《民族区域自治法》的配套法规情况进行全面科学的评估，最后将检查结果提交全国人大常委会会议审议。

（二）制定自治区一级的自治条例，切实保障民族自治地方自治权的贯彻落实

在进一步充实和完善中央与民族自治地方关系的法律法规的工作中，民族自治地方应首先做好自身的立法工作。前面已经论述，截至目前民族自治地方层面相关立法很不完善的一个突出表现是5个自治区尚无自治条例出台。“自治区自治条例的缺失影响和制约了这些地区依法行使自治权，也成为社会上一些人诟病民族区域自治制度的理由。”❶本书认为目前制定自治区自治条例的时机已经成熟，主要有三个方面的原因。

第一，当前在国家层面我国的民族法体系已十分完备，为制定与国家法律统一的地方性法律提供了良好的法律基础。除了我国的《宪法》《民族区域自治法》和《立法法》等国家基本大法已有明确规定外，2011年国家公布的《民族法制体系建设“十二五”规划（2011—2015年）》明确规定“推动条件成熟的自治区适时启动自治条例的起草工作”。2016年国务院印发的《“十三五”促进民族地区和人口较少民族发展规划》明确指出“完善民族工作法律法规体系……促进宪法关于民族方面的规定在相关法律法规中贯彻落实”。2017年党的十九大报告专门指出“要发挥人大及其常委会在立法工作中的主导作用”。

第二，部分自治区在研究制定自治区条例方面先行先试并取得了较大的进展和成果。以广西壮族自治区为例，2016年广西第十二届人民代表大会第五次会议通过了《广西壮族自治区人民代表大会关于修改〈广西壮族自治区立法条例〉的决定》，最新修订的《广西壮族自治区立法条例》和2011年出台的立法条例相比有很多亮点。例如，对自治地方的立法工作的原则做了更为明确的说明，还专门增加一章，即“立法规划和法规起草”，明确规定“自治区、设区的市人民代表大会及其常务委员会加强对立法工作的组织协调，

❶ 毛公宁．制度自信是坚持和完善民族区域自治制度的重要保证——学习党的十八大报告的几点体会[J]. 中南民族大学学报（人文社会科学版），2013(3): 8.

发挥在立法工作中的主导作用”。在各方的努力推动下，广西自治条例调研和论证工作开展得较为顺利，2016 年 11 月自治区人大常委会专门召开了自治条例立法调研论证阶段性成果汇报论证会，已经在 5 个自治区先行一步。广西努力推动自治区自治条例出台的工作也得到了学界和社会各界人士的关注，国家民委政策法规司原司长毛公宁在文章《关于深入贯彻落实民族区域自治法的思考》中专门提到广西的这项工作进展情况并指出“广西壮族自治区人大常委会推动自治区自治条例的出台的工作是令人鼓舞的”。

第三，学术理论界关于自治区自治条例研究提出的很多想法和观点值得采纳和借鉴。近年来，学界围绕自治区自治条例问题展开了深入的研究，并取得了丰硕的成果。特别是中国社会科学院的郝时远教授、中央民族大学的宋才发教授、中南民族大学的潘红祥教授等，以上这些专家的研究都立足于国家与民族自治地方权力关系的划分等基本问题，从多个角度分别阐述了我国现行自治条例制定过程中所存在的问题以及遇到的困难，并对制定和出台相关的自治条例提出了很好的建议和意见。值得一提的是，除了有学术理论界关注自治区自治条例的制定出台外，中央领导机关的有关领导和部门负责人也对这个问题予以了高度的关注。例如，连续担任全国人大民委顾问、我国著名法学家、民族史学家史筠早在 20 世纪 90 年代就呼吁自治区自治条例的出台，并就自治区的自治条例在我国法制体系中的地位以及立法依据、可以规范的范畴和立法程序等问题专门撰文探讨。除此之外，近年来国家民委原主任李德洙、国家民委政策法规司原司长毛公宁、国家民委政法司原副司长张崇根、全国人大常委会秘书处原副局长王培英、全国人大民族委员会法案室主任敖俊德以及国家民委民族问题研究中心原副主任朴永日等国家机关官员也先后对自治条例的法律地位、制定自治条例的难点及对策以及如何解决其“出台难”等问题进行研究探讨并发表了相关理论性文章。

针对业内有学者研究指出之前“报批的自治条例至少存在求全、争利、越权、不严谨4个问题”❶，民族自治地方要从思想认识等方面进行改变，重新规划推动自治条例出台的工作方法和实施路径。本书将其概况为“一个宗旨、两条原则、三种机制”，具体思路如下：

1. 树立一个宗旨

回顾历史我们发现，相关自治区至今并没有一部正式出台的自治条例的原因固然与当时的历史条件和国家形势以及本民族自治地方的发展情况等有关，但是作为自治区必须要坚持树立一个根本宗旨：自治条例的制定、修改和完善工作绝对不能长期处于停滞状态。通过梳理、研究影响自治条例出台的原因，从根本上来说其实还是一个对这项工作的重要性认识不足的问题，是一个思想解放还是不解放的问题，是一个是否树立工作目标并愿意为之攻坚克难、持续奋斗的问题。民族自治地方必须要有高度的紧迫意识，把制定出台自治条例作为重要工作来抓，即必须认识到制定自治条例是宪法赋予民族自治地方的一项自治权，是民族区域自治政策能够得到充分实施的保障。同时，必须认识到自治条例主要是解决中央和民族自治地方的权力划分问题，这一划分决定着在民族自治地方自治程度的高低以及自治范围的大小等关键问题。自治条例不能出台，中央和民族自治地方关系在法律保障方面就永远缺少极其重要的一环。如果真正把自治条例的制定工作上升到这样的政治高度，制定和出台5个自治区的自治条例的工作就会更加具有方向性和紧迫性。

2. 坚持依法原则和务实管用原则

“不与宪法和法律基本原则相抵触原则”和“依据当地民族的政治、经济和文化的特点”是我国民族自治地方立法的两大基本前提，也是推动立法的两大基本原则。依法原则指的是对于自治区自治条例的定位和构思等相关工

❶ 朴永日．如何破解自治区自治条例出台难问题[N]. 中国民族报，2013-7-26(6).

作必须首先遵照我国《宪法》《民族区域自治法》和《立法法》等国家法律。无论是国家还是民族自治地方都应该做到自治条例在内容的设置和自治权力的行使等方面绝对不能涉嫌违宪违法，在自治条例的制定过程中首先要对国家的相关上位法进行梳理，才能进一步定位自治条例可以变通的范围。在遵守和不违背国家大法的前提下还要注意，自治区自治条例虽然可以对法律和行政法规的规定作出变通规定，但是这种变通权也是有前提条件的，即不得对现行的《宪法》和《民族区域自治法》就民族自治地方已经作出的具体规定再作出实质性的变通，可以实施的变通内容也不得与国家法律或者行政法规的基本原则相抵触。务实管用原则是指制定的自治法规应该真正有助于自治权力的行使，自治法规内容应该具有突出自治特色和地方的特点。自治条例不应该局限于对《民族区域自治法》等上位法的照抄照搬或者是直接借用。要解决这一突出问题，民族自治地方必须调整和转换工作思路，真正以本民族自治地方为立法的主体来构思立法问题，将务实管用原则贯穿立法的全过程。在自治条例制定的过程中要进行充分的论证工作，在切实充分结合本地区的少数民族的特殊情况和民族自治地方的自身特点的基础上，首先要对制定自治法规的必要性做出全面的分析，将拟定自治条例需要解决的问题充分体现在论证报告中，并对拟定条文的每一部分都要进行整体评价和法条论证，最终要将论证的总结论作为自治条例务实管用的参考依据。只有这样才能真正制定出维护自身自治权并且是真正属于本民族自治地方的自治条例，才能真正通过自治条例的行使来依法促进本地区少数民族的发展，并最终构建有利于本地区少数民族和民族自治地方发展的自治法律法规体系。

3. 建立沟通协商机制、变通机制和问题导向机制

在全面依法治国的大背景下，民族自治地方应充分认识自治条例在保障本地方自治权力的基础作用，建立多方面多层次的立法沟通机制。一方面，根据《宪法》《民族区域自治法》和新修订的《立法法》等相关规定，可以看出在民族自治地方自治条例的制定审批过程中，全国人大常委会和民族自治

地方的人大常委会是开展这项工作的双重主体，都在自治条例的制定过程中占据着重要地位。自治区人大常委会要和全国人大常委会建立固定的工作沟通机制，请求上级部门给予立法指导。另一方面，解决这方面问题的其中关键一环是上级国家机关特别是高层决策部门要形成整体的工作合力。鉴于之前自治区一级的自治条例在报批过程中除了要经过本级人大审议和表决外，还需在中央政府层面征询国务院相关职能部门的意见等相关经验。因此，民族自治地方还应与国务院职能部门密切沟通合作，尝试建立联席会议制度等固定的协商沟通机制，特别是对于在自治条例内容中涉及地方与中央各部门利益关系的问题，民族自治地方应该主动和上级部门联系，多征求上级部门的意见和建议，争取在立法环节统一思想。

行使变通权的规定给了民族自治地方一项特殊的权力，充分体现了国家出于对民族自治地方的尊重而进行的一种制度设计。必须根据宪法和自治法并结合当地实际分析民族自治地方发展中存在的特殊矛盾和突出问题，认真探索在不违背国家上位法的前提下积极有效地行使变通权的方法。特别是目前从民族自治地方法制建设的现状可以看出，相关政治建设方面的法律保障已经较为完备和充实了，但相比之下经济层面的相关立法工作目前还是较为欠缺且亟待改进的。因此，新时期自治区自治条例的目标指向等相关核心工作应该是逐步由政治功能为主转向以经济功能为主，并且要着重在加强上级财政对民族自治地方转移支付力度、处理好双方的经济权益和事权范围以及加大对教育卫生事业的投入等方面做出相关变通规定，最终真正通过这项权利的行使来推动民族自治地方经济社会事业的快速发展。例如，民族自治地方还要结合当地实际情况，在国家财税法律法规框架下制定具体的变通和补充规定，以变通或者补充规定的形式保障民族自治地方财政自治权在本民族地区得到充分的实现。

自治地方在制定自治条例工作上加强主观能动性和积极性，就是要在具体立法实践中要坚持问题导向机制。不仅要在立法过程中在各级民族自治地方通过各种方式广泛地征求立法意见和建议，还要认真地梳理本民族自治地方在发展过程中遇到的困难和必须要破解的难题，争取通过自治条例的制定和出台来逐个击破。例如，自治条例所涉及的自治内容一定要改变以往使用民族语言、照顾民族风俗、发展民族人口等常规性的条款内容，注重凸显影响民族自治地方根本发展的经济、财政、税收等方面的自治法规和条款，从本民族、本地方的特点和实际需要及长远利益出发，充分利用好经济和财政的自治权。例如，针对现在反应比较强烈的财政自主问题，民族自治地方就应当结合本地区的实际特点来制定和财政自治有关的单行条例，将国家授予其财政自治权的内容等真正具体化和措施化。

三、科学划分具体的财权、事权关系，构建两者利益关系整体

（一）充分考虑民族自治地方利益诉求，构建中央与民族自治地方利益关系整体

在中央与民族自治地方的关系探讨中，始终不能忽视的一个重要问题就是如何考察和考量两者间的利益关系问题。一方面，中央与民族自治地方关系属于我国国家结构形式中的特殊内容，两者在国家结构的框架内作为独立的利益主体共同组成了相对独立的利益体系，其中双方共同的利益机制不仅在国家结构形式中发挥着调节的作用，更是在利益体系内影响两者关系的主要因素。另一方面，要科学划分和理顺中央与民族自治地方的财权关系和事权关系，首先要解决两者在利益关系的处理中所产生的利益矛盾和利益均衡问题，还要充分考虑民族自治地方的利益诉求。最终通过多种方式构建两者辩证统一、密不可分的利益关系整体。

1. 建立规范的中央与民族自治地方利益补偿机制

构建规范的利益补偿机制，其核心目的是通过利益流动的方式来合理

规范社会利益结构，逐步解决中央与民族自治地方存在的利益分配不合理问题。

第一，规范利益补偿原则。在对落后的少数民族自治地方进行利益补偿时坚持定性原则和定量原则，要时刻以中央财政收支状况与民族自治地方现实发展水平为基准，促进少数民族自治地方的自身发展能力。一方面，要采取“输血”与“造血”并进原则。在对发展落后的民族自治地方进行补偿“输血”时，要采取以“技术带动、人才扶持”为主、“直接经济帮扶”为辅的补偿手段，要培养民族自治地方独立自主的“造血”能力，真正达到“鱼渔共授”的目标。另一方面，采取循序渐进原则。民族自治地方的经济社会发展是一个长期的过程，不同民族自治地方的发展情况也有所不同，对民族自治地方的利益补偿也要走渐进式道路，要时刻依据不同民族自治地方和不同时期的现实经济社会发展水平，适度调整补偿力度、转变补偿方式，在利益补偿的方法和内容上进行因时制宜的调整与改善。

第二，推进多元化利益补偿工作。一方面，重点做好民族自治地方的生态补偿工作，加大重点生态功能区建设。例如，近年来广西壮族自治区的石漠化防治任务较重、内蒙古自治区的草场和防护栏保护工作亟待加强，国家应将这些对生态安全影响较大的自治区中已经涉及的特殊地区纳入国家层面的重点生态功能区范围，并支持广西壮族自治区和内蒙古自治区等建设国家生态补偿示范区。同时，设立国家财政层面的生态补偿专项资金，由国家重点支持民族自治地方的生态环境保护和治理以及水土保持等生态补偿效益明显的工作。另一方面，构建区域协调帮扶补偿建设机制。缩小区域间差距是对国家、对民族自治地方进行利益补偿的一个重要的目标和举措。要探索形成以中央为主导、以财政支持为主要内容的对民族自治地方全方位的帮扶补偿建设格局，充分发挥东部发达地区在利益补偿机制中的地位和作用。在中央政府的主导下，让部分发达地区通过“引进人才、经验介绍、技术转让”等方式，实现发达省区对落后民族地区的直接利益帮扶，不断提升民族自治地方的基础设施能力和医疗卫生、教育水平，实现共同发展。

2. 建立有效的中央与民族自治地方利益协商机制

在中央与民族自治地方关系体系中建立具体合理的利益协商机制有助于化解两者在经济与社会管理领域已存在的一些矛盾，同时有助于提高相关政策措施的民主化和科学化水平。

第一，搭建有效的信任机制，提升各少数民族的国家意识观念。信任机制有助于推进民族间和地区间的相互和谐关系、减少利益矛盾，互惠规范机制有助于增进民族间的相互合作、实现互利共赢与利益共享，利益引导机制在中央与民族自治地方关系构建中发挥着重要的补充作用。一方面，提升民族自治地方政府公信力，发挥好“社会网络参与”这种非正式制度的作用。民族自治地方应在信息沟通和传递方面多下功夫，通过开通政府微博、设置市民热线以及增加政府网站模块和信息等多种形式，真正做到本民族自治地方的政务信息公开透明。同时，必须认识到民族自治地方政府就是国家在民族自治地方的代表，对于民众在网络上的各种问题和相关诉求也要做到密切关注并予以回应和引导，在此基础上进一步提升政府公信力和影响力，最终为民族自治地方的各种利益关系进行更加高效的平衡和疏通。另一方面，促使国家意识观念与信任机制构建更加紧密融合。通过学校、家庭、社会与新媒体平台的有机结合，不断促使各民族群众建立民族认同和国家认同的思想观念，最终更好地引导各民族群众树立“和谐友善、诚信文明、爱国敬业”的意识观念。

第二，构建互惠规范机制，实现国家利益在民族地区的共享。互惠规范机制是促进互利主义和抑制利己主义的一种观念机制，是在中央与民族自治地方关系中促进各民族间和各民族地区间增进共识和相互合作的内在保障。尤其在当前市场经济与社会转型期的复杂形势下，各民族间和各区域间确实还存在着一定的利益分化和发展不均衡的状况。对于这个问题，从国家到民族自治地方的政府部门不仅要主动调整和完善各领域的利益结构，还要在宣传和打造互惠规范的氛围和机制方面做好扎实的工作。要将国家层面的宣传与教育活动真正深入各个民族自治地方，特别是要深入边疆民族地区的社区单位和农村基层中，在这个过程中还要将市场经济本身所包含的公平、竞争、平等、诚信等核心理念真正融入广大民族基层地区的群众社会生活中，不断促使广大社会成员建立诚信友善、互利规范的意识观念，最终为实现民族自治地方的和谐安定和繁荣发展奠定坚实的基础。

（二）合理划分两者之间的行政事权范围，明确各自的责任范围

目前，民族自治地方政府与中央政府之间在具体事权划分和责任归属上还有很多地方不够完善。因此，必须明确界定两者之间的事权划分标准，并明确界定在这些特有事权中双方各自的责任范围，才能保证自治权功能的正常发挥。

1. 合理划分和依法规范中央政府与民族自治地方政府职能权限

早在 2007 年党的十七大就提出要依法规范中央和地方的职能和权限，党的十八届三中全会把中央与地方之间的事权划分和确定列为全面深化改革的重要内容。2018 年召开的党的十九届三中全会进一步提出了“要理顺中央和地方职责关系”“中央加强宏观事务管理”“赋予省级及以下机构更多自主权”。具体而言，合理划分和依法规范中央政府与民族自治地方政府职能权限首先要做到放权和监督相结合以及领导与合作相结合。

（1）放权和监督相结合。“既要保障中央政府的权威，又要充分调动民族自治地方的积极性”，这是在划分和规范两者职能权限的过程中要遵循的一个基本原则。调整的思路应该是逐步改变长期以来习惯由中央政府所主导的对民族自治地方政府进行放权或收权的单一管理办法，而是将放权和监督两种方式充分结合并同时运用。随着社会的发展，地方政府也承担着更多的社会管理责任，因此需要充分调动和发挥民族自治地方政府的积极性和能动性。在这个过程中强调放权不是简单的放任不管，而是鼓励中央政府减少对民族自治地方各种微观事务的管理和干预，要集中精力进行宏观管理。同

时，应该注意国家的放权必须要与全方位的监督相结合，使中央政府能够更好地做到不该管的不管不干预，该管的切实管住管好，从而进一步强化中央政府在政策规划和权力监督方面的职责。

（2）领导与合作相结合。“现代化政府”的一个表现就是中央政府与地方政府之间的合作关系与互动性显著增强，这就要求必须改变之前单一的中央集权或地方分权的惯性思维方式和理念，立足于国家权力在纵向范围内的优化与整合，最终实现既保证中央政府权威又极大促进地方政府的发展积极性。在这个过程中，坚持领导与合作相结合就是要进一步明确在政府职能的转变中构建中央与民族自治地方政府“双主体”的原则，在不影响中央政府对民族自治地方进行领导监管等方面的调控权责下明确各自的责任范围，进一步明确两者在对涉及国家以及国家在民族自治地方所行使的社会管理和公共服务等方面的管理职权。认清和尊重民族自治地方的实际发展情况，在合作中更加注意让民族自治地方受益并增强其自我发展能力，使中央政府与民族自治地方在职能、权力和优势互补的基础上相互依赖、相互合作、协调发展。

2. 正确评估和界定民族自治地方政府的特有事权

全面评估和确定民族自治地方政府的特有事权不仅要充分考虑民族地区特殊的历史条件、地理位置和经济发展水平，还要在事权的划分中关注其特有的民族宗教文化以及边境安全和生态建设任务等多种因素的影响，最重要的是要明确界定在这些特有事权中中央政府与民族自治地方政府之间各自的权力行使范围和责任范围。调整的思路应该是跳出以往简单机械式权力划分的思维定式，依据不同领域内所涵盖的不同行政管理事务的具体性质，依法依规在两者之间合理配置各自的政府职能和行政权力，最终协调好各自的管理范围，划分定位双方的权利与责任。例如，事关全国性事务范围，如边境安全稳定和民族自治地方的资源保护、生态安全等，应由中央政府统一管辖处理，以确保国家的政令畅通以及保证国家重大战略规划能够有效推进。属于民族自治地方事务范围，如涉及民族自治地方教育、社会保障、医疗卫生等公共服务的事务，应由其自主管理，中央政府发挥监督与指导作用，最终真正提高民族自治地方自我管理能力和相关发展活力。在这个过程中有需要中央与民族自治地方共同管理的公共事务，如基础教育、扶贫开发、民族关系稳定等，要以实际情况为基准，根据不同公共事务的属性按步骤、分阶段地廓清国家和民族自治地方在各领域的详细职责以及自身的权限范围等内容，进而明确各自的任务分工并达成共识。其中，特殊事务必须是在中央政府领导下由中央政府和民族自治地方共同管理和承担，同时中央政府通过财政转移支付等手段承担经济责任，特别是在国家层面上不能在事务划分和责任认定上给民族自治地方增加经济负担。中央政府与民族自治地方事权对应关系如表 5-1 所示。

表 5-1 中央政府与民族自治地方事权对应关系

	事务类型	中央政府与民族自治地方的责任划分
民族自治地方应承担的事权	公共服务（教育、社会保障、医疗卫生等）	中央政府指导，由民族自治地方承担。真正提高民族自治地方的自我管理能力
中央政府与民族自治地方共同承担的事权	基础教育、扶贫开发、民族关系稳定	根据管理责权的划分由中央政府与民族自治地方共同承担，同时中央政府通过财政转移支付等手段承担经济责任
民族自治地方代理中央政府承担的事权	边境安全稳定、资源保护、生态安全	中央政府统一管辖以确保国家政令畅通；民族自治地方政府承担具体实施职责

（三）科学合理划分两者的财权关系，真正实现和保障民族自治地方财政上的自治权

实现事权与财力的相统一是中央与民族自治地方关系实现和谐发展的重要环节。科学合理划分两者在财权方面的关系应当按照“财力与事权相一致”

的原则，在科学划分承担的事权基础上匹配相应的财权和财力。历史以及现实自然条件等多种原因导致民族地区发展相对缓慢，这种相对缓慢在经济领域表现得最为突出。国家应该在深化民族自治地方财政体制改革方面有所突破，根据民族地区的实际情况科学布局两者的财权关系。

1.进一步完善现有的分税制财政体制，保障民族自治地方财政上的自主权

前面已经指出要理顺中央与民族自治地方的财政关系，首要工作就是深化财政体制改革。税收是民族自治地方财政收入的主要来源，国家应该支持自治区依法行使财政自主权，在此基础上适度下放地方税收立法权和管理权。

一是赋予民族自治地方适当的税收立法权和管理权。建议在中央政府层面考虑在国家的宏观调控集中不变的前提下针对5个自治区来增减和调整一些税种和税率，最终达到通过鼓励广大民族地区以税收的替代效应来调节本地经济结构的目的。同时，建议在国家层面适当考虑将一些具有地方特色的税种开征权、税率调整权和减免权逐步下放给民族自治地方，使其能够因地制宜地发挥自身的经济优势和资源优势来增加地方财政收入。税收管理权还应包括税收政策调整权。税收政策的调整对培育和增加民族自治地方自身发展能力具有重要作用。中央政府特别是国家税务总局还应该研究出台相关政策，将涉及民族地区的税收政策决定权逐步下放给自治区一级的民族自治地方，同时在具体的工作中进一步细化和明确关于税收管理权的认定和划分等相关具体规定，在此基础上真正保证民族自治地方事权和财权的统一。

二是在税收收入方面向民族自治地方调整和倾斜。一方面是要在资源税和共享税的分成方面向民族地区倾斜。5个自治区都属于资源密集区，不仅资源税的征收与资源的开发利用存在密切关系，资源税收也是民族自治地方财政收入的一个重要来源。值得一提的是，2010年中央政府首先在新疆进行资源税费改革，将原油、天然气资源税由从量计征改为从价计征，极大地

增加了新疆自治地方政府的财政收入，这项重大改革对其他民族地区解决类似问题具有借鉴意义和推广价值。建议中央政府将资源税改革尽快向全国其他民族自治地方推开，真正推动民族自治地方的经济结构调整和发展方式转变，真正将资源税的征收专款用于资源的开发和保护。另一方面是提高对民族自治地方的税收返还的比例。税收返还对民族自治地方政府而言使用的效率最高，但是在中央给予地方财政支持资金中所占的比重最小。与经济强省区市相比，民族自治地方自身的税收基数偏小，可以看出现行的国家税收返还制度还不能完全发挥缓解广大民族地区财政资金紧张的调节功效。因此，建议中央政府在今后制定和细化相关税收返还政策时应充分考虑到问题症结所在，特别要注意在维持现有分税制体制总体稳定不变的条件下可以考虑加大对民族自治地方的税收返还比例，从而进一步增强民族自治地方政府的财政实力。

2. 充分考虑民族自治地方的特殊因素，构建规范化的民族自治地方转移支付制度

针对国家与民族自治地方在共享税收的分成比例方面不合理的问题和在税收增长返还系数的确定方面没有政策优惠的问题，以及中央安排配套资金政策在很大程度上占用了民族自治地方大量的新增财力的问题，国家应该通过加大财政转移支付总量和加大对民族自治地方的财政照顾力度等方式来逐步解决好这些问题，不仅要满足民族地区对经济社会发展的各种需要，还要保证民族自治地方政府在基本公共服务等方面的职能的真正实现。第一，进一步扩大一般性转移支付在总的财政转移支付中所占的比例。建议中央政府统筹考虑并逐步增加对民族自治地方所进行的一般性转移支付的比重和绝对资金量，在此基础上还要考虑进一步给予各级民族自治地方政府较为充裕的资金使用自主权，最终通过不断提高资金使用效率来增加广泛的社会效益。同时，建议中央政府进一步考虑一些边远民族自治地方的特殊财政困难情况，在国家对民族地区整体财政支持稳定不变的前提下对一些中央专项资金

的项目资金配套比例规定予以改革并逐步取消。第二，进一步解决“民族地区转移支付”占中央对民族自治地方转移支付总数比重过小的问题。作为唯一直接体现民族自治地方区别性待遇的制度安排，国家应该充分发挥其自身所拥有的推动民族自治地方经济社会发展的功能和作用。可以考虑以部分自治区作为试点，进一步将边境稳定、生态安全等自治区承担的特殊事务纳入国家实施民族地区专项转移支付的参照依据，逐步提高对民族地区专项转移支付的实际拨付资金，进而解决民族地区的财政赤字和公共基础设施落后等制约经济发展的突出问题，以此来进一步加快广大民族自治地方的经济发展步伐。

结　语

建构中央与民族自治地方关系要求把两者视为一个相互联系、相互促进、有机结合的完整统一体，最终实现这个关系体系的科学、长远和可持续发展。真正实现我国中央与民族自治地方关系的科学发展是历史的、具体的、与时俱进的。立足当前，展望未来，我国中央与民族自治地方关系必须要始终坚持以下四个方面的内容。

一、坚持党的领导是我国中央与民族自治地方关系发展进步的根本保证

习近平同志在 2014 年中央民族工作会议上指出“中国共产党的领导是民族工作成功的根本保证，也是各民族大团结的根本保证”。在中国共产党的领导下，我们走出了一条中国特色解决民族问题的正确道路，实践证明了这条道路具有巨大的优越性和强大的生命力。中央与民族自治地方关系建设不仅是具有中国特色的民族理论和实践问题，更是解决当前民族工作和国家治理工作中诸多问题的现实需要。只有切实加强党的领导，才能在当前和今后确保坚定不移地走中国特色解决民族问题的正确道路。进一步而言，只有始

终坚持党的领导，才是实现中央与民族自治地方关系科学发展的首要前提和根本保证。

回顾我国中央与民族自治地方关系的发展历史，不仅要认识到这种科学发展关系格局的形成与特定的时代背景、稳定的社会秩序、显著的经济发展成效和正确的民族政策等密切相关，更要认识到坚持党的领导是我国中央与民族自治地方关系健康发展并取得巨大成就的重要前提，没有这个前提条件我国中央与民族自治地方关系的构建和发展将无从谈起。审视现实、展望未来，更加要求我们要在构建中央与民族自治地方关系的目标下坚持和完善党的领导。一方面，近年来境外各种敌对势力和分裂势力对我国实施各种阴谋“分化”战略，妄图利用民族问题打开突破口，特别是对于境内外民族分裂势力无端指责和阴谋攻击我国的民族区域自治制度，我们必须要坚决予以反击，同时必须认识到打赢这场反分裂的斗争是一场重大和严肃的硬仗，在这个过程中必须始终坚持发挥党的领导作用，才能真正解决在两者关系构建过程中出现的各种问题。进一步而言，只有在党的集中统一领导下最大限度地孤立和打击各种分裂势力，才能筑牢维护国家统一、民族团结、社会稳定的“铜墙铁壁”。另一方面，在当前推进国家治理体系和治理能力现代化的大背景下，构建体系完备、科学有效的新型中央与民族自治地方关系体系不仅是统一多民族国家实现国家治理体系现代化的内在要求，还是推进民族自治地方国家治理体系现代化的核心任务，在这样宏大且具体的改革进程中的首要任务就是要坚持和完善党的全面领导，特别是要着重加强党对包括国家与民族自治地方关系在内的各领域、各方面治理工作的全方面、多领域领导，确保党的领导在这个过程中的全覆盖，最终才能真正实现党的领导和国家治理现代化的有机统一。

二、维护国家统一是中央与民族自治地方关系发展进步的首要前提

切实维护和保证国家统一不仅是建构我国现代多民族国家的基本原则，

更是实现我国中央与民族自治地方关系进一步发展进步的首要前提。切实维护国家统一的崇高政治大局意识促使国家和中央政府高度重视民族自治地方，也促使各民族自治地方自觉维护国家的统一和中央的权威，并在此基础上形成了国家命运共同体意识。没有这个前提条件，我国中央与民族自治地方关系的构建和发展将无从谈起。

中华人民共和国成立前，由于历代统治阶级对民族地区实行的是歧视和压迫政策，这不仅造成了民族自治地方的发展落后和两者之间的长期紧张关系，也严重威胁到了当时中国的政权和社会稳定。自中华人民共和国成立以来，中央政府高度重视和尊重少数民族和民族自治地方在国家政治生活中的地位和作用，没有将民族自治地方当成“累赘”或者“包袱”，而是在国家的整体发展中对其“高看一眼、厚爱一分”，可以认定正是在国家真正重视和充分尊重民族自治地方的基础上，才使具有中国特色的中央与民族自治地方关系体系得以形成和不断发展完善。例如，从20世纪80年代以来，先后从国家层面召开了六次西藏工作座谈会和两次新疆工作座谈会，将“对口援疆”和“对口援藏”政策上升为国家战略，形成了举全国之力支援新疆、西藏发展的大格局，这是在中国历史上的任何时期都不可能出现的情况，也是此前任何封建王朝都不可能取得的瞩目成就。因此，没有国家的统一，没有中央政府的坚强领导，民族自治地方的发展和进步就是一句空话，我国中央与民族自治地方关系的构建和发展也无从谈起。切实维护国家统一的重大意义对民族自治地方而言也是如此。我国的民族自治地方在中华人民共和国成立后的每一个时期都具有高度的政治大局意识，不仅将维护国家统一和领土完整等作为其最高利益，还坚持从国家大局出发贯彻中央的各种方针政策，以此来确保国家的政令畅通，最终从根本上维护了国家的统一和边疆地区的稳定与发展。需要指出的是，民族自治地方切实维护国家统一的政治大局意识还表现在对于各种分裂行为坚决予以反击方面。无论是从20世纪60年代开始“藏独”集团提出的“西藏独立”的非法要求，还是20世纪80年代以来新疆“东突”势力一直在密谋策划的各种分裂活动，我国民族自治地方都始终坚持坚决维护国家统一的基本原则，并对各种分裂活动予以了彻底否定和坚决反击，进而从整体上保持了新疆、西藏等地方的安定团结局面。这其中的一个重要原因就是民族自治地方具备强烈的国家意识和政治意识，能够在涉及国家安定、民族团结的大是大非问题面前坚定正确的政治立场。

三、完善民族区域自治法规体系是我国中央与民族自治地方关系发展进步的核心工作

党的十八届四中全会提出全面推进依法治国的重大战略部署，党的十九大把坚持全面依法治国确立为新时代坚持和发展中国特色社会主义基本方略之一，并对深化依法治国实践作出了全面部署。需要指出的是，在全面依法治国的具体实践中着重要求进一步完善民族区域自治法规体系，这也是2014年中央民族工作会议提出的关于“把宪法和民族区域自治法的规定落实好”的根本要求。

具体而言，当前完善民族区域自治法规体系包括修改完善《民族区域自治法》和制定出台自治区一级的自治条例两个方面的核心工作。一方面，建议与时俱进修改完善《民族区域自治法》。众所周知，我国的《民族区域自治法》自1984年颁布至今已经实施了36年，距离2001年的修改也已经过去了19年之久。在这段时间里，我国的《宪法》已分别于2004年和2018年进行了两次重大修改，其中也有直接关系《民族区域自治法》的一些相关内容，因此建议我国现行的《民族区域自治法》与时俱进地作出相应的修改和完善，最终达到和国家宪法始终保持一致的目的。特别是在当前推进“四个全面”战略布局的新的历史时期，对于在新的历史条件下《民族区域自治法》的指导思想和实施原则应该如何完善、维护国家统一和保障中央统一领导应该如何维护、民族自治地方自治权应该如何落实等问题都需要在这部法律中予以进一步的明确。另一方面，建议尽快制定出台自治区一级的自治条例。虽然我国赋予了民族自治地方有依法制定自治条例的权力，但是至今5个自治区的自治条例都无一出台，这在客观上说明了与当前全面依法治国的总体要求还有一定的距离。必须

认识到自治条例不能出台，中央和民族自治地方关系在法律保障方面就永远缺少极其重要的一环。需要再次强调的是，自治区一级自治条例的制定和出台工作必须坚持“因地制宜”的根本原则，在实际的工作中5个自治区的自治条例必须遵循国家统一的基本原则，同时依据民族区域自治法的具体要求、切实从本自治地方的实际出发制定自治条例。因此，5个自治区的自治条例不可能是统一的版本，应该是既有共性也有个性，其中共性是维护国家统一的原则绝对不能动摇，个性就是坚持从本民族自治地方实际出发的宗旨绝对不容改变。只有将两者之间的共性问题与个性问题充分结合起来，才能真正为自治区一级自治条例的制定和出台工作树立准确的工作原则。

四、依法规范各自的职能和权限是我国中央与民族自治地方关系发展进步的题中要义和重要体现

早在2007年党的十七大就提出要“依法规范中央和地方的职能和权限”，党的十八届三中全会把中央与地方之间的事权划分和确定列为全面深化改革的重要内容。2018年召开的党的十九届三中全会进一步提出了“治理好我们这样的大国，要理顺中央和地方职责关系……构建从中央到地方运行顺畅、充满活力、令行禁止的工作体系”。这也为当前我国中央与民族自治地方关系的发展和完善等指明了具体的前进方向。

目前在国家层面，国务院机构改革方案正在全面推进实施，这其中不仅包括了关于国务院组成部门的调整（如组建自然资源部、生态环境部、农业农村部等），还包括了国务院其他机构的调整（如组建国家市场监督管理总局、国家移民管理局、国家林业和草原局以及改革国税地税征管体制等）。同时，要依法有序落实改革方案，特别是要在党中央统一部署下启动省级及以下等地方层面的机构改革任务。必须认识到在这场深化党和国家机构改革的过程中，一个重要的改革目标就是要真正理顺中央和地方两者之间的职责关系问题，因此这也为新时期构建中央与民族自治地方关系提供了重要的契

机。与一般地方相比，我国中央与民族自治地方关系体系既有共性特征的存在，还有诸多值得关注的个性问题，即这个特殊关系体系具有普遍性与特殊性的双重统一性质。在这样的情况下，“既要保障中央政府的权威，又要充分调动民族自治地方的积极性”，这是在划分和规范两者职能权限的过程中要遵循的一个基本原则。建构中央与民族自治地方关系必须明确界定两者之间的事权划分标准，并明确界定在这些特有事权中双方各自的责任范围，才能保证自治权功能的正常发挥。通过从国家到地方的全面深化改革，不仅要求国家层面的国务院机构设置更加符合实际、科学合理、更有效率，还要保证中央政府和国家职能部门要从顶层设计出发通过采取有力措施为保障和维护自治权创造良好的政治环境和社会环境，还要正确评估和界定民族自治地方政府的特有事权，充分考虑民族地区特殊的历史条件、地理位置和经济发展水平，还要在事权的划分中关注其特有的民族宗教文化以及边境安全和生态建设任务等多种因素的影响，在此基础上实现在两者之间依法依规、合理配置各自的政府职能和行政权力，从而保证民族自治地方的各项自治权能够在国家政治体制中予以牢固确立并充分行使。

参考文献

重要文献

[1] 中国社会科学院民族学与人类学研究所民族理论室 . 马克思主义经典作家民族问题文选（全五册）[M]. 北京 : 社会科学文献出版社 , 2016.

[2] 中共中央文献研究室 , 中央档案馆 . 建党以来重要文献选编（1921—1949）（第八册—二十六册）[M]. 北京 : 中央文献出版社 , 2011.

[3] 中共中央文献研究室 . 建国以来毛泽东文稿（第一册）[M]. 北京 : 中央文献出版社 , 1987.

[4] 中共中央统战部 . 民族问题文献汇编（1921—1949）[M]. 北京 : 中共中央党校出版社 , 1991.

[5] 国家民族事务委员会 , 中共中央文献研究室 . 新时期民族工作文献选编 [M]. 北京 : 中央文献出版社 , 1990.

[6] 国家民族事务委员会 , 中央文献研究室 . 民族工作文献选编（1990—2002 年）[M]. 北京 : 中央文献出版社 , 2003.

[7] 国家民族事务委员会 . 民族工作文献选编（2003—2009 年）[M]. 北京 : 中央文献出版社 , 2010.

[8] 中国社科院民族研究所 . 民族工作四十年 [M]. 北京 : 民族出版社 , 1989.

[9] 国家民族事务委员会 . 正确的道路 光辉的实践 : 新中国民族工作 60 年 [M]. 北京 : 民族出版社 , 2009.

[10] 国家民族事务委员会 . 中华人民共和国民族政策法规选编 [M]. 北京 : 中国民航出版社 ,1997.

[11] 金炳镐 . 民族纲领政策文献选编（第一、二编）[M]. 北京 : 中央民族大学出版社 , 2006.

[12] 中共新疆维吾尔自治区委员会党史研究室 . 中国共产党与民族区域自治制度的建立和发展（上册）[M]. 北京 : 中共党史出版社 , 2000.

[13] 中共中央文献研究室 , 中共西藏自治区委员会 . 西藏工作文献选编（1949—2005 年）[M]. 北京 : 中央文献出版社 , 2005.

[14] 中共中央文献研究室 , 中共新疆维吾尔自治区委员会 . 新疆工作文献选编（1949—2010 年）[M]. 北京 : 中央文献出版社 , 2010.

[15] 内蒙古自治区档案馆 . 内蒙古自治运动联合会档案史料选编 [M]. 北京 : 档案出版社 , 1989.

[16] 内蒙古档案馆 . 中国第一个民族自治区诞生档案史料选编 [M]. 呼和浩特 : 远方出版社 , 1997.

通志、年鉴

[1] 广西壮族自治区地方志编撰委员会 . 广西通志・民族志 [M]. 南宁 : 广西人民出版社 , 2009.

[2] 广西壮族自治区地方志编纂委员会 . 广西通志・中共广西地方组织志 [M]. 南宁 : 广西人民出版社 , 1994.

[3] 广西壮族自治区地方志编撰委员会 . 广西通志・大事记 [M]. 南宁 : 广西人民出版社 , 1992.

[4] 内蒙古自治区地方志编撰委员会 . 内蒙古通志 · 大事记 [M]. 呼和浩特 : 内蒙古人民出版社 , 1993.

[5] 新疆维吾尔自治区地方志编委会 . 新疆通志 · 共产党志 [M]. 乌鲁木齐 : 新疆人民出版社 , 2009.

[6] 新疆维吾尔自治区地方志编委会 . 新疆通志 · 政务志 · 政府 [M]. 乌鲁木齐 : 新疆人民出版社 , 2006.

[7] 新疆维吾尔自治区地方志编委会 . 新疆通志 · 民族志 [M]. 乌鲁木齐 : 新疆人民出版社 , 2009.

[8] 宁夏通志编纂委员会 . 宁夏通志 · 民族宗教卷 [M]. 银川 : 宁夏人民出版社 , 2010.

[9] 《当代中国民族工作大事记》编辑部 . 当代中国民族工作大事记（1949—1988）[M]. 北京 : 民族出版社 , 1989.

[10] 中共西藏自治区党委党史研究室 . 中国共产党西藏历史大事记（1949—2004）[M]. 北京 : 中共党史出版社 , 2005.

[11] 中共新疆维吾尔自治区委员会党史研究室 . 中国共产党新疆历史大事记（1949—1966）[M]. 乌鲁木齐 : 新疆人民出版社 , 1993.

[12] 国家民族事务委员会 , 国家统计局 . 中国民族统计年鉴（1949—1994）[M]. 北京 : 民族出版社 , 1994.

[13] 中国民族年鉴编委会 . 中国民族年鉴 2002[M]. 北京 : 中国民族出版社 , 2002.

[14] 中国民族年鉴编委会 . 中国民族年鉴 2003[M]. 北京 : 中国民族出版社 , 2003.

[15] 中国民族年鉴编委会 . 中国民族年鉴 2004[M]. 北京 : 中国民族出版社 , 2004.

[16] 中国民族年鉴编委会 . 中国民族年鉴 2005[M]. 北京 : 中国民族出版社 , 2005.

[17] 中国民族年鉴编委会 . 中国民族年鉴 2006[M]. 北京 : 中国民族出版社 , 2006.

[18] 中国民族年鉴编委会 . 中国民族年鉴 2007[M]. 北京 : 中国民族出版社 , 2007.

[19] 中国民族年鉴编委会 . 中国民族年鉴 2008[M]. 北京 : 中国民族出版社 , 2008.

[20] 中国民族年鉴编委会 . 中国民族年鉴 2009[M]. 北京 : 中国民族出版社 , 2009.

[21] 中国民族年鉴编委会 . 中国民族年鉴 2010[M]. 北京 : 中国民族出版社 , 2010.

[22] 中国民族年鉴编委会 . 中国民族年鉴 2011[M]. 北京 : 中国民族出版社 , 2011.

[23] 中国民族年鉴编委会 . 中国民族年鉴 2012[M]. 北京 : 中国民族出版社 , 2012.

[24] 中国民族年鉴编委会 . 中国民族年鉴 2013[M]. 北京 : 中国民族出版社 , 2013.

[25] 中国民族年鉴编委会 . 中国民族年鉴 2014 [M]. 北京 : 中国民族出版社 , 2014.

[26] 中国民族年鉴编委会 . 中国民族年鉴 2015 [M]. 北京 : 中国民族出版社 , 2015.

[27] 中国民族年鉴编委会 . 中国民族年鉴 2016 [M]. 北京 : 中国民族出版社 , 2016.

[28] 中华人民共和国统计局 . 中国统计年鉴 2012[M]. 北京 : 中国统计出版社 , 2012.

[29] 中华人民共和国统计局 . 中国统计年鉴 2013[M]. 北京 : 中国统计出版社 , 2013.

[30] 中华人民共和国统计局 . 中国统计年鉴 2014 [M]. 北京 : 中国统计出版社 , 2014.

[31] 中华人民共和国统计局 . 中国统计年鉴 2015 [M]. 北京 : 中国统计出版社 , 2015.

[32] 中华人民共和国统计局 . 中国统计年鉴 2016 [M]. 北京 : 中国统计出版社 , 2016.

[33] 中华人民共和国财政部 . 中国财政年鉴 2008 [M]. 北京 : 中国财政杂志社 , 2008.

[34] 中华人民共和国财政部 . 中国财政年鉴 2009 [M]. 北京 : 中国财政杂志社 , 2009.

[35] 中华人民共和国财政部 . 中国财政年鉴 2010 [M]. 北京 : 中国财政杂志社 , 2010.

[36] 中华人民共和国财政部 . 中国财政年鉴 2011 [M]. 北京 : 中国财政杂志社 , 2011.

[37] 中华人民共和国财政部 . 中国财政年鉴 2012 [M]. 北京 : 中国财政杂志社 , 2012.

[38] 中华人民共和国财政部 . 中国财政年鉴 2013 [M]. 北京 : 中国财政杂志社 , 2013.

[39] 中华人民共和国财政部 . 中国财政年鉴 2014 [M]. 北京 : 中国财政杂志社 , 2014.

[40] 中华人民共和国财政部 . 中国财政年鉴 2015 [M]. 北京 : 中国财政杂志社 , 2015.

[41] 中华人民共和国财政部 . 中国财政年鉴 2016 [M]. 北京 : 中国财政杂志社 , 2016.

[42] 宁夏地方志编审委员会 , 宁夏回族自治区地方志办公室 . 宁夏年鉴 2016[M]. 银川 : 黄河出版传媒集团 , 宁夏人民出版社 , 2016.

[43] 新疆维吾尔自治区地方志编纂委员会 . 新疆年鉴 2016[M]. 乌鲁木齐 : 新疆年鉴社 , 2016.

[44] 《西藏年鉴》编辑委员会 . 西藏年鉴 2016[M]. 拉萨 : 西藏人民出版社 , 2016.

[45] 内蒙古自治区地方志编纂委员会 . 内蒙古年鉴 2016 [M]. 北京 : 方志出版社 , 2016.

[46] 广西壮族自治区地方志编纂委员会 . 广西年鉴 2016 [M]. 南宁 : 广西年鉴社 , 2016.

[47] 宁夏回族自治区统计局 . 宁夏统计年鉴 1993[M]. 北京 : 中国统计出版社 , 1993.

[48] 宁夏回族自治区统计局 . 宁夏统计年鉴 2012[M]. 北京 : 中国统计出版社 , 2012.

[49] 宁夏回族自治区统计局 . 宁夏统计年鉴 2013[M]. 北京 : 中国统计出版社 , 2013.

[50] 宁夏回族自治区统计局 . 宁夏统计年鉴 2014[M]. 北京 : 中国统计出版社 , 2014.

[51] 宁夏回族自治区统计局 . 宁夏统计年鉴 2015[M]. 北京 : 中国统计出版社 , 2015.

[52] 宁夏回族自治区统计局 . 宁夏统计年鉴 2016[M]. 北京 : 中国统计出版社 , 2016.

[53] 新疆维吾尔自治区统计局 . 新疆统计年鉴 1993 [M]. 北京 : 中国统计出版社 , 1993.

[54] 新疆维吾尔自治区统计局 . 新疆统计年鉴 2012 [M]. 北京 : 中国统计出版社 , 2012.

[55] 新疆维吾尔自治区统计局 . 新疆统计年鉴 2013 [M]. 北京 : 中国统计出版社 , 2013.

[56] 新疆维吾尔自治区统计局 . 新疆统计年鉴 2014 [M]. 北京 : 中国统计出版社 , 2014.

[57] 新疆维吾尔自治区统计局 . 新疆统计年鉴 2015 [M]. 北京 : 中国统计出版社 , 2015.

[58] 新疆维吾尔自治区统计局 . 新疆统计年鉴 2016 [M]. 北京 : 中国统计出版社 , 2016.

[59] 西藏自治区统计局 , 国家统计局西藏调查总队 . 西藏统计年鉴 1993[M]. 北京 : 中国统计出版社 , 1993.

[60] 西藏自治区统计局 , 国家统计局西藏调查总队 . 西藏统计年鉴 2012[M]. 北京 : 中国统计出版社 , 2012.

[61] 西藏自治区统计局，国家统计局西藏调查总队. 西藏统计年鉴 2013[M]. 北京：中国统计出版社，2013.

[62] 西藏自治区统计局，国家统计局西藏调查总队. 西藏统计年鉴 2014[M]. 北京：中国统计出版社，2014.

[63] 西藏自治区统计局，国家统计局西藏调查总队. 西藏统计年鉴 2015[M]. 北京：中国统计出版社，2015.

[64] 西藏自治区统计局，国家统计局西藏调查总队. 西藏统计年鉴 2016[M]. 北京：中国统计出版社，2016.

[65] 内蒙古自治区统计局. 内蒙古统计年鉴 1993[M]. 北京：中国统计出版社，1993.

[66] 内蒙古自治区统计局. 内蒙古统计年鉴 2012[M]. 北京：中国统计出版社，2012.

[67] 内蒙古自治区统计局. 内蒙古统计年鉴 2013[M]. 北京：中国统计出版社，2013.

[68] 内蒙古自治区统计局. 内蒙古统计年鉴 2014[M]. 北京：中国统计出版社，2014.

[69] 内蒙古自治区统计局. 内蒙古统计年鉴 2015[M]. 北京：中国统计出版社，2015.

[70] 内蒙古自治区统计局. 内蒙古统计年鉴 2016[M]. 北京：中国统计出版社，2016.

[71] 广西壮族自治区统计局. 广西统计年鉴 1993[M]. 北京：中国统计出版社，1993.

[72] 广西壮族自治区统计局. 广西统计年鉴 2012[M]. 北京：中国统计出版社，2012.

[73] 广西壮族自治区统计局. 广西统计年鉴 2013[M]. 北京：中国统计出版社，2013.

[74] 广西壮族自治区统计局. 广西统计年鉴 2014[M]. 北京：中国统计出版社，2014.

[75] 广西壮族自治区统计局. 广西统计年鉴 2015[M]. 北京：中国统计出版社，2015.

[76] 广西壮族自治区统计局. 广西统计年鉴 2016[M]. 北京：中国统计出版社，2016.

[77] 广西壮族自治区财政厅财政科学研究所，广西财政学会. 广西财政年鉴 2012[M]. 南宁：广西人民出版社，2012.

[78] 广西壮族自治区财政厅财政科学研究所，广西财政学会. 广西财政年鉴 2013[M]. 南宁：广西人民出版社，2013.

[79] 广西壮族自治区财政厅财政科学研究所，广西财政学会. 广西财政年鉴 2014[M]. 南宁：广西人民出版社，2014.

[80] 广西壮族自治区财政厅财政科学研究所，广西财政学会．广西财政年鉴2015[M]. 南宁：广西人民出版社，2015.

[81] 广西壮族自治区财政厅财政科学研究所，广西财政学会．广西财政年鉴2016[M]. 南宁：广西人民出版社，2016.

政府公报、工作报告、发展规划、白皮书

[1] 中华人民共和国国家统计局．中华人民共和国 2016 年国民经济和社会发展统计公报 [R/OL].（2017-02-28）.http://www.stats.gov.cn/tjsj/zxfb/201702/t20170228_1467424.html.

[2] 宁夏回族自治区统计局，国家统计局宁夏调查总队 .2016 年宁夏回族自治区国民经济和社会发展统计公报 [R/OL].（2017-04-18）. http://www.nx.gov.cn/ztsj/sj1/tjxx/201802/t20180211_689418.html.

[3] 内蒙古自治区统计局 .2016 年内蒙古自治区国民经济和社会发展统计公报 [R/OL].（2017-03-22）. http://www.nmg.gov.cn/art/2017/3/22/art_1622_150755.html.

[4] 新疆维吾尔自治区统计局，国家统计局新疆调查总队．2016 年新疆维吾尔自治区国民经济和社会发展统计公报 [R/OL].（2017-05-29）. http://www.tjcn.org/tjgb/31xj/35218.html.

[5] 西藏自治区统计局，国家统计局西藏调查总队 .2016 年西藏自治区国民经济和社会发展统计公报 [R/OL].（2018-12-20）. http://tjj.xizang.gov.cn/xxgk/tjxx/tjgb/201812/t20181220_110902.html.

[6] 广西壮族自治区统计局，国家统计局广西调查总队 .2016 年广西壮族自治区国民经济和社会发展统计公报 [R/OL].（2017-04-11）. http://tjj.gxzf.gov.cn/tjsj/tjnj/material/tjnj20200415/2017/zk/html/fu.htm.

[7] 河池市统计局 .2016 年河池市国民经济和社会发展统计公报 [R/OL].（2017-09-20）. http://www.tjcn.org/tjgb/20gx/35268_4.html.

[8] 大化县统计局．大化县 2015 年国民经济和社会发展统计公报 [R/OL].

（2017-06-29）. http://www.ahmhxc.com/tongjigongbao/7603.html.

[9] 宁夏回族自治区人民政府 .2012 年宁夏回族自治区政府工作报告 [R/OL].（2012-02-06）. http://www.gov.cn/test/2012-02/06/content_2059314.htm.

[10] 宁夏回族自治区人民政府 . 2013 年宁夏回族自治区政府工作报告 [R/OL].（2013-02-19）. http://www.gov.cn/test/2013-02/19/content_2335238.htm.

[11] 宁夏回族自治区人民政府 .2014 年宁夏回族自治区政府工作报告 [R/OL].（2014-02-27）. http://cn.chinagate.cn/reports/2014-02/27/content_31617035_2.htm.

[12] 宁夏回族自治区人民政府 .2015 年宁夏回族自治区政府工作报告 [R/OL].（2015-02-11）. http://cn.chinagate.cn/reports/2015-02/11/content_34797480.htm.

[13] 宁夏回族自治区人民政府 .2016 年宁夏回族自治区政府工作报告 [R/OL].（2016-02-24）. http://www.nxwhsc.cn/whsc/details101content305.html.

[14] 内蒙古自治区人民政府 .2012 年内蒙古自治区政府工作报告 [R/OL].（2012-02-21）. http://www.gov.cn/test/2012-02/21/content_2072563.htm.

[15] 内蒙古自治区人民政府 .2013 年内蒙古自治区政府工作报告 [R/OL].（2013-02-19）. http://www.gov.cn/test/2013-02/19/content_2335181.htm.

[16] 内蒙古自治区人民政府 .2014 年内蒙古自治区政府工作报告 [R/OL].（2014-04-15）. http://www.nmg.gov.cn/art/2014/4/15/art_4213_210147.html.

[17] 内蒙古自治区人民政府 .2015 年内蒙古自治区政府工作报告 [R/OL].（2015-01-26）. http://www.nmg.gov.cn/art/2015/1/26/art_4213_210148.html.

[18] 内蒙古自治区人民政府 .2016 年内蒙古自治区政府工作报告 [R/OL].（2015-01-23）.http://www.nmg.gov.cn/art/2016/1/23/art_4213_210149.html.

[19] 新疆维吾尔自治区人民政府 .2012 年新疆维吾尔自治区政府工作报告 [R/OL].（2012-01-18）.http://district.ce.cn/newarea/roll/201201/18/t20120118_23010793.shtml.

[20] 新疆维吾尔自治区人民政府 .2013 年新疆维吾尔自治区政府工作报告 [R/OL].（2013-02-19）.http://www.gov.cn/test/2013-02/19/content_2335237_2.htm.

[21] 新疆维吾尔自治区人民政府.2014年新疆维吾尔自治区政府工作报告[R/OL].（2014-01-21）. http://district.ce.cn/zt/zlk/bg/201401/21/t20140121_2173879.shtml.

[22] 新疆维吾尔自治区人民政府.2015年新疆维吾尔自治区政府工作报告[R/OL].（2015-02-11）. http://cn.chinagate.cn/reports/2015-02/11/content_34797551.htm.

[23] 新疆维吾尔自治区人民政府.2016年新疆维吾尔自治区政府工作报告[R/OL].（2016-03-05）. http://cn.chinagate.cn/reports/2016-03/05/content_37944617.htm.

[24] 西藏自治区人民政府.2012年西藏自治区政府工作报告[R/OL].（2012-01-20）. http://www.xizang.gov.cn/zwgk/xxfb/zfgzbg/201902/t20190223_62065.html.

[25] 西藏自治区人民政府.2013年西藏自治区政府工作报告[R/OL].（2013-02-07）. http://www.xizang.gov.cn/zwgk/xxgk_424/zxxxgk/201902/t20190223_63236.html.

[26] 西藏自治区人民政府.2014年西藏自治区政府工作报告[R/OL].（2014-01-21）. http://www.xizang.gov.cn/zwgk/xxfb/zfgzbg/201902/t20190223_62060.html.

[27] 西藏自治区人民政府.2015年西藏自治区政府工作报告[R/OL].（2015-02-05）. http://www.xizang.gov.cn/zwgk/xxfb/zfgzbg/201902/t20190223_62059.html.

[28] 西藏自治区人民政府.2016年西藏自治区政府工作报告[R/OL].（2016-02-17）. http://www.xizang.gov.cn/zwgk/xxfb/zfgzbg/201902/t20190223_62061.html.

[29] 广西壮族自治区人民政府.2012年广西壮族自治区政府工作报告[R/OL].（2012-01-16）. http://www.gxzf.gov.cn/zwgk/gzbg/zfgzbg/20120116-406863.shtml.

[30] 广西壮族自治区人民政府.2013年广西壮族自治区政府工作报告[R/OL].（2013-03-13）. http://www.gxzf.gov.cn/zwgk/gzbg/zfgzbg/20130313-420131.shtml.

[31] 广西壮族自治区人民政府.2014年广西壮族自治区政府工作报告[R/OL].（2014-01-22）. http://www.gxzf.gov.cn/zwgk/gzbg/zfgzbg/20140122-428020.shtml.

[32] 广西壮族自治区人民政府 .2015 年广西壮族自治区政府工作报告 [R/OL].（2016-02-04）. http://www.gxzf.gov.cn/zwgk/gzbg/zfgzbg/20160204-483877.shtml.

[33] 广西壮族自治区人民政府 .2016 年广西壮族自治区政府工作报告 [R/OL].（2016-02-04）. http://www.gxzf.gov.cn/zwgk/gzbg/zfgzbg/20160204-483874.shtml.

[34] 中华人民共和国国务院 .“十三五”促进民族地区和人口较少民族发展规 划 [R/OL].（2017-01-24）. http://www.gov.cn/zhengce/content/2017-01/24/content_5162950.htm.

[35] 中华人民共和国国务院办公厅 . 兴边富民行动规划（2011—2015）[R/OL].（2011-06-05）. http://www.gov.cn/xxgk/pub/govpublic/mrlm/201106/t20110613_63907.html.

[36] 中华人民共和国国家民族事务委员会，中华人民共和国发展和改革委员会，中华人民共和国财政部，等 . 扶持人口较少民族发展规划（2011—2015） [R/OL].（2011-07-01）. http://www.gov.cn/gzdt/2011-07/01/content_1897797.htm.

[37] 中华人民共和国国务院办公厅 . 少数民族事业“十二五”规划 [R/OL].（2012-07-20）. http://www.gov.cn/zwgk/2012-07/20/content_2187830.htm.

[38] 中华人民共和国国家民族事务委员会 . 民族法制体系建设“十二五”规划 .[R/OL].（2011-08-11）. http://www.seac.gov.cn/seac/xxgk/201108/1075561.shtml.

[39] 中华人民共和国发展和改革委员会 . 中华人民共和国国民经济和社会发展第十二个五年规划纲要（全文） [R/OL].（2011-03-16）. http://www.gov.cn/2011lh/content_1825838.htm.

[40] 中华人民共和国发展和改革委员会 . 中华人民共和国国民经济和社会发展第十三个五年规划纲要（全文）[R/OL].（2016-07-08）. http://www.npc.gov.cn/wxzl/gongbao/2016-07/08/content_1993756.htm.

[41] 中华人民共和国国务院 . 关于进一步加强民族工作加快少数民族和民族地

区经济社会发展的决定 [R/OL].（2012–08–31）http://www.seac.gov.cn/seac/zcfg/201208/1071806.shtml.

[42] 中华人民共和国国务院 . 关于推进中央与地方财政事权和支出责任划分改革的指导意见 [R/OL].（2016–08–24）. http://www.gov.cn/zhengce/content/2016–08/24/content_5101963.htm.

[43] 中华人民共和国国务院 . 关于进一步促进宁夏经济社会发展的若干意见 [R/OL].（2008–09–12）. http://www.gov.cn/zhengce/content/2008–09/12/content_1748.htm.

[44] 中华人民共和国国务院 . 关于进一步促进广西经济社会发展的若干意见 [R/OL].（2009–12–11）. http://www.gov.cn/zwgk/2009–12/11/content_1484887.htm.

[45] 中华人民共和国国务院 . 关于进一步促进内蒙古经济社会又好又快发展的若干意见 [R/OL].（2011–06–29）. http://www.gov.cn/zwgk/2011–06/29/content_1895729.htm.

[46] 中华人民共和国国家民族事务委员会 . 关于印发“十三五”少数民族语言文字工作规划的通知 [R/OL].（2017–04–01）. http://www.seac.gov.cn/seac/xxgk/201704/1074072.shtml.

[47] 中华人民共和国国务院新闻办公室 . 中国的少数民族政策及其实践白皮书 [R/OL].（1999–10–01）. http://www.law–lib.com/fzdt/newshtml/24/20050709183814.htm.

[48] 国务院新闻办公室《新中国的民族区域自治》白皮书（2005 年）[R/OL].

[49] 中华人民共和国国务院新闻办公室 . 中国的民族政策与各民族共同繁荣发展》白皮书（2011 年）[R/OL]. http://politics.people.com.cn/GB/1026/3206981.html.

[50] 中华人民共和国国务院新闻办公室 . 新疆的历史与发展白皮书 [R/OL].（2004–04–22）. https://www.fmprc.gov.cn/ce/cehu/chn/xwdt/t87813.htm.

[51] 中华人民共和国国务院新闻办公室 . 新疆的发展与进步白皮书 [R/OL].（2009–09–21）http://www.scio.gov.cn/zfbps/ndhf/2009/Document/418337/418337.htm.

[52] 中华人民共和国国务院新闻办公室.新疆各民族平等团结发展的历史见证白皮书[R/OL].（2015-09-24）. http://www.gov.cn/zhengce/2015-09/24/content_2938501.htm.

[53] 中华人民共和国国务院新闻办公室.新疆人权事业的发展进步白皮书[R/OL].（2017-06-01）. http://www.chinaxinjiang.cn/ziliao/bps/201706/t20170601_553108.htm.

[54] 中华人民共和国国务院新闻办公室.西藏的主权归属与人权状况白皮书[R/OL].（2014-08-13）. http://www.scio.gov.cn/ztk/dtzt/2014/31360/31372/Document/1377755/1377755.htm.

[55] 中华人民共和国国务院新闻办公室.西藏的民族区域自治白皮书[R/OL].（2004-05-01）]. https://www.fmprc.gov.cn/ce/ceun/chn/zt/xzwt/t420259.htm.

[56] 中华人民共和国国务院新闻办公室.西藏民主改革50年白皮书[R/OL].（2009-03-02）. http://www.scio.gov.cn/m/zxbd/nd/2009/Document/310291/310291_1.htm.

[57] 中华人民共和国国务院新闻办公室.西藏和平解放60年白皮书[R/OL].（2011-07-11）. http://www.scio.gov.cn/zxbd/nd/2011/Document/953984/953984.htm.

[58] 中华人民共和国国务院新闻办公室.民族区域自治制度在西藏的成功实践白皮书[R/OL].（2015-09-06）. http://www.scio.gov.cn/zfbps/ndhf/2015/document/1447088/1447088.htm.

[59] 中华人民共和国国务院新闻办公室.西藏发展道路的历史选择白皮书[R/OL].（2015-04-15）. http://www.scio.gov.cn/zfbps/ndhf/2015/document/1415609/1415609.htm.

著作类

[1] 李维汉.关于民族理论和民族政策的若干问题，北京：民族出版社，1980.

[2] 李维汉.统一战线问题与民族问题[M].北京：人民出版社，1981.

[3] 李维汉 . 回忆与研究 [M]. 北京 : 中共党史出版社 , 1986.

[4] 郝时远 . 中国的民族与民族问题 [M]. 南昌 : 江西人民出版社 , 1994.

[5] 金炳镐 . 民族理论通论 [M]. 北京 : 中央民族学院出版社 , 1994.

[6] 宁骚 . 民族与国家 [M]. 北京 : 北京大学出版社 , 1995.

[7] 张尔驹 . 中国民族区域自治史纲 , 北京 : 民族出版社 , 1995.

[8] 龚永辉 . 民族意识调控说 [M]. 南宁 : 广西民族出版社 1996.

[9] 果洪升 . 中国与前苏联民族问题对比研究 [M]. 北京 : 中央民族大学出版社 , 1997.

[10] 童之伟 . 国家结构形式论 [M]. 武汉 : 武汉大学出版社 , 1997.

[11] 王希恩 . 民族过程与国家 [M]. 兰州 : 甘肃人民出版社 , 1998.

[12] 费孝通 . 中华民族多元一体格局 [M]. 北京 : 中央民族学院出版社 , 1999.

[13] 戴小明 . 中央与地方关系 : 民族自治地方财政自治研究 [M]. 北京 : 中国民主法制出版社 , 1999.

[14] 梁文英 . 民族问题理论在实践中的检验 [M]. 北京 : 民族出版社 , 1999.

[15] 潘志平 . 民族自决还是民族分裂 [M]. 乌鲁木齐 : 新疆人民出版社 ,1999.

[16] 王红曼 . 新中国民族政策概论 [M]. 北京 : 中央民族大学出版社 , 2000.

[17] 周平 . 民族政治学导论 [M]. 北京 : 中国社会科学出版社 , 2001.

[18] 李资源 . 中国共产党民族工作史 [M]. 南宁 : 广西人民出版社 , 2001.

[19] 王希恩 . 当代中国的民族问题解析 [M]. 北京 : 民族出版社 ,2002.

[20] 王铁志 , 沙伯力 . 国际视野中的民族区域自治 [M]. 北京 : 民族出版社 , 2002.

[21] 毛公宁 , 王铁志 . 民族区域自治新论 [M]. 北京 : 民族出版社 , 2002.

[22] 任一飞 , 周竞红 . 中华人民共和国民族关系史 [M]. 沈阳 : 辽宁民族出版社 , 2003.

[23] 何龙群 . 中国共产党民族政策史论 [M]. 北京 : 人民出版社 , 2005.

[24] 浦兴祖 . 中华人民共和国政治制度 [M]. 上海 : 上海人民出版社 , 2005.

[25] 埃里克 · 阿姆纳斯蒂格 · 蒙丁 . 趋向地方自治的新理念——比较视角下的地方政府立法 [M]. 杨立华 , 译 , 北京 : 北京大学出版社 , 2005.

[26] 王允武 . 中国自治制度研究 [M]. 成都 : 四川人民出版社 , 2006.

[27] 钟伟云 . 列国志 · 埃塞俄比亚 · 厄立特里亚 [M]. 北京 : 社会科学文献出版社 , 2006.

[28] 金炳镐 . 民族关系理论通论 [M]. 北京 : 中央民族大学出版社 , 2007.

[29] 金炳镐 . 中国共产党民族工作发展研究 [M]. 北京 : 中央民族大学出版社 , 2007.

[30] 王长文 . 西部开发中民族利益关系协调机制研究 [M]. 北京 : 中央民族大学出版社 , 2007.

[31] 周平 . 中国民族自治地方政府 [M]. 北京 : 人民出版社 , 2007.

[32] 宋才发 . 民族区域自治制度重大问题研究 [M]. 北京 : 人民出版社 , 2008.

[33] 宋才发 . 中国民族区域自治地方政府自治权研究 [M]. 北京 : 人民出版社 , 2008.

[34] 戴小明 . 中国民族区域自治的宪政分析 [M]. 北京 : 北京大学出版社 , 2008.

[35] 安德鲁 · 海伍德 . 政治学核心概念 [M]. 吴勇 , 译 , 天津 : 天津人民出版社 , 2008.

[36] 邱显平 . 当代世界民族冲突问题研究 [M]. 南昌 : 江西人民出版社 , 2009 年 .

[37] 李俊清 . 自治区政府管理 [M]. 北京 : 人民出版社 , 2009.

[38] 邱显平 . 当代世界民族冲突问题研究 [M]. 南昌 : 江西人民出版社 , 2009.

[39] 高韫芳 . 中国中央与民族自治地方政府关系研究 [M]. 北京 : 人民出版社 , 2009.

[40] 杨清涛 . 和谐之道 : 社会转型期人民内部利益矛盾解析 [M]. 北京 : 人民出版社 , 2009.

[41] 陈建樾, 周竞红. 族际政治在多民族国家的理论与实践 [M]. 北京: 社会科学文献出版社, 2010.

[42] 王希恩. 20 世纪的中国民族问题 [M]. 北京: 中国社会科学出版社, 2012.

[43] 朱伦. 民族共治——民族政治学的新命题 [M]. 北京: 社会科学文献出版社, 2012.

[44] 戴小明, 潘弘祥. 统一自治发展: 单一制国家结构与民族区域自治研究 [M]. 北京: 中国社会科学出版社, 2014.

[45] 何龙群. 民族关系与社会主义和谐社会建设的历史考察 [M]. 北京: 人民出版社, 2015.

论文类

[1] 刘渠. 论民族区域自治与民族自决权 [J]. 中山大学学报: 社会科学版, 1957(1): 60–85.

[2] 熊锡元. 建立单一制国家和实行民族区域自治的问题 [J]. 教学与研究, 1957(10):9–14.

[3] 李曼林. 对完善中央与民族区域自治地方关系的探析 [J]. 云南行政学院学报, 1999(5): 76–79.

[4] 牟本理. 民族区域自治制度的比较研究 [J]. 民族研究, 2001(5): 1–8.

[5] 宋才发. 论中国民族区域自治制度的作用和特色 [J]. 广西民族研究, 2002(4): 1–6.

[6] 基尔斯滕·特罗尔. 格陵兰的自治——格陵兰人在丹麦王国之内实施自治的经验 [M]// 王铁志, 沙伯力. 国际视野中的民族区域自治. 北京: 民族出版社, 2002.

[7] 帕特里夏·利奥波德. 英国单一体制内不均衡的权力下放 [M]// 王铁志, 沙伯力. 国际视野中的民族区域自治. 北京: 民族出版社, 2002.

[8] 古鲁茨·霍利吉. 政治自治与西班牙的民族冲突——巴斯克个案研究 [M]//

王铁志，沙伯力．国际视野中的民族区域自治．北京：民族出版社，2002.

[9] 张文山．论自治权的法律保障机制 [J]. 中南民族大学学报：人文社会科学版，2004(4): 9–13.

[10] 张文山．论自治权的法理基础 [J]. 西南民族学院学报（哲学社会科学版）2002, 23(7): 1–15.

[11] 侯德泉．民族区域自治概念的三个视角 [J]. 内蒙古社会科学，2003(4): 7–11.

[12] 关凯．多元文化主义与民族区域自治——民族政策国际经验分析下 [J]. 西北民族研究，2004(2): 40–54.

[13] 易清．党的民族区域自治政策形成的历史轨迹新探 [J]. 中央民族大学学报，2004(5): 23–26.

[14] 卫金桂．中国特色的民族区域自治政策的历史考察 [J]. 当代世界与社会主义，2004(1): 70–73.

[15] 王英津．自决权与国家主权关系的再探讨 [J]. 政治学研究，2004(2): 73–80.

[16] 马玉祥．修改后的民族区域自治法几个重大突破 [J]. 中国民族，2004(9): 28–30.

[17] 潘弘祥，戴小明．中央与民族自治地方政治关系初探 [J]. 贵州民族研究，2004(3): 1–10.

[18] 潘弘祥，戴小明．中央与民族自治地方政治关系的制约因素 [J]. 中南民族大学学报，2004(4): 46–52.

[19] 周竞红．论中国民族事务行政管理机制的发展和创新 [J]. 民族研究，2004(3): 21–31.

[20] 田孟清，李建华．试论中央与民族自治地方的经济关系 [J]. 黑龙江民族丛刊，2005(4): 46–52.

[21] 俸代瑜．从水库移民安置看民族传统文化传承的重要性——以广西红水河梯级电站水库移民安置为例 [J]. 广西民族研究，2005(4): 250–153.

[22] 郭宝亮，李春林．西部开发背景下民族自治地方政府与中央政府关系探讨 [J]. 内蒙古大学学报：哲学社会科学版，2006(4): 48–52.

[23] 任维德 . 当代中国府际关系中的中央与民族自治地方关系及其重构 [J]. 内蒙古大学学报 : 哲学社会科学版 , 2007(4): 58–65.

[24] 贾东海 . 论民族区域自治的创新及其政治文明的内涵 [J]. 西南民族大学学报 : 人文社会科学版 , 2007(4): 16–19.

[25] 宋才发 . 民族自治地方政府及其自治权问题研究 [J]. 中央民族大学学报 : 哲学社会科学版 , 2007(5): 13–21.

[26] 杨恕 , 李捷 . 当代美国民族政策述评 [J]. 世界民族 , 2008(1): 20–30.

[27] 黄栓成 , 郭宝亮 . 中央与民族自治地方和谐关系构成研究 [J]. 内蒙古农业大学学报 : 社会科学版 , 2009(5): 11–13.

[28] 张文香 , 刘雄涛 . 羁縻政策与民族区域自治制度（从中央与地方关系的视角）[J]. 中央民族大学学报 : 哲学社会科学版 , 2010(3): 11–17.

[29] 韩慧 , 徐会平 . 民族区域自治权行使的影响因素及保障对策——中央与地方关系的视角 [J]. 济南大学学报 : 社会科学版 , 2010(2): 75–79.

[30] 周平 . 民族国家与国族建设 [J]. 政治学研究 , 2010(3): 85–96.

[31] 黄栓成 . 民族自治地方与中央和谐关系法治保障研究 [J]. 内蒙古农业大学学报 : 社会科学版 , 2011(1): 12–13.

[32] 胡恒富 , 陈克清 . 民族主义对中央与民族地区关系的影响和对策 [J]. 思想战线 , 2011(3): 139–140.

[33] 胡鞍钢 , 胡联合 . 第二代民族政策 : 促进民族交融一体和繁荣一体 [J]. 新疆师范大学学报 : 哲学社会科学版 , 2011(5): 24–32.

[34] 张文山 . 论中央与民族自治地方关系研究的几个问题 [J]. 民族法学评论 , 2011(7): 238–244.

[35] 潘红祥 , 戴小明 . 新疆油气资源开发收益分配机制现状分析与对策研究 [J]. 北方民族大学学报 : 哲学社会科学版 , 2012(5): 24–32.

[36] 毛公宁 . 制度自信是坚持和完善民族区域自治制度的重要保证——学习党的十八大报告的几点体会 [J]. 中南民族大学学报 : 人文社会科学版 , 2013(3): 6–11.

[37] 何龙群 . 民族关系和社会主义和谐社会建设的规律分析 [J]. 广西民族大学学报 : 哲学社会科学版 , 2013(5): 88–95.

[38] 郝时远 . 坚持和完善民族区域自治制度就是坚持宪法原则 [J]. 西北民族大学学报 : 哲学社会科学版 , 2014 (1): 1–5.

[39] 王希恩 . 深化对当代中国民族问题和多元一体格局的理解 [J]. 民族论坛 , 2014(12): 20–22.

[40] 龚永辉 . 民族与国家的顺和才是中华复兴之道——中国梦与构建共有精神家园的民族理论研究系列之二 [J]. 广西民族研究 , 2014(2): 1–10.

[41] 毛公宁 . 关于深入贯彻落实民族区域自治法的思考 [J]. 广西民族研究 , 2014(3): 6–11.

[42] 宋才发 . 自治区自治条例的立法困境与路径选择 [J]. 河北法学 , 2014(4): 10–16.

[43] 戴小明 , 冉艳辉 . 论国家结构形式与民族区域自治 [J]. 中南民族大学学报 , 2014(5): 6–12.

[44] 潘红祥 . 民族自治地方自治权行使的阻却因素与调适对策——基于系统理论的分析 [J]. 中南民族大学学报（人文社会科学版）, 2014, 34(6): 112–117.

[45] 郝时远 . 民族区域自治 : 中央民族工作会议讲了什么？ [J] 中央民族大学学报（哲学社会科学版）, 2015(2): 5–13.

[46] 张继焦 . 换一个角度看民族理论 : 从“民族—国家”到“国家—民族”的理论转型 [J]. 广西民族研究 , 2015(3): 1–13.

[47] 彭谦 . 民族区域自治与和谐社会 [J]. 西南民族大学学报（人文社科版）, 2015(8): 21–24.

[48] 屠凯 . 西方单一制多民族国家的未来——进入 21 世纪的英国和西班牙 [J]. 清华法学 , 2015(4): 141–153.

[49] 刘泓 . 自治共同体与自治权利 : 西班牙地区自治制度解读 [J]. 黑龙江民族丛刊 , 2015(6): 47–59.

[50] 王希恩 . 问题、视野及道路——关于当前中国民族问题的几点认识 , 西北师大学报（社会科学版）, 2016(5): 5–12.

[51] 施琳 . 应对民族多样性的“非洲思路”——“多维度”视域下的埃塞俄比亚民族治理模式 [J]. 黑龙江民族丛刊 , 2016(3): 59–67.

[52] 陆平辉 . 中央与民族自治地方关系——问题解构与协调对策 [J]. 宁夏社会科学 , 2016(6): 67–74.

[53] 张乐磊 . 格陵兰与丹麦关系的历史演进与现实挑战 [J]. 南通大学学报（哲学社会科学版）, 2016(5): 86.

[54] 林奇富 . 命运共同体意识与现代国家认同——多民族国家如何塑造、巩固和强化现代国家认同 [J]. 学习与探索 , 2016(8): 66–73.

[55] 孙波 . 以利益为视角探索中央与地方关系法治化 [J]. 社会科学战线 , 2016(9): 239–245.

[56] 刘华 . 国家治理现代化视域下的中央与地方关系 [J]. 江苏社会科学 , 2017(2): 120–125.

[57] 李俊清 , 谢星全 . 中央一般转移支付与边疆省（区）公共服务供给 [J]. 国家行政学院学报 , 2017(4): 79–84 .

[58] 郭培清 , 王俊杰 . 格陵兰独立问题的地缘政治影响 [J]. 现代国际关系 , 2017(8): 58–64.